燃气行业从业人员专业培训教材

燃气相关法律法规与经营企业管理

甘胜滕　周连余　甘信标　主　编

中国环境出版集团·北京

图书在版编目（CIP）数据

燃气相关法律法规与经营企业管理/甘胜滕，周连余主编. —北京：中国环境出版集团，2024.1
燃气行业从业人员专业培训教材
ISBN 978-7-5111-5683-9

Ⅰ. ①燃…　Ⅱ. ①甘…　②周…　Ⅲ. ①城市燃气—管理—法规—中国—技术培训—教材　②城市燃气—企业管理—中国—技术培训—教材　Ⅳ. ①D922.181　②F426.22

中国国家版本馆 CIP 数据核字（2023）第 223648 号

责任编辑　易　萌
封面设计　彭　杉

出版发行　中国环境出版集团
（100062　北京市东城区广渠门内大街 16 号）
网　　址：http://www.cesp.com.cn
电子邮箱：bjgl@cesp.com.cn
联系电话：010-67112765（编辑管理部）
010-67112739（第三分社）
发行热线：010-67125803，010-67113405（传真）
印　　刷　玖龙（天津）印刷有限公司
经　　销　各地新华书店
版　　次　2024 年 1 月第 1 版
印　　次　2024 年 1 月第 1 次印刷
开　　本　880×1230　1/32
印　　张　13.25
字　　数　332 千字
定　　价　47.50 元

“燃气行业从业人员专业培训教材”编委会

《燃气相关法律法规与经营企业管理》编委会

主　编：甘胜滕　周连余　甘信标
副主编：张　娟　李　琳　甘信广
委　员：闫业涛　陈强强　李　根　包士强　贺　伟
甘文瀚

序　言

燃气是重要的清洁能源之一，在一次能源结构中的占比不断提高。城镇燃气安全稳定供应，事关能源结构调整、清洁能源高效利用、改善和保障民生、社会和谐稳定，意义重大。中共中央、国务院高度重视燃气安全。燃气安全事故一旦发生，会给人民群众生命财产安全造成损失。国务院颁布的《城镇燃气管理条例》第十五条规定“企业的主要负责人、安全生产管理人员以及运行、维护和抢修人员经专业培训并考核合格”；第二十七条规定“单位燃气用户还应当建立健全安全管理制度，加强对操作维护人员燃气安全知识和操作技能的培训”。从事燃气行业或使用燃气，熟悉燃气知识、掌握燃气专业技能是科学利用燃气的关键。

保障燃气设备平稳运行，关键在人才队伍建设。2022 年 5 月 1 日起施行的《中华人民共和国职业教育法》，第二十四条规定“企业应当按照国家有关规定实行培训上岗制度。企业招用的从事技术工种的劳动者，上岗前必须进行安全生产教育和技术培训；招用的从事涉及公共安全、人身健康、生命财产安全等特定职业（工种）的劳动者，必须经过培训并依法取得职业资格或者特种作业资格。”为更好地适应这一需要，我们组织高等职业院校骨干教师和行业管理专家编写了“燃气行业从业人员专业培训教材”系列丛书。

“燃气行业从业人员专业培训教材”系列丛书针对燃气行业基本工种，包括《燃气通用知识与专业知识》《燃气相关法律法规与经营企业管理》《燃气管网运行》《压缩天然气场站运行》《液化天然气储运》《液化石油气库站运行》《燃气用户安装检修》《燃气输配场站运行》《汽车加气站操作》，突出通识性、适用性、实用性、时效性，总结提炼典型经验做法，实现理论知识和专业技能的融合。既适用于从业人员上岗培训、待业人员就业培训，也适用于职业技能鉴定机构组织培训。对职业院校师生、燃气行业技术使用者也有较高的参考价值。这套教材的出版，一定能为广大燃气行业从业人员提供有益的帮助，对燃气知识的学习、技术技能的提高起到积极的推动作用。

前　言

为加快燃气行业高技能人才队伍建设，推动行业全面发展，促进行业转型升级和高质量发展，我们邀请了多位知名专家和学者，通过对燃气行业现场经验总结以及对燃气工程项目的实地考察，建立了一套科学的行业工程理论体系，结合实践经验和理论知识，参考有关国家标准及行业标准，共同编写了“燃气行业从业人员专业培训教材”，为燃气行业技能人才培养提供服务，以提升从业人员的职业技能水平，进一步提高工程质量和安全生产水平。

本书是“燃气行业从业人员专业培训教材”系列丛书之一，共六章，内容包括燃气经营企业管理、燃气工程建设管理、燃气企业安全管理、燃气安全事故与应急管理、燃气法律法规及相关政策、相关案例分析，由枣庄市城市建设事业发展中心甘胜滕、日照市公用事业管理服务中心周连余、枣庄市市中区政府投资项目代建服务中心甘信标担任主编，滕州市农业农村局张娟、枣庄建策项目管理服务有限公司李琳、山东城市建设职业学院甘信广任副主编。滕州市安居建筑安装有限责任公司闫业涛、滕州市住房建设事业发展中心陈强强、滕州市工程建设服务中心李根、日照市公用事业管理服务中心包士强、贺伟及山东城市建设职业学院甘文瀚参与编写。第一章的第三节、第七节、第八节，第二章的第六节，第五章的第二节、第三节，第六章由周连余编写；第五章第一节、第四节、第五节、第六节、第七节，第七章由李雷编写；第三章第二节、第六节由张娟编写；第二章的第一节、

第二节、第三节由甘信标编写；第二章的第四节、第五节由甘信广编写；其余章节由甘胜滕编写。全书由甘胜滕、甘信标主审。谨此向为本教材的编写工作提供了大力支持的单位和专家们深表谢意！

编写本书时参考了大量的文献资料，在此对各位编委和参与调研的专家、学者表示衷心感谢。因时间仓促、经验不足，书中的疏漏和不妥之处在所难免，恳请专家和广大读者批评指正。

编　者

目　录

第一章

燃气经营企业管理

第一节　燃气经营企业综述

一、燃气经营企业的定义及基本条件

燃气经营企业是经营燃气产品及其服务的企业。《城镇燃气管理条例》（国务院令　第583号）指出“天然气、液化石油气的生产和进口，城市门站以外的天然气管道输送，燃气作为工业生产原料的使用，沼气、秸秆气的生产和使用，不适用本条例”。因此，城镇燃气以城市门站为分界点，在燃气全产业链上，城市门站之前的产业都不属于城镇燃气范围。城市门站及之后的产业属于燃气产业链终端，直接为燃气用户服务，这时的燃气称为“城镇燃气”，经营“城镇燃气”的企业是城镇燃气企业。

从事燃气经营活动的企业，应当具备以下条件：符合燃气发展规划要求；有符合国家标准的燃气气源和燃气设施；企业的主要负责人、安全生产管理人员以及运行、维护和抢修人员经专业培训并考核合格；法律、法规规定的相关要求。

符合规定条件的燃气经营企业，由县级以上地方人民政府燃气管理部门核发燃气经营许可证。

禁止个人从事管道燃气经营活动。个人从事瓶装燃气经营活动的，应当遵守省、自治区、直辖市的有关规定。

二、行业属性和财富实现方式

1. 生产力属性

企业的生产力属性是指企业组织各种资源，依据社会需求，转化成具有使用价值的消费品或服务的功能性质。生产力属性是决定燃气企业价值、创造财富的基础。燃气企业发挥生产力属性作用，最大限度地创造价值和实现财富，与燃气企业在国民经济中的地位、行业分工及财富实现模式有很大关系。燃气是一种易燃、易爆、有毒的危险品，要经过开采、加工、运输、配送等过程输送给用户。开采、加工、运输、配送等每一环节都需要相应的生产要素组织、转换和安全保证能力，单个生产要素不能完成由城市门站到用户的燃气输配任务，只有燃气企业将各种生产要素有机组合，才能把合格的燃气输送给用户，燃气才能进入消费领域。

2. 产业分类

根据《国民经济行业分类》（GB/T 4754），国家统计局印发了《国家统计局关于修订〈三次产业划分规定（2012）〉的通知》（国统设管函〔2018〕74 号），将国民经济划分为第一产业、第二产业和第三产业。每个产业下分门类，其中第一产业仅 1 个门类，4 个大类；第二产业 4 个门类，43 个大类；第三产业 18 个门类，48 个大类。有关燃气（天然气、煤气）的分类信息："石油和天然气开采业"列为第二产业采矿业的第 7 大类中，"燃气生产和供应业"列为第二产业电力、热力、燃气及水生产和供应业中的第45大类，包含450个中类、4 500个小类。

3. 行业定位

从燃气开采、燃气生产和供应、燃气储存、燃气道路运输、燃气转化（液化、气化）、燃气批发、燃气配送到用户使用全产业链分布着各种各样以燃气为生产经营媒介的企业。根据这些企业的主营业务性质，可将它们归类到各产业分类中（表1-1）。

表1-1　燃气企业行业归类

主营业务	产业归类	业态	举例
燃气开采	第二产业：石油和天然气开采业	生产部门	天然气开采企业
燃气生产和供应	第二产业：制造业	生产部门	煤气生产企业
燃气储存	第三产业：服务业	物流	燃气仓储企业
燃气道路运输	第三产业：服务业	物流	燃气槽车运输企业
燃气管道运输	第三产业：服务业	物流	各省燃气管网公司
瓶装气配送销售	第三产业：服务业	商业	城镇瓶装气企业
管道燃气输配	第三产业：服务业	商业	城镇管道燃气企业
燃气贸易与销售	第三产业：服务业	商业	燃气进口、液化气批发、零售企业
燃气工程建设	第二产业：建筑业	建筑	不属燃气企业范畴

燃气管道输送企业是指燃气长途管道输送企业，分为两大类：一类是“三桶油”（中石油、中石化和中海油）的主干管网燃气输送企业，另一类是各省、区的燃气管网公司。前者负责将燃气从开采地和进口口岸气站向沿途各省、市输送，后者连接“三桶油”的主干管网和本辖区内的城镇燃气管网。管道燃气输送企业数量不多，但体量大，主导着上游气源，是城镇燃气的主气源供应者。

燃气配送企业，负责将燃气由集中批量燃气变成分散个量燃气，具体有两种类型：一种是通过燃气管道输配（输送和配送），另一种是通过气瓶灌气由车辆和人工配送。这两种类型的企业构成城镇燃气企业的基本形式。城镇燃气企业实质是燃气配送企业。

三、国际燃气经营发展及管理经验

1. 英国的燃气经营管理

英国的燃气产业曾经是国有制垄断经营，1986 年产权制度改革实现了燃气产业的私有化。为适应产权制度变革要求，政府对燃气产业管理以经营许可证管理为主。

英国政府监管体系和监管手段：一是天然气产业综合管理体系。1986 年英国政府颁布的《天然气法案》（*Gas Act* 1986）规定，工贸部和工贸大臣负责天然气产业的政府管理。其他综合管理部门包括英国公平贸易局（OFT）、英国垄断与兼并委员会（MMC）、英国能源监管委员会（Ofgem）等。二是私有化后英国燃气产业改革。1995—1997 年英国天然气市场监管委拆分英国天然气公众有限公司（British Gasple，简称 BG 公司），打破了 BG 公司的垄断地位，形成多家专营商竞争的局面。三是消除垄断后的燃气产业监管手段。许可证制度：一是许可证的管理，由英国能源监管委员会（Ofgem）签发和吊销。监管费用由许可证持有人负担。二是许可证的分类。许可证依据经营范围可以分为运输商许可证、承运商许可证和供应商许可证三类。

2. 美国的燃气经营管理

美国早期的天然气是垄断经营，由管道运输企业根据长期合同收购生产企业的产品，通过运输卖给下游用户。20 世纪 80 年代初，美国经济萧条，石油产品过剩、价格下降，天然气需求向石油产品转移。

天然气产业下游需求减少，销量下降，价格下降，但由于管道运输企业与生产企业签有照付不议的长期合同，必须按合同价格支付费用，因此管输企业出现亏损，债务迅速增长。这时出现天然气短期交易市场，生产商以较低的价格向用户直接销售天然气，同时向管道运输企业支付天然气的运输费用，避免了管输企业执行照付不议合同的承诺，创造了销售和运输分离的交易方式。这种交易方式使用户摆脱了运输企业对天然气销售的垄断，有了选择生产商的可能，客观上出现了天然气的竞争。美国天然气管理部门以法令的形式肯定了这种运作方式，把管道运输企业的销售业务剥离出去，使管道运输企业专司运输职能，向管输用户收取运输费用；开放运输管网，允许第三方进入管网。1992 年，美国联邦能源管理委员会颁布的第 636 号指令及随后的第 636-A 号指令对新体制的运行机制和监管体制作出明确规定。这项改革被国外文献简略地概括为“第三方准入”的改革，在我国通常被称作“放开两头、管住中间”的改革，即“放开生产环节、销售环节，控制运输管网”的改革。

3. 欧盟的燃气行业改革经验

（1）组织结构上燃气运输和销售业务分离

欧盟燃气产业组织结构变革内容：一是分拆纵向垄断的天然气企业，分离传输企业和配气企业的运输业务和销售业务，传输企业和配气企业专司高压、低压运输业务，运输分配管网对各类用户无歧视地开放；二是允许建立专司销售业务的天然气供应企业，天然气供应企业和最终用户（首先是大工业用户和发电企业）有权直接向生产者购买天然气，并在支付运费的条件下进入运输分配管网。

（2）完善燃气法规和政府监管

引入竞争的改革以燃气产业组织的重大改革为前提，同时使市场各主体的行为也发生重大变化。一是以长期合同为主的交易方式发生变化。以前的合作模式为长期合同规定价格和照付不议条款。引入竞争后，天然气现货市场出现并迅速发展。市场风险从传输企业转向生产企业负担。二是交易价格失去长期合同价格的相对稳定，在竞争的驱使下交易双方追求更低价格。三是燃气产业所有制的变革，欧盟各国政府普遍认为天然气企业应负有义务，保证某些地区的管道接入，保证某些人员的燃气供给，要求有相应的法规，约束规范各市场主体的行为，有相应的监管制度，保证法律法规的要求得以实现。

（3）渐进式的改革方式降低改革风险

改革前夕，欧盟燃气市场已出现某种程度的竞争，即公司间为获取一定时期特许经营权的竞争。欧盟早期燃气企业一般都是国有企业。国有企业具有经营权，随着私人资本进入燃气产业和国有企业的私有化，逐步建立了特许经营制度，企业通过竞标获取一定时期的垄断经营权。政府通过竞标选择优秀经营资质、值得信赖的经营者，保证供应安全，同时让渡特许经营权获取一定的租金收入。获取了特许经营权的企业得到特许经营的保证，愿意扩大投资、增加供给、降低成本。有效的竞价投标程序，体现公开、公平、公正的竞争原则，吸引了国内外优秀的经营资质和有雄厚资本的经营者。

（4）相应地完善市场结构

改革前，欧盟天然气一级批发市场是传输企业和生产企业之间的合同市场。一是天然气商品和运输服务被分离，天然气市场被分割为天然气商品和运输服务两个市场，原来意义上的二级市场逐渐退出，取而代之的是各供应商之间越来越普遍的商品交易。二是天然气商品期货市场的出现和发展。为适应工业企业套期保值、稳定成本的需要，天然气期货市场出现，产生了运输服务市场，各类用户在支付运费的前提下有平等的购买运输（包括配送）服务的权利。

四、我国燃气经营企业的产生和发展

1. 我国燃气利用的历史

我国是世界上天然气发现和利用最早的国家，在公元前 250 年以前我国就发现并利用天然气，至今有 2 000 多年的历史。据《华阳国志 • 蜀志》记载，战国时期公元前 256—公元前 251 年李冰父子在四川兴修水利，在临邛（今邛崃）钻凿盐井时发现天然气，时称“火牛”。从公元前 200 年起，在邛崃境内就开始用天然气熬制盐巴。北宋仁宗、庆历、皇佑年间（1041—1053 年）出现“卓筒井”，中国钻井技术从大口径浅井向小口径深井发展，促进了天然气的开发利用，并传到西方。“火井”被正式列入国家税课，天然气业开始从盐业中独立出来。但是，中国现代意义上的燃气应用始于 1862 年在香港创立的“香港中华煤气有限公司”（Hong Kong & China Gas Company Limited）。1864 年英商在上海设立“大英自来火房”，生产煤气供照明使用。以上两家企业的初期业务都是生产煤气用于照明。1812 年德国工程师温泽在英国伦敦创建了世界上第一家煤气公司——威士敏斯特燃气照明与焦炭公司，比我国早了半个世纪。

2. 我国燃气企业发展阶段

中华人民共和国成立前，外国人分别在上海、沈阳、抚顺、大连、长春、锦州、哈尔滨、丹东等地开办了城市煤制气工业。中华人民共和国成立后，我国燃气企业发展大致经历了 3 个阶段。

（1）1949—1980 年。建成一批以利用焦炉气和化肥厂释放气为主的城市燃气企业，通称“煤气公司”，通过燃气管网或瓶装形式向居民供气。1965 年，北京开始供应瓶装液化石油气。

（2）20 世纪 80 年代至 90 年代初。我国实施改革开放后，一批以气源国际采购和批发业务为主的燃气企业在广东沿海等经济发达但能源匮乏的地区发展起来。

（3）20 世纪 90 年代至 21 世纪。以“陕气进京”工程为代表。随着我国天然气产业时代的到来，燃气企业如雨后春笋般发展起来。到 2021 年年底，全国城镇燃气企业约为 3 000 家，其中主要分布在我国华东和西南地区。全国性的城镇燃气公司有港华燃气、华润燃气、新奥燃气、昆仑燃气和中国燃气等；地方性的大型燃气公司有北京燃气、广州燃气、上海大众燃气、深圳燃气、重庆燃气、长春燃气、沈阳燃气、杭州燃气等。

3. 我国天然气储量及产量

1991 年 6 月 4 日，塔里木盆地吉拉克地区发现一个整装的油气田。2000 年 2 月 3 日，国务院第一次会议批准启动“西气东输”工程。全长约 4 200 km，途经 9 个省、自治区、直辖市，我国中西部的天然气资源流向沿海经济发达地区，国外丰富的天然气资源也进入我国。2000 年 12 月 12 日，中国石化集团新星石油有限责任公司在东海发现迄今储量最大的油气田“春晓三井”并钻探成功，证实我国东海陆架盆地有丰富的油气资源。

根据中国自然资源部数据，2009—2020 年，中国天然气探明储量不断增长，增速波动变化在近几年逐年下滑。2020 年，中国天然气查明储量达 6.12 万亿 m^3，同比增长 2.5%。

我国的天然气产量虽然增多，但大多分布于中西部省、自治区、直辖市。

在天然气开发方面，2015—2020 年，中国天然气产量逐年递增，增速整体上升。根据国家统计局数据，2020 年，生产天然气 1 888 亿 m^3，同比增长 9.8%。

我国国内的天然气气田主要分布在中西部，探明的储量集中在

10 个大型盆地，分别为渤海湾盆地、四川盆地、松辽盆地、准噶尔盆地、莺歌海—琼东南盆地、柴达木盆地、吐-哈盆地、塔里木盆地、渤海盆地、鄂尔多斯盆地。其中以塔里木盆地和四川盆地天然气资源最为丰富，资源占比超过 40%。

2020 年我国天然气产量前 10 的省、自治区、直辖市合计产量达到 1 760.4 万 t，占天然气总产量的 91.4%。其中，产量排名前三的省、自治区依次为陕西、四川、新疆，产量分别为 527.4 万 t、452.4 万 t、370.6 万 t，共计 1 350.4 万 t，占天然气总产量的 70.2%，天然气产量分布高度集中。

2020 年我国天然气消费量保持上升，全年价格呈“先抑后扬”的态势。

在天然气消费方面，2015—2020 年，中国天然气消费量也逐年递增，且近两年增速快速提高。根据国家发展改革委数据，2020 年，中国天然气表观消费量为 3 240 亿 m^3，较上年同期增长了 6.94%，增速较上年同期回落 1.76%。

2021 年 1—7 月，我国天然气表观消费量为 2 112 亿 m^3，同比增长 17.1%。

从我国液化天然气价格走势来看，我国虽然天然气缺口量大，但由于国家调控政策的影响，以及国际市场上天然气需求不旺，天然气整体价格偏低。

2020 年，液化天然气价格走势前低后高，第三季度价格跌至谷底，而第四季度强势上涨，到 2020 年 12 月底达到近两年的最高值，即 5 490 元/t。2020 年，国内液化天然气报价最低值出现在 9 月初，最低价格为 2 410 元/t，与最高价格相比，2020 年液化天然气报价最高差价为 3 080 元/t。

进入 2021 年后，我国天然气价格一路上行，2021 年 8 月，我国天然气价格已升至 5 565 元/t。

4. 中国燃气供应现状

（1）城市燃气普及率上升，燃气消费量逐年增长

城市燃气普及率=城市建成区使用燃气人数/城市建成区人口×100%

城镇燃气作为城镇基础设施建设的重要组成部分，在提升市民的生活质量、改善自然环境和社会环境、推动经济和社会的可持续发展等方面发挥着越来越重要的作用。1991 年以来，我国城市燃气普及率稳步上升，2020 年已经达到 97.87%。

（2）天然气供应、用气人数快速上升

采用天然气作为能源，可减少煤和石油的用量，大大改善环境污染问题。天然气作为一种清洁能源，能减少二氧化硫和粉尘排放量近 100%，减少二氧化碳排放量 60%和氮氧化物排放量 50%，并有助于减少酸雨形成，减缓地球温室效应，从根本上改善环境质量。住房和城乡建设部数据显示，1991—2019 年我国天然气供应量不断增加，由最初 1991 年供应量仅为 75 亿 m^3 快速上升至 2019 年的 1 609 亿 m^3，2019 年天然气供应量是 1991 年的 21 倍多。2020 年天然气供应量也达到 1 563.7 亿 m^3。

1991—2019 年我国天然气管道长度逐年上升，1991 年我国天然气管道长度仅为 0.81 万 km，2019 年则达到 76.79 万 km。经过前期快速发展，后期增速逐步放缓，2019 年增速为 10%。2020 年我国天然气管道长度为 85.05 万 km。

天然气具有安全性，价格相对具有明显的经济性，但前期由于开采有限，1991—2001 年我国使用天然气人数保持缓慢增长，1991 年使用天然人数仅为 0.11 亿人，2001 年增至 0.31 亿人，进入 21 世纪我国使用天然气人数直线上升，到 2019 年达到 3.90 亿人，到 2020 年达到 4.13 亿人。

（3）2010 年后人工煤气供应断崖式减少

住房和城乡建设部数据显示，1991—2009 年我国人工煤气供应量不断增加，2009 年达到顶峰，人工煤气供应量达到 362 亿 m^3，2009—2019 年人工煤气供应量不断减少，2019 年我国人工煤气供应量为 28 亿 m^3，2020 年我国人工煤气供应量进一步减少，仅为 23.14 亿 m^3，可以预见未来我国人工煤气供应将进一步减少。

根据住房和城乡建设部数据显示，1991—2003 年，我国人工煤气管道长度不断增加，2003 年人工煤气管道长度达到巅峰为 5.7 万 km，随后开始逐步下降，2019 年我国人工煤气管道长度为 1.09 万 km。2020 年我国人工煤气管道长度仅为 0.98 万 km。

1991—2003 年，我国使用人工煤气人数不断增加，2003 年达到巅峰使用人工煤气的人数为 4 792 万人，随后开始逐步下降，2019 年我国使用人工煤气人数为 675.37 万人，2020 年我国使用人工煤气人数为 548.2 万人。

（4）液化石油气供应量逐步稳定，使用人数下降态势不变

住房和城乡建设部数据显示，1991—2007 年我国液化石油气供应稳定增长，由 1991 年的 242 万 t 增加至 2007 年的 1 467 万 t，2007 年以后我国液化石油气供应开始下降，但下降趋势在 2016 年终止，近几年液化石油气受到石油价格上涨的影响，供应量稳定，2019 年我国液化石油气供应 1 041 万 t，2020 年我国液化石油气供应 833.71 万 t。

1991—2004 年，我国液化石油气管道长度稳定增长，由 1991 年的 2 762 km 增加至 2004 年的 20 119 km，2008 年经过飞速增长后达到 28 590 km，2019 年液化石油气管道长度开始下降，液化石油气管道长度为 4 452 km。2020 年我国液化石油气管道长度为 4 010 km。

液化石油气使用人数先增后减且下降态势不变。自 20 世纪 90 年代以来，我国液化石油气使用人数不断增加，1991 年使用液化石油气

人数仅为 0.41 亿人，2007 年达到 1.82 亿人，之后不断下降，2019 年使用液化石油气人数为 1.13 亿人，2020 年使用液化石油气人数为 1.07 亿人。

五、燃气经营和发展动态、方向

我国天然气资源主要分布在西北和西南，经济发达的中东部地区天然气资源相对匮乏，进口天然气主要是从西北通过管道进来的中亚天然气和沿海液化天然气（LNG）。我国天然气发展提出了“海陆并举、液气俱重、多种渠道、保障供应”的发展举措；供应格局呈现“西气东输、海气上岸、北气南下”以及“就近外供”的局面。我国国内天然气生产供不应求，进口量大幅提高。天然气管道建设成为我国天然气应用与发展的重要推动力。自 20 世纪 60 年代我国建立了第一条输气管道巴渝线以来，经过 50 余年的建设，我国天然气管道建设取得了长足发展。初步形成以西气东输、陕京线、中卫等输气管道的主骨架的全国性的输气网络，我国天然气四大进口通道（东北、西北、西南、海上）的布局也基本形成，实现天然气进口的多渠道、多来源、多品种，保证了我国能源安全。

随着环境污染逐渐加剧，以及石油、煤炭等资源的日益紧缺，国内能源结构调整已不可避免，而天然气作为一种优质的低碳能源广泛应用于城市燃气、发电、化工和工业染料等领域，在我国能源结构的调整中发挥着重要作用，天然气用气人口及消费总量增长强劲。据国家统计局数据，2020 年城市燃气天然气用气人口超过 4.13 亿人；我国天然气消费量已从 2000 年的 245 亿 m^3 增加到 2020 年的 1 563.7 亿 m^3，显示了我国强劲的天然气消费市场需求。

燃气经营企业担负着支持经济发展、维护社会稳定的责任，其经营活动与大众生活、社会经济息息相关，持续、稳定、安全供应燃气是对城镇燃气运行的基本要求，更是燃气经营企业的根本责任。因此，燃气经营企业要高度重视燃气安全供应工作，充分认清当前燃气发展的大好形势，抢抓机遇，苦练内功，扎实做好以下工作。

（1）保证气源充足、持续、稳定供应。准确预测用气需求，根据燃气市场的具体特征、不同需求制订气源采购计划，积极争取上游气源企业支持，保持供需平衡。

（2）加强安全管理，提高运行管理、维护技术水平和装备能力。

（3）积极创新，采用先进的生产设备和管理手段，降低企业成本。不断完善、持续发展、满足需求的输配系统。

（4）建立健全安全评估和风险管理体系，准确判断燃气运行系统故障和职业危害的风险，通过风险识别、风险评估、风险驾驭、风险监控等活动防范风险，科学决策、正确处置，保证供气服务系统运行安全、稳定。

（5）提高服务水平，提升企业形象，增强用户的满意度。

第二节 燃气发展规划

一、燃气发展规划组织编制和管理

1. 燃气发展规划的任务及要求

根据《城镇燃气管理条例》的规定，原城镇燃气专项规划、专业规划名称统一为“城镇燃气发展规划”。城镇燃气发展规划应包括燃气气源、燃气种类、燃气供应方式和规模、燃气设施布局和建设时序、燃气设施建设用地、燃气设施保护范围、燃气供应保障措施和安全保障措施等内容。

全国燃气发展规划要由相关部门依据国民经济和社会发展规划、土地利用总体规划、城乡规划及能源规划，结合全国燃气资源总量平衡情况组织编制与实施；地方应在上级燃气发展规划的基础上编制本区域的发展规划并组织实施。

城镇燃气发展规划还应与城镇的能源规划、环保规划、消防规划等相结合，要贯彻统筹兼顾、保障安全、确保供应、以近期为主、综合考虑远近期城镇发展计划的原则。规划方案应本着安全可靠、经济合理、技术先进、符合环境保护要求的原则制订；并应能够分期、分步实施。一般应制订多个规划方案，在进行技术经济比较和论证后，选择切实可行的最佳方案。城镇燃气发展规划的年限一般为 5 年、10 年或更长时间，规划方案根据规划年限分为近期规划和远期规划两类。

城镇燃气供应系统是城镇建设的重要组成部分。编制合理的城镇燃气发展规划是燃气供应系统进行设计、工程施工、运行管理及维护维修的前提条件。

城镇燃气发展规划的主要任务：

（1）根据国家能源政策、资源情况和燃气发展方针选择与确定燃气气源及规划方案。

（2）根据需要与可能，选择燃气种类、确定供气规模、供气原则、主要供气对象，调查用户类型及用气规律，预测各类用户的用气量。

（3）选择合理的燃气供应方式，即输送系统、分配系统、调峰方式，确定储配设施容量。

（4）根据城镇道路及其他地下管线与设施的规划、燃气用户分布等情况规划，布置燃气设施及管线，进行燃气管网水力计算；布置燃气设施，规划建设用地。

（5）根据设备材料的供应情况与可能的投资到位资金量，选择燃气供应系统的材料、设备。

（6）提出规划和建设时序，实施期限及分期、分步实施的计划。

（7）估算各阶段的建设投资及主要材料、设备的数量。

（8）确定燃气设施建设用地面积及保护范围等。

（9）制定燃气气源供应保障措施和安全保障措施。

（10）提出采用新技术、新工艺、新设备和新材料的建议与意见。

（11）分析规划实现后的效益，对规划方案做技术经济分析与评价。

（12）对规划中存在的主要问题提出解决意见。

2. 工作方法

编制城市燃气发展规划的工作方法，一般分为资料收集、现场勘查、专题研究、出具规划成果、规划成果评审及规划成果组织实施和优化。各单位应按照工作方法组织开展燃气专项规划，并在规划的指导下有序、持续推进实施。由于燃气专项规划专业性、综合性强，一般各地要求委托有资质的单位从事燃气专项规划的编制，对于承担规划任务的单位，各地一般按照招投标法、政府采购管理办法，从国内外众多的供应商中择优选择。

3. 燃气规划单位资质要求

从事城市燃气专项规划工作的单位应当具备下列条件，并经国务院城乡规划主管部门或省、自治区、直辖市人民政府规划主管部门依法审查合格，取得相应等级的资质后，方可在资质等级许可的范围内从事燃气专项规划的编制工作：

（1）有法人资格。

（2）有规定数量的经国务院城乡规划主管部门注册的规划师。

（3）有规定数量的相关专业技术人员。

（4）有相应的技术装备。

（5）有健全的技术、质量、财务管理制度。

二、编制原则和基本内容

1. 燃气发展规划的编制原则

（1）城镇燃气规划应结合当地资源状况及发展需求，科学合理地选择各类气源，满足市场需求，保障供需平衡。

（2）城镇燃气规划的编制应与城市或镇的总体规划、详细规划相衔接，规划范围和期限的划分应与城市或镇规划相一致。

（3）城镇燃气规划应与城镇道路交通、水系、给水、排水、电力、电信、热力及其他专业规划相协调。

（4）城镇燃气规划应近期与远期相结合，统筹近期建设和远期发展的关系，且应适应城市远景发展的需要。

（5）城镇燃气规划应从城市或镇全局出发，充分体现社会、经济、环境、节能等综合效益。

2. 规划编制的基本内容

（1）规划分期、规划范围、规划原则、规划目标。规划目标包括用气规模、用气结构、燃气气化率、门站数量及规模、调压站数量及规模、燃气主干管长度等。

（2）燃气负荷预测、计算。包括规划指标的确定、年总用气量、高峰日用气量、高峰小时用气量。

（3）气源规划。包括气源种类、供应方式、供应量、位置与规模。

（4）燃气供需平衡分析及调峰需求，储气调峰方案。

（5）燃气用户用气规律或负荷曲线。

（6）管网水力计算分析结果。

（7）输配管网系统的压力级制、主干管网布局及管径。

（8）燃气厂站布局、设计规模及用地规模、主要厂站选址。

（9）对原有供气设施的利用、改造方案。

（10）监控及数据管理系统方案。

（11）燃气工程配套设施方案。项目建设进度计划及近期建设内容。

（12）节能方案。

（13）消防方案。

（14）健康、安全和环境管理体系。

（15）燃气供应保障措施和安全保障措施。

（16）规划工程量及投资估算。

（17）现状负荷分布图、现状燃气设施分布图等。

（18）用地规划图、管网规划图、燃气厂站布局图等。

三、燃气发展规划的基础资料

（1）国家和地方关于能源发展及燃气事业的方针、政策，技术规范和规定等。

（2）城镇现状及近、远期总体发展规划资料，包括以下内容：

①城镇总体规划、详细规划及图纸。

②城镇人口、住宅的密度及分布。

③公共建筑设施标准及规模，大型公共建筑的数量及分布。

④计划使用燃气的工业企业的规模、类别、数量及分布。

⑤城镇道路的现状及规划情况：道路等级、红线位置及宽度等。

⑥地下管道、建筑物、构筑物，以及桥梁、铁路等设施的分布。

⑦对外交通及城镇运输条件等。

（3）燃料资源和城镇能源供应情况的有关资料，包括以下内容：

①地区能源供应情况及规划，其他与能源发展相关的规划。

②现状及潜在气源的基本状况和发展资料，城镇燃气用户现状及历史负荷、压力级制、用气指标、不均匀系数等。

③城镇各类燃气用户的用能情况、能源消耗量及发展趋势；各类用户的负荷曲线，集中负荷的运行变化规律。

④城镇可能得到的燃气气源种类及数量、规划发展资料。

⑤已有燃气供应的城镇，应掌握现有燃气供应系统的设施及规模、有关图纸资料，包括各类燃气场站、管线、储气调峰设施等，主要技术设备性能及运行管理情况等。

⑥大用户及可中断用户的用气规模及规律等。

（4）城镇的自然条件资料，包括以下内容：

①城镇的气象资料，如极端气温、地温、风向、地表最大冻土深度等。

②城镇的水文地质资料，如水源、水质、地下水位、主要河流的数量、流速、水位等。

③城镇的工程地质资料，如地质构造与特征、地震基本烈度、土壤的物理化学性质（地耐力、腐蚀性、冻胀类别等）。

④可能用作地下储气库的地质构造资料。

⑤城镇地形图。

（5）其他资料，包括以下内容：

①社会经济发展状况；

②发展城镇燃气所需要的原材料和设备的供应能力；

③建设燃气工程的施工能力与设备加工条件及其水平等；

④若建设人工煤气气源厂，应明确其他产品的产销情况；

⑤环境保护的要求及“三废”处理的可行性。

在编制小城镇或区域性燃气发展规划时，可参照上述内容收集相关资料。

四、燃气发展规划成果及实施

燃气发展规划成果应包括规划说明书、规划图纸及附件。

1. 燃气发展规划说明书

（1）城镇燃气发展规划制定依据（包括指令性文件、委托编制规划协议）、指导思想及原则；

（2）气源论证：气源种类及数量，技术经济比较，提出建议气源及依据；

（3）供气规模、供气方针、供气对象及范围（现状及发展规模、分期实施建议等）；

（4）燃气供应方式选择：输配系统形式、管网压力级制选择，管道布线，管材选择等；

（5）储气方式与用气不均衡的调节手段；

（6）站、室规划：储配站、调压装置的规划原则及布置方案、设备选型、建设用地等；

（7）气源供应保障措施及系统安全保障措施；

（8）城镇燃气管道与其他地下管道、设施的关系；

（9）主要燃气管道穿（跨）越重要河流、铁路等特殊地段的技术方案；

（10）城镇燃气系统的维护维修、设备加工等配套工程项目；

（11）“三废”治理措施和环境影响报告；

（12）规划分期实施年限及相应的投资、主要设备数量、原材料消耗、运行管理人员定额等；

（13）经济技术比较分析后，提出建议实施方案及主要技术经济指标，规划期内的经济效益等，采用新技术、新工艺、新设备、新材料的建议、依据及评价等；

（14）对已有燃气供应系统的城镇，还应对原有系统分析、评价，提出改造、利用方案。

2. 燃气发展规划图纸

（1）城镇燃气系统现状图：主要反映城镇燃气输配设施和干线管网现状布局；

（2）城镇燃气发展规划总图：含远、近期燃气气源或天然气门站，城镇燃气管网规划图及储配站，调压装置等燃气设施平面位置及供气区域等；

（3）管网不同规划方案水力计算图；

（4）站、室平面布置及工艺流程图；

（5）必要的附图等。

3. 附件

（1）规划原始资料和依据；

（2）设计计算说明：

①燃气用气负荷计算书；

②用气不均衡气量和调峰储气容积的计算书；

③各级管网水力计算书；

④方案经济技术比较的图纸与计算书；

⑤主要场站选址及建设用地情况；

⑥投资概算、主要设备数量及原材料消耗统计表；

⑦经济效益计算书。

4. 规划成果的实施

燃气发展规划成果实施前应当按照《中华人民共和国城乡规划法》《城镇燃气管理条例》的要求，组织各领域的专家进行评审，并根据评审意见修订和完善。经评审合格的燃气发展规划提交至同级政府批准后实施。燃气发展规划经同级政府批准后，报备当地自然资源和规划管理部门，在国土空间规划编制、修编、调整时综合考虑，预留足够发展空间，提高规划的指导性。燃气发展规划实施时，管理部门和单位应密切关注国土空间规划的发展情况、能源优化利用情况，及时组织调整、修编，不断满足当地不断增长的用气需求。

第三节　燃气经营许可制度

一、设立法律依据

燃气涉及公共安全和社会稳定，燃气是易燃、易爆、易引起中毒的气体燃料，稍有不慎极易引发安全事故，给人民生命财产造成损失，甚至影响公共安全和社会稳定。

《中华人民共和国行政许可法》第十二条第一项规定："直接涉及国家安全、公共安全、经济宏观调控、生态环境保护以及直接关系人身健康、生命财产安全等特定活动，需要按照法定条件予以批准的事项；"第二项规定："有限自然资源开发利用、公共资源配置以及直接关系公共利益的特定行业的市场准入等，需要赋予特定权利的事项；"第三项规定："提供公众服务并且直接关系公共利益的职业、行业，需要确定具备特殊信誉、特殊条件或者特殊技能等资格、资质的事项。"燃气属于关系社会公共安全和人民群众生命财产安全，属于提供公众服务并且直接关系公共利益的行业，需要确定具备特殊条件或者特殊技能等资格、资质，也属于直接关系公共利益的特定行业的市场准入，需要赋予特定权利的事项。为此，国务院公布的《城镇燃气管理条例》（国务院令第 583 号公布，国务院令第 666 号修改）按照

《中华人民共和国行政许可法》的规定，确立了燃气经营许可制度。2014年11月，住房和城乡建设部印发了《燃气经营许可管理办法》（建城〔2014〕167号），并于2019年3月进行了修订。

二、燃气经营许可的审批管理

从事燃气经营活动的企业，应当依法取得燃气经营许可，并在许可事项规定的范围内经营。住房和城乡建设部指导全国燃气经营许可管理工作。县级以上地方人民政府燃气管理部门负责本行政区域内的燃气经营许可管理工作。

燃气经营许可证由县级以上地方人民政府燃气管理部门核发，具体发证部门根据省级地方性法规、省级人民政府规章或决定确定。发证部门应当公示审批程序、受理条件和办理标准，公开办理进度，并推广网上业务办理。

申请燃气经营许可的，应当向发证部门提交下列申请材料：

（1）燃气经营许可申请书。

（2）燃气气质检测报告；与气源供应企业签订的供用气合同书。

（3）申请人对燃气设施建设工程竣工验收合格情况，主要负责人、安全生产管理人员，以及运行、维护和抢修等人员的专业培训考核合格情况，固定的经营场所（包括办公场所、经营和服务站点等）的产权或租赁情况，企业工商登记和资本结构情况的说明。

（4）完善的安全管理制度和健全的经营方案材料。

安全管理制度主要包括安全生产责任制度，设施设备（含用户设施）安全巡检、检测制度，燃气质量检测制度，岗位操作规程，燃气突发事件应急预案，燃气安全宣传制度等。经营方案主要包括企业章程、发展规划、工程建设计划，用户发展业务流程、故障报修、投诉处置、质量保障和安全用气服务制度等。

（5）法律法规规定的其他材料。

发证部门通过材料审查和现场核查的方式对申请人的申请材料进行审查，发证部门应当自受理申请之日起 12 个工作日内作出是否准予许可的决定。12 个工作日内不能作出许可决定的，经发证部门负责人批准，可以延长 10 个工作日，并应当将延长期限的理由告知申请人。发证部门作出准予许可决定的，应向申请人出具《准予许可通知书》，告知申请人领取燃气经营许可证。发证部门作出不予许可决定的，应当出具《不予许可决定书》，说明不予许可的理由，并告知申请人依法享有申请行政复议或者提起行政诉讼的权利。

燃气经营许可证的格式、内容、有效期限、编号方式等按照《住房和城乡建设部关于印发〈燃气经营许可证〉格式的通知》（建城〔2011〕174 号）执行。

三、申请燃气经营许可应具备的条件

申请燃气经营许可应具备下列条件：

1. 符合燃气发展规划要求

燃气经营区域、燃气种类、供应方式和规模、燃气设施布局和建设时序等应符合依法批准的燃气发展规划。

2. 有符合国家标准的燃气气源

（1）应与气源生产供应企业签订供用气合同。

（2）燃气气源应符合国家城镇燃气气质有关标准。

3. 有符合国家标准的燃气设施

（1）有符合国家标准的燃气生产、储气、输配、供应、计量、安全等设施设备。

（2）燃气设施工程建设符合法定程序，竣工验收合格并依法备案。

4. 有固定的经营场所

有固定的办公场所、经营场所和服务站点等。

5. 有完善的安全管理制度和健全的经营方案

安全管理制度主要包括安全生产责任制度，设施设备（含用户设施）安全巡检、检测制度，燃气质量检测制度，岗位操作规程，燃气突发事件应急预案，燃气安全宣传制度等。

经营方案主要包括企业章程、发展规划、工程建设计划，用户发展业务流程、故障报修、投诉处置、质量保障和安全用气服务制度等。

6. 经过专业培训并考核合格

企业的主要负责人、安全生产管理人员，以及运行、维护和抢修人员经专业培训并经燃气管理部门考核合格。专业培训考核具体办法另行制定。

经专业培训并考核合格的人员及数量，应与企业经营规模相适应，最低人数应符合以下要求：

（1）主要负责人，是指企业法定代表人和未担任法定代表人的董事长（执行董事）、经理。以上人员均应经专业培训并考核合格。

（2）安全生产管理人员，是指企业分管安全生产的负责人，企业生产、安全管理部门的负责人，企业生产和销售分支机构的负责人以及企业专职安全员等相关管理人员。以上人员均应经专业培训并考核合格。

（3）运行、维护和抢修人员，是指负责燃气设施设备运行、维护和事故抢险抢修的操作人员，包括但不仅限于燃气输配场站运行工、液化石油气库站运行工、压缩天然气场站运行工、液化天然气储运工、汽车加气站操作工、燃气管网运行工、燃气用户安装检修工、瓶装燃气送气工。最低人数应满足以下条件：

管道燃气经营企业，燃气用户10万户以下的，每2 500户不少于1人；10万户以上的，每增加2 500户增加1人；

瓶装燃气经营企业，燃气用户1 000户及以下的不少于3人；1 000户以上不到1万户的，每800户1人；1万～5万户，每增加1万户增加10人；5万～10万户，每增加1万户增加8人；10万户以上每增加1万户增加5人；

燃气汽车加气站等其他类型燃气经营企业人员及数量配备以及其他运行、维护和抢修类人员，由省级人民政府燃气管理部门根据具体情况确定。

法律法规规定的其他条件。

第四节　燃气特许经营服务

一、燃气特许经营的内涵

城镇燃气是城镇重要的基础设施和能源设施，也是公用事业重要组成部分，与人民群众生活息息相关，对国民经济有重大影响，在公用事业领域对社会资本开放之后，政府必须加强对公用事业企业的监管。特许是政府监管的一种方式，是指“把国民一般没有的权利、权力能力和行为能力等用法律加以确定”。特许权的意义在于：通过投标者在中标前为获得特许经营权所进行的竞争，提高垄断性市场的可竞争性。燃气实行特许经营，是传统公用事业运营模式改革的方向。

英国和美国在法律上将公用事业定义为“受公共利益影响的经济行业及其活动”。一般意义上，公用事业是指由国家垄断经营的铁路、航空、邮电、天然气、电力、供水、排水等关系人民生活和经济发展的基础设施。在我国，根据部门间分工，市政公用事业包括供水、供气、供热、排水、污水处理、垃圾处理、公共交通，以及市容环境卫生和园林绿化等。特许经营权是政府按照规定的程序授予符合条件的申请人的一项权利，该项权利不能买卖、转让、抵押等。

燃气特许经营制度是《市政公用事业特许经营管理办法》（建设部令　第126号）规定的，不是法律规定的行政许可。特许经营是政府授权燃气经营企业的一种权利。这种权利不是通过行政审批获得，而是按程序中标后，与政府签订特许经营协议获得，该类协议属于行政合同，没有合同金额，但明确双方的权利、义务和责任。政府作为协议一方除了履行管理职责外，还应承担协议中双方约定的责任。任何一方违约，都会导致特许经营不能顺利履行。

二、燃气特许经营的实施

1.《市政公用事业特许经营管理办法》

2004年2月建设部发布的《市政公用事业特许经营管理办法》中指出，市政公用事业特许经营是指政府按照有关法律法规规定，通过市场竞争机制选择市政公用事业投资者或者经营者，明确其在一定期限和范围内经营某项市政公用事业产品或者提供某项服务的制度。城市供水、供气、供热、公共交通、污水处理、垃圾处理等行业，依法实施特许经营的，适用本办法。实施特许经营的项目由省、自治区、直辖市通过法定形式和程序确定。

特许经营权竞标者应具备的条件：依法注册的企业法人；有相应

的设施、设备；有良好的银行资信、财务状况及相应的偿债能力；有相应的从业经历和良好的业绩；有相应数量的技术、财务、经营等关键岗位人员；有切实可行的经营方案；地方性法规、规章规定的其他条件。

燃气行政主管部门选择投资者或者经营者应当遵循的程序：提出市政公用事业特许经营项目，报直辖市、市、县人民政府批准后，向社会公开发布招标条件，受理投标；根据招标条件，对特许经营权的投标人进行资格审查和方案预审，推荐出符合条件的投标候选人；组织评审委员会依法进行评审，并经过质询和公开答辩，择优选择特许经营权授予对象；向社会公示中标结果，公示时间不少于 20 d；公示期满，对中标者没有异议的，经直辖市、市、县人民政府批准，与中标者签订特许经营协议。

特许经营协议应当包括以下内容：特许经营内容、区域、范围及有效期限；产品和服务标准；价格和收费的确定方法、标准以及调整程序；设施的权属与处置；设施维护和更新改造；安全管理；履约担保；特许经营权的终止和变更；违约责任；争议解决方式；双方认为应该约定的其他事项。

燃气行政主管部门应当履行下列责任：协助相关部门核算和监控企业成本，提出价格调整意见；监督获得特许经营权的企业履行法定义务和协议书规定的义务；对获得特许经营权的企业的经营计划实施情况、产品和服务的质量以及安全生产情况进行监督；受理公众对获得特许经营权的企业的投诉；向政府提交年度特许经营监督检查报告；在危及或者可能危及公共利益、公共安全等紧急情况下，临时接管特许经营项目；协议约定的其他责任。

获得特许经营权的企业应当履行下列责任：科学合理地制订企业年度生产、供应计划；按照国家安全生产法规和行业安全生产标准规范，组织企业安全生产；履行经营协议，为社会提供足量的、符合标准的产品和服务；接受主管部门对产品和服务质量的监督检查；按规定的时间将中长期发展规划、年度经营计划、年度报告、董事会决议等报主管部门备案；加强对生产设施设备的运行维护和更新改造，确保设施完好；协议约定的其他责任。

2. 管道燃气特许经营协议

2004 年 9 月，建设部组织专家制定了《城市管道燃气特许经营协议示范文本》（GF-2004—2502），该示范文本主要就管道燃气特许经营的定义与解释，特许经营权授予和取消，特许经营协议的终止，燃气设施建设、维护和更新、供气安全、供气质量和服务标准、收费、权利和义务、违约、不可抗力、争议解决等内容作出了一般规定和规范。协议明确了特许经营甲、乙双方应当遵循以下原则：公开、公平、公正和公共利益优先；遵守中国的法律；符合城市规划及燃气专业规划；使用户获得优质服务、公平和价格合理的燃气供应；有利于保障管道燃气安全稳定供应，提高管理和科技水平；有利于高效利用清洁能源，促进燃气事业的持续发展。

协议明确了特许经营权的含义：是指本协议中甲方授予乙方的、在特许经营期限内独家在特许经营区域范围内运营、维护市政管道燃气设施、以管道输送形式向用户供应燃气，提供相关管道燃气设施的抢修抢险业务等并收取费用的权利。协议还规范了特许经营权期限，特许经营权地域范围，特许经营业务范围，特许经营权转让、出租和质押，特许经营权的取消等。

3. 特许经营制度适用范围

一般来讲，特许经营制度只适用于管道燃气经营，管道燃气经营具有地域上的自然垄断性，一个特定区域只能有一套管网、一家企业经营。特许经营区域一般仅限于城镇规划区范围，在规划区范围内，县级以上人民政府或者燃气行政主管部门可以依据地方法规的规定和城镇燃气专项规划的情况，划分燃气经营区域，依据法定程序授予某一燃气经营企业特许经营权。有的地方抛开规定程序和实际情况，盲目地将一个行政区域的燃气特许经营权授予某一企业，明显和国家、地方法规的规定冲突，也违背了实行特许经营制度的初衷。值得指出的是，压缩天然气（CNG）加气站、液化天然气（LNG）加气站、液化石油气（LPG）加气站和液化石油气瓶装供应站的经营市场是放开的，只要符合燃气专项规划，经燃气行政主管部门审查同意的工程项目，履行基本建设程序，并取得燃气经营许可证就可以从事燃气经营活动。燃气行业及其相关项目是否实行特许经营制度由省、自治区、直辖市通过法定形式和程序确定，设区市、县（市）无权决定实行特许经营制度的有关项目。

三、特许经营许可制度和燃气经营许可制度之间的关系

1. 确立原则不同

燃气经营许可制度和燃气特许经营制度，是燃气管理领域的两项基本制度，既有联系又有区别。燃气经营许可制度由《城镇燃气管理条例》确立，更加强调的是政府监管和法律规制，是政府加强燃气管理的事前控制手段，是对申请者进入市场获得经营权的准予。燃气特许经营制度由原建设部发布的《市政公用事业特许经营管理办法》确立，是燃气领域投资体制和经营体制改革的重要举措，更加强调经济调节和市场监管，是燃气管理领域的制度创新。

2. 功能目的不同

燃气经营许可制度的功能是配置资源和控制危险。管道燃气经营

许可，属于《中华人民共和国行政许可法》（以下简称《行政许可法》）中“有关有限自然资源开发利用、公共资源配置以及直接公共利益的特定行业的市场准入”类的“特许”。主要是由行政机关代表国家依法向相对人出让、转让某种特定权利，是赋权的行政许可。主要特征：一是有数量限制，且一旦授予即具有排他性，同一区域不得重复许可；二是行政机关有自由裁量权，但受严格的程序制约；三是申请者获得许可要承担公益义务，如提供普遍服务的义务，不得擅自停止供气等。瓶装燃气经营许可，属于“行政许可法”中“直接涉及国家安全、公共安全经济宏观调控、生态环境保护以及直接关系人身健康、生命财产安全等特定活动”类的“行政许可”，主要功能是防止危险，保障安全。主要特征：一是禁止的解除；二是没有数量限制；三是行政机关没有自由裁量权，符合条件即许可。

燃气特许经营的功能是通过市场竞争选择燃气投资者、建设者、运营者以及经营者。主要特征：一是仅限管道燃气具有垄断性的网输业务；二是以实现政府目标为宗旨，政府主导，即“政府的事通过协议让企业办”；三是通过特许经营协议确立双方权利和义务；四是须通过招标投标择优选择，属于强制招标。

3. 适用范围不同

燃气经营许可制度针对企业设定，要求申请燃气经营许可的主体原则是具有法人主体资格的企业。不管企业是申请从事管道燃气经营，还是瓶装燃气经营，都适用燃气经营许可制度。法律是禁止个人从事管道燃气经营的；个人能否从事瓶装燃气经营，由省、自治区、直辖市相关部门进行规定。燃气特许经营制度适用于政府选择燃气投资者、建设者、运营者以及经营者的情形，一般仅限于管道燃气经营领域，获得燃气特许经营的主体只能是具有法人主体资格的企业，个人不得成为燃气特许经营权的竞标者。

4. 核准主体不同

燃气经营许可的核准主体是县级以上地方人民政府燃气管理部门；燃气特许经营的核准主体是政府或者政府授权的有关主管部门。从核准条件看，燃气经营许可制度和燃气特许经营制度，对企业法人主体资格、设施设备、企业资信、经营方案以及岗位人员等方面都提出明确要求，在此基础上，燃气经营许可制度还对是否符合燃气发展规划、是否有符合国家标准的燃气气源以及是否有固定的经营场所等提出具体要求。在燃气特许经营制度下，政府可以在管道燃气投资、建设、运营和经营等多个环节实施特许经营，但只要是对经营环节实施特许的，都必须符合燃气经营许可的条件，才能取得燃气经营许可证。

第五节　供气管理与用气管理

一、城镇燃气设施布局、规模

1. 燃气气源与燃气管网布局、规模

（1）燃气气源宜优先选择天然气、液化石油气和其他清洁燃料。燃气气源供气压力和高峰日供气量，应能满足燃气管网的输配要求。

（2）气源点的布局、规模、数量等应根据上游来气方向、交接点位置、交接压力、高峰日供气量、季节调峰措施等因素，经过技术经济比较确定。门站负荷率宜取 50%～80%。

（3）中心城区规划人口大于 100 万人的城市，城镇输配管网宜选择 2 个及以上的气源点。气源选择时应考虑不同种类气源的互换性。

（4）燃气管网系统宜结合城镇远期规划，优先选择较高压力级制管网，提高供气压力。

（5）中心城区规划人口大于 100 万人的城市，燃气主干管应选择环状管网。

（6）长输管道应布置在规划城镇区域外围。长输管道和城镇高压燃气管道的走廊，应在城镇总体规划编制时进行预留，并与公路、城镇道路、铁路、河流、绿化带及其他管廊等的布局相结合。

（7）燃气调峰量应根据城镇用气负荷曲线和上游供气曲线确定。选择城镇燃气调峰方式应与上游统筹解决用气不均衡的问题。城镇燃气调峰方式选择应根据当地地质条件和资源状况，经技术经济分析等综合比较确定。调峰设施应根据季节、日、时调峰量合理选择，并按实际调峰需求，统一规划，分期建设。

（8）城镇燃气应急气源应与主供气源具有互换性。城镇燃气应急储备设施的储备量应按 3～10 d 城镇不可中断用户的年均日用气量计算。应急储备设施布局应结合城镇燃气负荷分布、输配管网结构，经技术经济比较后确定。

2. 燃气厂站布局、规模

1）一般规定

（1）应符合城市、镇总体规划的要求，具有适宜的交通、供电、给水排水、通信及工程地质条件，并应满足耕地保护、环境保护、防洪、防台风和抗震等方面的要求。

（2）应根据负荷分布、站内工艺、管网布置、气源条件，合理配置厂站数量的规模和用地规模。节约、集约用地，且结合城镇燃气远景发展规划适当留有发展空间。

（3）燃气指挥调度中心、维修抢修站、客户服务网点等燃气系统配套设施的规划应与城镇燃气设施规模相匹配，应与城镇燃气设施同步规划。

2）天然气厂站布局、规模

（1）燃气门站站址应根据长输管道走向、负荷分布、城镇布局等因素确定，宜设在规划城市或镇建设用地边缘。规划有 2 个及以上燃气门站时，宜均衡布置。

（2）储配站站址应根据负荷分布、管网布局、调峰需求等因素确定，宜设在城镇主干管网附近。

（3）当城镇有 2 个及以上燃气门站时，储配站宜与燃气门站合建；当城镇只有 1 个燃气门站时，储配站宜根据输配系统具体情况与燃气门站均衡布置。

（4）调压站的布局，应根据管网布置、进出站压力、设计流量、负荷率等因素，经技术经济比较后确定。调压站的规模应根据负荷分布、压力级制、环境影响、水文地质等因素，经技术经济比较后确定。调压站的负荷率宜控制在 50%～75%。

（5）液化天然气、压缩天然气厂站供应和储存规模应根据用户类别、用气负荷、调峰需求、运输方式、运输距离等因素，经技术经济比较确定。

3）液化石油气厂站布局、规模

（1）液化石油气厂站的供应和储存规模应根据气源情况、用户类型、用气负荷、运输方式和运输距离，经技术经济比较后确定。

（2）液化石油气供应站的站址应选择在全年最小频率风向的上风侧，应选择在地势平坦、开阔、不易积存液化石油气的地段。液化石油气汽化、混气、瓶装站的选址，应结合供应方式和供应半径确定，且宜靠近负荷中心。

4）汽车加气站布局、规模

（1）汽车加气站气源、布局及数量，应根据城市和镇总体规划、资源条件、汽车数量、运营规律，以及经济发展、环保要求等因素，经技术经济比较后确定。

（2）汽车加气站站址宜靠近气源或输气管线，方便进气、加气，且便于交通组织。汽车加气站建设应避免影响城镇燃气正常供应。

5）人工煤气厂站布局、规模

（1）人工煤气厂站规模应根据制气原料来源、原料种类、用气负荷、供气需求等，经技术经济比较确定。

（2）人工煤气厂站应布置在该地区全年最小频率风向的上风侧。

（3）人工煤气储配站站址应根据负荷分布、管网布局、调峰需求等因素确定，宜设在城镇主干管网附近。人工煤气储配站宜与人工煤气厂对置布置。

二、城镇燃气经营规划、计划和燃气供气规律

经营燃气企业是一项极其复杂的活动，要组织利用好各种资源，有详细的行动计划，按照行动计划实施经营企业活动。制定科学的燃气经营规划，能够克服或避免企业重大行动的盲目性，有利于统一全体员工的思想和行动。计划是根据企业的需要，集合企业自身资源、能力，确定在一段时间内的目标，以及为实现这些目标制定的各项行动安排。

1. 燃气经营规划制定

1）拟定愿景和使命

拟定愿景和使命主要有分两种形式：一种是企业自己拟定，由主要负责人提出，各部门总结提炼，拟定若干条愿景和使命，或在全企业范围内征求愿景和使命条文，广泛征求意见，最后决定最适合的愿景和使命。另一种是聘请专业机构拟定。

2）企业外部环境因素分析

（1）政府政策因素。主要分析政府因素和政策因素。政府因素包

括各级政府及其部门，它们是燃气企业的监管者和服务者，对燃气企业有明显的规范制约作用，它们的行为直接影响企业的经营运作和发展。政策因素主要包括燃气价格政策、管道燃气特许经营政策、行业规划、能源优先发展政策及燃气行业规制等。

（2）社会人口和自然因素。主要分析人口因素、生活习惯因素、气候因素。

（3）经济因素。主要分析经济发展水平的影响、经济结构（产业结构）的影响、经济动态转移。经济发展水平，居民人均燃气消费量与同地区人均 GDP 呈正相关。我国的经济发展水平和产业结构有明显的地域性。经济动态转移主要是指经济渐次由发达地区向欠发达地区转移的现象。经济动态转移对燃气消费的影响实质上也包括经济总量渐次转移和工业制造业的渐次转移。

（4）行业因素。重点分析三个方面：燃气行业的整体状况、燃气行业内的市场结构、燃气行业的市场细分。

（5）技术和人才因素。燃气技术和人才是燃气行业、燃气企业发展的基本支撑。

（6）竞争对手因素。对竞争对手开展详细的调查研究，摸清对手的品牌和市场开拓竞争能力。客观地估计自己的品牌影响力和市场开拓能力，是否比竞争对手有明显的提升，甚至超过对手。

3）企业内部因素分析

分析企业内部因素的目的在于明确企业本身的优势和劣势，扬长避短，抓住外部因素提供的发展机遇，谋求企业发展。企业资源分为三类：物质因素、人力因素和组织因素。

（1）企业的组织规模与财力。企业的组织规模决定了它在行业中的竞争地位。

（2）公共关系能力。燃气企业对外公共关系有许多方面，如与客户的关系，与政府及其行业主管部门的关系，与行业上游气源企业的关系，与银行的关系等，这些都属于企业的核心竞争力范畴。

（3）企业体制因素。城镇燃气企业所有制主要有国有、民营、港资三类，国有又存在央企国有和地方政府国有两类。

2. 燃气经营计划制订

燃气经营计划确定了企业在未来一定时期要实现的战略目标，是一个时期、一个阶段的战略目标体系。如果将阶段性战略目标进一步细分，则得到不同时间长度的计划目标，根据这些目标分别制订的计划，就是依据时间长度计划，如年度计划、半年度计划、月度计划等。在企业的计划管理中，年度计划最为重要。

1）年度计划目标体系

（1）销售量目标。销售量是指一定时期（通常 1 年）企业向客户售出燃气的数量。

（2）收入和利润目标。收入和利润都是反映企业经济效益的指标，是企业经营成果的表达，是企业追求的最主要目标。

（3）客户发展目标。客户发展目标是指计划期内企业新增各类燃气用户数量或计划期末各类燃气用户达到的总数。

（4）费用控制计划目标。企业的费用分为销售费用、管理费用和财务费用三项。管理费用被列为第一位控制的目标。

（5）安全控制计划目标。城镇燃气属于高危行业。安全生产和安全经营始终是第一要位。企业计划管理中的安全控制目标通常有以下 4 个：安全责任事故目标；安装主要设备设施事故率目标，通常控制在 0.5 次/（台·年）的水平上下；使用安全设备完好率，目标必须是 100%；安全值班车辆事故率，通常小于 0.5 次/（辆·年）。

（6）工作（生产）质量及进度目标。计划控制目标通常有以下几个：工程设计、安装质量验收合格率，一般为 98%以上；材料、商（产）品使用合格率，一般大于或等于 98%；燃气使用违规违章行为稽查到位率，一般大于98%；燃气管网及其燃气安装、使用设施（备）维修及时率，一般大于或等于98%，返修率小于或等于2%；燃气计量表返检率，通常小于5‰。

（7）优质客户服务指标。优质客户服务指标是反映企业与客户关系的一个重要指标，通常有5个：第三方客户调查满意率、客户投诉应答率、回访率、上门检查率、电话接听率。

（8）管网铺设目标。管网铺设目标表明企业计划期内燃气输配生产能力的扩张程度。

2）经营计划的类别

（1）年度综合计划，是指企业在战略规划的指引下，对年度内生产经营各个环节、各个方面的活动所作的统筹安排。年度综合计划是企业战略规划的具体实施、具体落实，是企业各部门、各所属业务单元的行动指南，也是考核评价企业经营业绩的主要依据。

（2）单项计划，是指就某一个业务，或一个业务领域制订的计划，是企业综合计划的具体展开。

（3）子（分）公司年度计划。

3）年度计划编制的步骤

年度计划主要是在战略规划的总框架内，参考企业上一年度计划实施完成情况和效果，而确定下一年度的计划。编制年度计划通常有以下几个步骤：

（1）进行内外部因素分析。具体做法可参考战略规划的分析内容和分析方法。

（2）初步确定计划的目标。对企业内部、外部因素客观分析后，参照战略规划本阶段目标和上年度计划的执行情况、完成程度，科学地提出年度计划各项目标的初步目标。

（3）讨论修改目标。广泛深入的沟通、研究、讨论，充分听取各方面的意见。

（4）决定计划。年度计划的决定权在公司最高层，设董事会及股东（会）的由董事会或股东（会）审议批准。

3. 燃气供气规律

城镇燃气供应受季节气候、居民生活规律、工业用户生产周期等影响，具有一定的规律。

（1）季节温差对供气的影响。城镇燃气用气量具有显著的季节变化特征，对用气直接影响的是天气中的温度参数，气温越低，用气量越大，平均气温与燃气用气量在各个季节呈一致负相关，而平均气压呈一致正相关，与气温类似，平均气压同样是在冬季最高、夏季最低。夏季是燃气用气量对气象因子响应最不敏感的季节。

（2）工业用户燃气用气规律。工业用户主要是按生产计划用气，其月用气量变化规律没有明显的规律性，工业用户主要受行业的经济发展状况影响，在正常的生产周期内，工业用户的日用气量正常情况下呈较平稳的态势。

（3）居民用户燃气用气规律。居民用户是用气量变化最大的用户类型，居民燃气用气一般集中在一日三餐，所以居民用气规律表现为对燃气使用存在明显峰、谷、平的特点，在平常日，有早、午、晚 3 个用气高峰。其中，晚高峰大量供气时间较长，用气量也最大，单小时耗气量是深夜时间的 2 倍以上。工作日的用气高峰较休息日更为明显。

（4）商业用户燃气用气规律。用气量不是很大，商业用户的燃气用气规律与居民用户的燃气用气规律相仿，集中在早、午、晚 3 个高峰期。

三、供气运行调度的基本制度

1. 供气运行调度系统

燃气综合调度管理系统是运用地理信息系统（GIS）图形、视频监控、全球卫星定位系统 GPS 等技术监控管网设施运行状况，成功实现了管网资源的管理、管网运行状态的监控和抢险抢修的综合调度，实现气量从采购、销售到结算的全过程管理，使燃气输配系统保持平稳状态，为用户提供高质量的供气服务，减少输配过程中的损失，较大限度延长管网的使用寿命，保障输配系统稳定运行，提升企业的运营效益。

100 万人口以上的城镇燃气输配系统宜设置包括生产监控系统、管网设施监控系统、用户计量管理系统等。城镇燃气运行调度系统宜设调度中心及本地站。

（1）生产监控系统。监测、控制生产场站内工艺设备运行，保证输气生产安全、平稳、高效、经济，为发布调度指令及结算等提供决策依据。

（2）管网设施监控系统。监视输气管网各站点的实时工艺、运行状态，并予以有效调控。

（3）用户计量管理系统。用户气量数据采集，掌握用气规律，预测用气负荷、提供用气量计划、采购、管理、分析一体化解决方案。

（4）调度中心。数据采集、汇总到统一信息平台，进行处理、显示和集中状态监视，进行气量调配、制定管网优化方案，对事故预警、事故处理准确判断和提示。发生事故时，调度中心及时作出工况分析，发布紧急调度令，减少影响。

2. 合理制订燃气用气计划稳定气源调度

（1）制订燃气用气计划。企业相关部门及各分公司、子公司协调配合，共同研讨发现用气规律，合理、精准制订燃气用气计划。

（2）企业准确汇总居民燃气用户总户数及全年总用气量、季度及月均使用量，重点关注热电公司供暖未覆盖区域冬季用户燃气壁挂炉使用增量，当遇到极寒天气气温骤降时，燃气壁挂炉使用量增幅较大，对当日气源稳定分输影响较大。掌握重点用户的用气规律，及时与重点用户沟通，确保重点用户及时提供年度燃气用量计划及高峰集中用气情况，根据计算结果制订燃气用气计划保障供气。

（3）合理预测来年用户、工业用户等大用户的新增量，确定企业新增燃气用量。调度中心通过汇总各项用气增量数据合理制订年度、季度、月度用气计划，确保企业平稳运行。

（4）为避免因上游公司出现燃气供应异常、设备抢修、维修等突发异常情况而导致燃气供应缺口较大，城市燃气企业要寻求多气源供应，从而保证城市燃气安全平稳运行。

3. 调度中心制度化建设、规范化管理

1）明确调度中心管理规定

燃气公司调度中心工作人员 24 h 在岗，不得迟到早退，无故脱岗、空岗；值班人员发布调度令时应表达准确、口齿清晰、语言文明；调度中心一定要保持 24 h 通信正常、畅通，使用录音电话做好电话接听及阀门开关处理记录。

对突发的重大燃气抢修事件，调度工作人员应按照相关制度，执行相关突发应急预案。调度中心值班人员工作期间不得接待亲戚朋友，禁止做与当班调度无关的事情，闲杂人员不得进入调度中心。

调度中心各种图纸、资料应有序摆放，整齐放置，不得随意转借他人，严禁外接 U 盘、移动硬盘等，做好内部资料保密。

2）调度中心交接班制度

为避免在交接班时出现漏洞，造成接班后对场站、管网等运行状态及遗留问题不清楚等情况，调度中心应规范调度中心交接班制度。接班调度员须提前 10 min 到岗，仔细查看上班的各项记录，了解清楚目前生产情况，认真记录当前的问题、生产情况及其他相关注意事项；在交班前，交班调度员要对当班生产情况认真分析、审查，填写调度日志、交接班记录及各类报表，并签字署名，接班人员认真查看相关

记录，切实做到责任分明，不清不接，并在交接班记录上签字。

交接班时，根据当前已发生的问题、已处理的情况、待办事项及未解决问题等要做到“五交清”，即交清管网生产调度运行完成情况，并说明是否有其他影响因素；交清正在处理及尚未处理的各项工作内容；交清下个班生产运行时可能出现的问题及相关注意事项和影响因素；交清公司上级领导所下达的指示、各项通知等执行情况；交清公司各项重点工程及关键事故的变化情况与进展。如果交接不清发生问题可由交接班双方负责。

四、燃气调峰

1. 调峰手段

为解决燃气系统供气基本均匀与用气不均匀之间的矛盾，保证不间断地向用户供应正常压力和流量的燃气，需要采取一定措施使燃气系统供需平衡。一般综合考虑燃气气源供应、用户及输配系统的具体情况，提出合理的调峰手段。通常，城镇燃气供应系统会在技术经济比较的基础上采用几种调峰手段的组合方式。调峰手段还应与燃气系统应急机制统筹考虑，协调工作。常用的调峰手段有以下几种：

（1）调整气源生产能力。根据燃气需求情况调整气源的供应量，要考虑气源生产与开采的工艺特点、技术可行性和经济合理性等诸多因素。

人工煤气供应系统，可以调整气源的生产能力适应用户用气变化。但必须考虑气源运转、停止生产的难易程度、气源生产负荷变化的可能性和变化的幅度等。

天然气供应系统只在用气城镇距离天然气产地不远时，采用调节气井产量的方法来平衡部分不均匀用气。

（2）设置机动气源。用气高峰启动机动气源供气，平衡季节或其他高峰用气。设置机动气源，应根据需要考虑可能取得的机动气源种类及数量。

（3）设立调峰用户（缓冲用户）。设立调峰用户主要是缓解季节性负荷的矛盾，少部分调峰用户也可以通过调整其每天的工作时间来调节小时负荷不均匀的情况。

（4）建设储气设施。燃气供应系统完全靠气源和用户调度与调节是不能解决供气和用气矛盾的。所以，为保证供气的可靠性，通常需要设置种类不同、容量不等的储气设施。根据不同的气源和用户情况，储气方式与设施有很大差别。

储气设施主要分为两大类：解决季节性负荷矛盾的大型储气设施、解决小时不均匀性的储气设备。

2. 燃气的储存方式

1）地下储气

地下储气库储气量大，造价及运行费用低。天然气地下储气库社会效益和经济效益非常显著，主要用于调节季节性负荷。

地下储气库一般是挑选合适的地质结构建成的。想要利用地层储气，需要准确地掌握地层的有关参数，如构造形状、大小、油气岩层厚度、孔隙度、渗透率等。主要有三种方式：利用枯竭油气田地层穴储气、利用多孔含水地层储气、利用岩盐地穴储气。

地下储气库除储存燃气以外，还有以下用途：优化供气系统，减少天然气输气干线和压气站投资，可节约总投资 20%～30%；调节季节性供需不均衡，平抑天然气价格；作为各类事故应急和国家能源战略储备；在枯竭油气田上建设地下储气库能增加油田的最终采收率。

2）液态储存

以液态方式储存的主要有天然气和液化石油气。天然气和液化石油气在常温、常压下均为气态，而加压或降温可液化，体积可缩小。

天然气液化储存常采用低温常压的储存方法，将天然气冷冻至其沸点温度（−162℃）以下，在其饱和蒸气压接近常压的情况下进行储存。天然气由气态变为液态时体积会缩小 600 倍，采用天然气液化储存可以大大提高天然气的储存量。建设天然气液化储存设施的费用较高，一般是建造地下储气库的 4～10 倍，而且其日常的运行管理及维修费用也较高。

天然气液化储存方式有冻土地穴储存、预应力钢筋混凝土储罐、地上金属储罐等。

液化天然气还可作为城镇机动气源、设备大修或事故处理过程中的供气来源，在有天然气规划的城镇，还可作为管道天然气暂时未达到时的过渡气源。

3）管道储气

利用高压长输管线（或管束）储气是平衡燃气小时不均匀用气的有效办法。在稳定工况下，利用长输管线末端储气是在夜间用气低峰时，将燃气储存在管道内，管道压力增高；白天用气高峰，将管道内储存的燃气输出。输气管道末端是长距离输气管线最后一级压气站的出口到管线末端门站为止的管段。

近年来，城市高压外环储气方式也引起了广泛关注，不少城市进行了应用。城市高压外环储气是利用城市边缘的高压燃气管线进行储气的方式。它充分利用长输管线末端较高的燃气压力和城市中压管网的压力差进行储气调峰。城市高压外环储气一般应用于城市规模及人口密度较大的特大型城市。它既满足了城市建立多级输配管网压力级制的要求，又兼顾了储气的需要。

4）储气罐储气

为保障城镇燃气供应系统的稳定供气，除采用上述储气方式外，一般还需要设置规模不等的储气罐，以平衡城镇燃气日及小时用气的不均匀性，储气罐储气与其他储气方式相比，投资较大。储气罐储气主要是为解决小时用气不均匀性矛盾建造的金属储罐。

五、岗位责任制、操作规程

1. 岗位责任制

岗位责任制是指根据各个工作岗位的工作性质和业务特点，明确规定其职责、权限，并按照规定的工作标准进行考核及奖惩而建立起来的制度。实行岗位责任制，有助于工作的科学化和制度化。建立健全岗位责任制，必须明确任务和人员编制，才能以任务定岗位，以岗位定人员，责任到人，各尽其职。

1）岗位责任制设置原则

（1）才能与岗位相统一的原则（人职匹配程度）。根据人员的才能及特长，分配与之相适应的岗位。企业由若干人员和不同岗位组成，每个成员的个体素质条件差异有时很大，这就要求充分考虑各种因素，在实际工作需要中，调整人员，量才授职，扬长避短，人尽其才，使每个岗位的工作卓有成效。

（2）职责与权利相统一的原则。职、责、权、利四项是每个岗位不可或缺的因素，责任到人，就必须权力到人，并使之与实际利益密切联系，体现分配原则。建立岗位责任制，必须使企业每位成员有明确的职务、权力和相适应的利益享受。

（3）考核与奖惩相一致的原则。岗位责任制是考核企业员工的基本依据，而考核必须作为奖惩的基本依据，论功行赏，依过处罚，岗位责任制就能起到鼓励先进、激励后进、提高工作效率的作用。

2）岗位设置方法

（1）进行岗位调查。组成岗位设置工作小组，根据部门实际情况，灵活采取问卷、访谈、查阅部门制度等方法进行岗位调查。

（2）基层提出初步意见。基层管理部门申报岗位，提出初步设岗意见，并附名称、档次、设置理由、岗位性质、任务大小、难易程度、具备条件等说明。

（3）岗位分析与评价。工作小组对现有岗位状况及基层提出的设岗初步意见进行分析，分析评价岗位设置合理性。

（4）提出岗位设置方案。根据工作性质、责任大小、难易程度、任职条件及专业特点，拟定各个岗位的设置方案。

（5）拟定岗位说明书。对每一个岗位的工作内容、职责、工作标准及有关事项进行说明，作为上岗人员履职、考核的基本依据。

（6）设岗方案及岗位说明书提交企业负责人审定。

2. 操作规程

1）安全操作规程编制指南

（1）编制前的准备。

①在企业主要负责人的组织下，由企业安全管理部门协调，相关专业和作业部门的技术人员、管理人员和作业岗位人员参与编制；必要时，可组成编制组，建议编制组至少由技术、管理和作业人员代表组成。

②对作业岗位及其风险、安全作业要求等进行摸底调研，收集国家相关文件、标准规范、设备工具出厂资料的安全要求、以往事故记录和编制依据等资料，并由岗位作业人员、涉及的技术人员和管理人员提出岗位安全作业的相关建议。

③广泛收集企业内部或其他企业相应作业过程中曾经发生的事故、分析事故发生的原因，在编制本企业的安全操作规程时，宜考虑采取何种防范措施，明确严禁事项和安全要点，防止类似事故发生。

④岗位作业内容调查。确定编制安全操作规程的岗位、作业过程或设备。

（2）规程编制及审查。

①编制安全操作规程的主要依据：现行法律、政府文件、相关技

术标准和规范等；化学品安全技术说明书、工艺装置或设备的使用说明书、工作原理资料，以及设计、制造资料、带控制点的工艺流程图等；作业人员的作业和操作经验；危险有害因素分析结果；曾经出现的危险、事故案例及与本项操作有关的其他不安全因素；作业环境条件、工作制度、安全生产责任制等；企业开展双重预防机制建设的相关资料。

②明确岗位作业范围。对作业过程和设备操作过程进行全面的危险有害因素辨识，并分析可能造成的事故后果和可能造成伤害的对象，记录辨识分析结果。

③安全操作规程内容应包括但不限于以下内容：总则；作业范围内容；岗位存在的主要危险有害因素；作业前准备；正常作业操作方法；异常现象处理；应急处置；持续更新要求。当重要、关键设备设施文字描述不清时，可采用图文并茂的形式进行描述，保证操作人员能够完整准确地理解。

④审查。编制人员和安全管理人员对安全操作规程的初稿进行初审，根据初审意见修改后形成安全操作规程评审稿；应将初稿或评审稿发到相应的作业岗位征求意见，并根据反馈意见进行完善修改。组织岗位所在部门负责人、注册安全工程师、安全员、相关技术人员、管理人员、工会或员工代表等对评审稿进行评审，根据评审意见修改后形成安全操作规程报批稿；小微企业可将初审和评审环节合并进行，直接形成报批稿。

（3）发布实施。

①安全操作规程报批稿经企业安全分管领导或企业安全管理人员审核后报企业主要负责人批准发布。安全操作规程下发宜保存文件发放记录。

②安全操作规程宜以纸质版发放给岗位人员，应将规程的主要内容制成目视化看板、展板（宜采用图表或流程图形式展现）等放置作

业现场，并组织岗位安全操作规程培训教育。

③当岗位设备设施、作业活动等发生变化，或者采用新技术、新工艺、新设备、新材料时，应对岗位安全操作规程更新修订。当作业过程或操作设备发生事故后，应根据事故原因分析安全操作规程是否科学合理，及时修订安全操作规程。未发生上述情况，也应对安全操作规程进行定期评审和修订，宜每年评审一次。

2）燃气抢修人员安全技术操作规程（范例）

①接到抢修任务后迅速出动，并联系相关部门协作抢修，抢修作业统一指挥，严明纪律，采取安全措施。

②操作人员进入抢修作业区前应穿戴好防静电服、鞋、防护用具，严禁在作业区内穿脱和摘戴。作业现场应有专人监护，严禁单独操作。

③检查抢修车辆、抢修设备、抢修器材、通信设备、防护用具、消防器材、检测仪器等装备，并保证设备处于良好状态。

④抢修人员到达抢修事故现场后，应根据燃气泄漏程度确定警戒区并设立警示标志；在警戒区内应管制交通，严禁烟火，严禁无关人员入内。

⑤抢修人员进入事故现场后，应立即控制气源、消灭火种，切断电源，驱散聚积的燃气。在室内应进行通风，严禁启闭电器开关及使用电话。地下管道泄漏时应采取有效措施，排除聚积在地下和构筑物空间内的燃气。

⑥当抢修中暂时无法消除漏气现象或不能切断气源时，应及时通知有关部门，并做好事故现场的安全防护工作。

⑦燃气设施泄漏的抢修宜在降低燃气压力或切断气源后进行。当泄漏处已发生燃烧时，应先采取措施控制火势后再降压或切断气源。

⑧在警戒区内燃气浓度未降至安全范围时，严禁使用非防爆型的机电设备及仪器、仪表等。

⑨管道和设备修复后，应作全面检查，防止燃气窜入夹层、窨井、

地下管线和建筑物等不易察觉的场所。

⑩当事故原因未查清或隐患未消除时抢修人员不得撤离现场，应采取安全措施，直至查清事故原因并消除隐患为止。

⑪修复供气后，应进行复查，确认无不安全因素后，抢修人员方可撤离事故现场。

⑫抢修人员在完成抢修任务后及时填写抢修事故报警记录和重要设备的大、中抢修记录［事故发生的时间、地点和原因、事故类别（泄漏、火灾、爆炸等）、参加抢修的人员情况，抢修工程概况及修复日期］。

3）燃气动火作业安全操作规程（范例）

动火作业：指在厂区内进行焊接、切割、加热、打磨以及在易燃易爆场所使用电钻、砂轮等可能产生火焰、火星、火花和赤热表面的临时性作业。

易燃易爆场所：主要是指公司涂装及喷砂场、油库、气站、危险品仓库、材料库、油品及油漆稀料、前处理剂等化学品储存及使用场所、液化气瓶储存室、变配电室、相互禁忌作业等可能引起火灾的区域。

动火作业分类：分为A级、B级、C级3类。A级动火作业：在易燃易爆场所进行的动火作业。B级动火作业：在公司区域内除易燃易爆场所外，有关部门或承包方进行的临时性的维修、改造、施工等动火作业。C级动火作业：主要是指在公司焊接区域内进行的、固定的长期性动火作业。遇节假日、双休日或特殊情况时，除C级动火作业外，公司内进行的其他动火作业一律按A级动火作业升级管理。

（1）C级动火作业要求、B级和A级动火作业基本要求。

①动火作业必须符合国家有关法律法规及标准要求，遵守公司相关的安全生产管理制度和操作规程；焊割工必须具有特种作业人员操作证。

②动火作业前，操作者必须对现场安全进行确认，明确高温熔渣、火星及其他火种可能或潜在喷溅的区域，该区域周围10 m范围内严

禁存在任何可燃品（化学品、纸箱、塑料、木头及其他可燃物等），确保动火区域干净整洁，无易燃可燃品。

③对确实无条件移走的可燃品、动火时可能影响或损害且无条件移走的设备、工具，操作者必须用严密的铁板、石棉瓦、防火屏风等将动火区域与外部区域、火种与须保护的设备有效地隔离、隔绝，现场备好灭火器材和水源，必要时可不定期将现场洒水浸湿。

④高处动火作业前，操作者必须辨识火种可能或潜在落下的区域，明确周围环境是否放置易燃可燃品，按规定确认、清理现场，以防火种溅落引起火灾爆炸事故；室外进行高处动火作业时，5 级以上大风应停止作业。

⑤凡盛装过油品、油漆稀料、可燃气体、其他可燃介质、有毒介质等化学品及带压、高温的容器、设备、管道，严禁盲目动火，凡是可动可不动的火一律不动，凡能拆下来的一定拆下来移到安全地方动火；特殊情况下必须动火时，要保证容器、设备、管道处于常温、常压状态，通过切断、加装符合要求的盲板等措施保证动火设备或管道与生产系统的物料彻底隔离，动火前必须检查分析容器、设备、管道中的化学品性质及周围环境，利用空气、惰性气体（氮气、氩气等）、水蒸气、水等经过充分的吹扫、清洗、置换后，经反复确认无危险隐患后，方可动火；该动火作业属于 A 级动火，担当部门必须办理《安全作业许可书》，并派人监火，现场备好灭火器材和水源，必要时可不定期将现场洒水浸湿。

⑥使用气焊割动火作业时，氧气瓶与乙炔气瓶、丙烷气瓶间距不小于 5 m，二者与动火作业点须保持不少于 10 m 的安全距离，气瓶严禁在阳光下暴晒，氧气瓶口及减压阀、阀门处不得沾染油脂、油污，乙炔气瓶严禁横躺卧放；运输、储存、使用气瓶时，严禁碰撞、敲击、剧烈滚动，且气瓶要放置牢固，防止气瓶倾倒。

⑦动火作业前应检查电焊机、气瓶（减压阀、胶管、割炬等）、

砂轮、修整工具、电缆线、切割机等器具，确保其在完好状态下，电线无破损、漏电、卡压、乱拽等不安全因素；电焊机的地线应直接搭接在焊件上，不可乱搭乱接，以防接触不良、发热、打火引发火灾或漏电致人伤亡。

⑧动火作业结束后，操作人员必须对周围现场进行安全确认，整理整顿现场，在确认无任何火源隐患的情况下，方可离开现场。

（2）A 级和 B 级动火作业特殊要求。

①当进行 A 级和 B 级动火作业时，部门必须按规定办理《安全作业许可书》，严格落实“三不动火”原则，即没有经批准的《安全作业许可书》不动火，设有防火安全措施不落实不动火，现场无人监护不动火；部门负责组织落实动火监护人，动火监护人要严格履行看火职责，及时处理、消除火灾隐患。

②B 级动火作业由部门或操作人员进行作业前安全确认，安全环保科根据情况确定是否派人协助确认；A 级动火作业必须经安全环保科进行作业前安全确认，部门或操作人员协助确认，经安全环保科确认许可，落实《安全作业许可书》的要求及有关防范措施后，操作人员方可进行动火作业。

③A 级和 B 级动火作业时，必须按规定清理现场，动火区域周围 10 m 严禁放置任何油漆稀料、油品、气瓶、其他化学品等易燃品及包装材料、木料等可燃品，并明确监火人，现场备好灭火器材及水源，必要时应在动火区域洒水浸湿。动火作业时，火种可能进入涂装室、油库及其他高危区域时，应将该区域洒水浸湿。

④A 级动火作业时，部门应组织操作人员（外协承包方）进行危害辨识，制定安全动火方案，落实防火安全措施；A 级动火作业现场的通风设施要保持良好，尤其是涂装场所、油库、气站等；在易燃易爆场所挥发性气体气味较浓时，严禁动火，应打开门窗，保持良好的通风换气，在无明显气味时方可动火。

六、瓶装燃气供应设施和汽车加气设施

1. 液化石油气供应系统

1）液化石油气灌装站

液化石油气灌装站的主要功能是进行灌装作业，对到站的空瓶进行灌装以及残液倒空。同时，也充装汽车槽车，并将其送至气化站和混气站。

汽车槽车进站后，将罐车上的装卸软管与气站装卸台上的管道相连接，然后启动压缩机抽吸储罐中的气体，并压入汽车槽车内，或使液化石油气经管道卸入气站储罐。

灌装气瓶时，一般采用泵或泵—压缩机联合将储罐内的液化石油气经管道送至灌瓶秤灌装。小型灌装站多采用单秤手工灌装或电子秤灌装。

2）液化石油气钢瓶

由于充装介质的不同，燃气气瓶分为液化石油气钢瓶和天然气气瓶。目前，流通使用最广泛的是液化石油气钢瓶。

现行国家标准《液化石油气钢瓶》（GB 5842）有 YSP4.7、YSP12、YSP23.5、YSP26.2、YSP28.6、YSP29.8、YSP35.5、YSP118、YSP118-Ⅱ 9 种常用规格钢瓶。按照《液化石油气钢瓶》（GB 5842）标准制造的钢瓶设计使用年限为 8 年，钢瓶的设计使用年限应压印在钢瓶的护罩上。但该设计使用年限并非钢瓶报废年限，钢瓶报废年限由相关部门检验评定确定。目前，液化石油气钢瓶的报废年限和定期检验要求，按现行国家标准《液化石油气钢瓶定期检验与评定》（GB/T 8334）执行。

2. 汽车加气设施

目前燃气加气站的气源有 CNG、LNG、LPG 等。

CNG车用钢瓶重量大，气态储存天然气，几乎每天都需要加气。CNG加气站不能远离天然气管网，也制约了其发展，目前广泛应用于出租车等小型汽车。同样容积的LNG车用储存罐装载的天然气是CNG车用钢瓶的2.5倍，非常适合长途运输，广泛应用于大型货车，我国LNG汽车一般可行驶800 km以上。LPG汽车由于排放效果不理想，其运行费用比天然气汽车要高，发展空间不大，逐渐退出现有市场。

不同气源的加气设施不尽相同。例如，CNG加气站主要由6个系统组成：天然气调压计量系统、天然气净化系统、天然气压缩系统、天然气储存系统、CNG加气系统、控制系统。输送至加气站的天然气经过稳压计量后，进入净化处理装置进行净化处理，用压缩机加压，再经高压脱水后经顺序控制盘送入储气系统，最后由加气机对外计量加气。

七、天然气在工业中的用途

天然气在工业中的应用，主要作为化工原料及工业燃料，其作为化工原料时主要用于各类以天然气为原料的化工企业，作为工业燃料时主要用于工业锅炉和工业炉窑，广泛应用于冶金、陶瓷、玻璃加工、食品加工、印染、造纸、发电等行业。

1. 天然气在工业中的应用

1）化工原料

天然气是重要的化工原料，甲烷含量高达95%，含水、灰分、硫化物少，在化学工业中的应用极其广泛，可以生产近千种化工产品。

2）工业燃料

（1）工业锅炉。工业锅炉量大面广，其主要用于供热站和工业企业，在各类型工业生产中，都需要大量蒸汽或热水以用于消毒、清洗、加热、干燥等用途。天然气锅炉的经济效益已优于燃油锅炉，从环保的角度考虑，燃气比燃煤、燃油有更大的优势。使用天然气为蒸汽锅炉或热水锅炉的燃料，不仅效能高、方便、经济，更符合环保要求，同时天然气锅炉无须煤场及渣场，占地面积小，无须除尘设施，节约基建及运行费用。

（2）工业窑炉。天然气应用于各类窑炉，炉内热强度高、升温快、炉温易控制，无烟尘污染，可显著提高产品质量，节约成本。

3）行业应用

（1）冶金。天然气可用作冶金工业中的燃料，由于它组成均匀，纯度高，火焰清洁，温度便于控制等，广泛用于金属冶炼和热处理加工等过程。如金属加热、熔化、正火、淬火、模铸、拉丝、渗碳、氰化、切割、焊接等。还用于贵金属的炼制和金属表面涂层前的热处理。天然气不含灰分、硫、磷等有害杂质，从而大大提高了生产效率和钢铁质量。

（2）陶瓷。天然气热值高，可满足各种高品质陶瓷产品所需的烧制温度，燃烧时火焰的洁净度很高，不会出现杂质污损产品的现象，可显著提高成品率及产品质量，同时，也节省烧煤或烧油所需投入的环保成本。

（3）玻璃加工。天然气较为纯净，不含杂质，热值较高，用天然气烧制出来的玻璃制品颜色纯正，不仅可以有效降低废品率，进一步提高经济效益，还可以彻底解决污染排放的问题，是目前国内玻璃制造行业最理想的燃料。

尤其是用于灯饰等玻璃制品以及医用玻璃针剂封口等方面。利用天然气火焰的焰温高、易控制等特点。能在几秒钟内将玻璃胚件的局部软化，以完成封口或成型的工作。

（4）食品加工。大型天然气烤炉可用于烤制面包、饼干。温度均匀、易控制、质量有保证。

（5）印染。定型机加热直接关系到印染面料品质，使用天然气加热，不仅印染产品品质稳定，又减少煤炭污染，由于天然气的热值和效率比较高，所以产量提高，成本下降，带来良好的经济效益与环保效益。

（6）造纸。天然气在干燥方面的应用尤其广泛，其主要形式有热风干燥、燃气红外线辐射干燥等方式，主要用于造纸行业。

（7）发电。天然气在热电联产和联合循环发电中作为燃料应用，发电效率高，可有效缓解能源紧缺，降低燃煤发电比例，减少环境污染，从经济效益看，天然气发电的单位装机容量所需投资少，建设工期短，上网电价较低，具有较强的竞争力，适合建设调峰电厂。

2. 工业用户使用天然气的优势

天然气是一种优质能源，具有高效、低污染、低排放等优点，应用于工业中能带来良好的经济效益与环保效益。

（1）提高产品质量：天然气在工业中另一个不可替代的重要作用是特殊工艺的用气。例如，优质钢、有色金属、电子器材、玻璃、建筑陶瓷、卫生洁具、搪瓷制品、仪器仪表等产品使用天然气作燃料，在产品质量、技术保证、产量提高、科学管理等方面具有较强的竞争力，经济效益明显提高。性质稳定，易于控制温度，有效配合自动化生产，在提高和改进有关工业产品的质量、促进产品升级方面发挥着重要的作用。

（2）降低企业生产成本：天然气作燃料与其他能源相比价格便宜，节约储运燃料、脱硫、废物处理等工序成本及费用，减少设备保养费用，虽与燃煤相比还有一定的差距，但使用天然气减少了煤场占地，降低了人工费用和管理成本。且天然气价格由政府宏观调控，价格稳定，供应稳定。

（3）减轻环境污染：天然气是矿物燃料中最清洁的能源，杂质含量极少，具有显著的环保性，可大大降低污染，对城市的可持续发展有很大作用，使用天然气将是工业企业发展的一种趋势。

第六节　燃气经营服务

一、燃气经营服务概述

燃气经营服务是指为满足用户使用燃气的需要，燃气经营企业或燃气器具经营服务单位向用户提供的供气及相关服务活动。燃气经营企业是管道燃气经营企业、瓶装燃气经营企业、汽车加气经营企业的总称。城镇燃气以城市门站为分界点，燃气作为工业生产原料使用，沼气与秸秆气的生产和使用不属于城镇燃气经营企业服务范畴。

1. 服务方式及原则

燃气经营企业按照相关要求，为用户提供服务，通过窗口服务、上门服务、网络服务等，对燃气用户建设、使用和维护进行标准化管理，包括分类服务、专项服务、时效性服务等。

燃气企业服务原则：

（1）遵循安全第一、以客为尊、诚信为本、文明规范的原则。为用户提供持续、稳定、安全的燃气供应服务；实行全年全天候的应急服务，保障人员与设施安全。

（2）依法对燃气用户信息保密等安全性原则。

（3）服务透明、公正公平，营造和谐用气环境，向用户公示服务程序、服务条件、服务时限、收费标准、服务电话、服务窗口与渠道等。

（4）及时性，确保在规定的时间或承诺的时限内，响应用户诉求。

（5）普及全民性原则，提供均等化服务。

2. 燃气用户的类型

城镇燃气不论采用何种气源，其基本用户都是城市居民，随着城镇经济的发展，以及节能降耗的要求，城镇各级政府和其他用户迫切希望燃气供应的领域和方式多样化，在满足居民生活用气的基础上，更好地服务于经济建设。

根据现行国家标准《城镇燃气设计规范》（GB 50028）有关用气量的规定，城镇用气量包括居民生活用气量、商业用气量、工业企业生产用气量、采暖通风和空调用气量、燃气汽车用气量、其他用气量6种。

各类城镇用气用户根据用气习惯不同分为不同类型的用户，燃气经营企业在实际运营中根据用户类型进行分类管理。结合各地区和各燃气企业的习惯称呼，燃气用户大致分为以下几类：

1）居民用户

居民用户即城镇主要将燃气用于炊事和生活热水的居民用气用户。目前部分居民已采用小型采暖炉、燃气空调等设备为家庭供暖、供冷和供热水。这些小型采暖、制冷设备相较于常见的燃具，技术更先进，功能更齐全，但同时耗气量也明显加大。为保障大多数基本用户的用气量和节能减排，大多地区已推行居民用户阶梯气价，利用价格的杠杆原理来控制该类用户的增加。

2）公共建筑用户

公共建筑用户习惯上简称为公建用户。主要是指学校、医院、食堂、宾馆等用气用户。有些地方根据气源保障对象的不同，细分为公建福利用户和公建商业（工商）用户，并且在气源建设费或气费收取中不同类型用户会存在一定的差异性。如学校、医院、部队等，就属于公建福利用户，其各项费用可能要优于公建商业用户；宾馆属于公建商业用户，在事故工况或气源供应紧张的情况下，公共建筑用户是仅次于居民用户需要优先保障的用户。

3）工业用户

工业用户是指采用燃气作为生产设备主要燃料的企业用户。该类用户通常耗气设备多、耗气量大，但由于工业生产的连续性和稳定性，用气量较均匀和连续，有利于平衡燃气使用的不均匀性，减少储存量。以前出于气源紧张和燃气生产成本的考虑，该类用户用气量虽然占有一定的用气比例，但属于限制发展的用户。随着天然气大规模的开发和利用，尤其是在节能降耗减排和经济发展的双重压力下，工业用户的用气规模快速增长，用气量比例呈增长态势，有的地方甚至超过居民用户的用气量。由于该类用户成规模的用气量，以及良好的支付能力，正日益成为各燃气经营企业大力发展和优先争取的用户。

4）采暖、制冷用户

采暖、制冷用户主要是指单纯采用燃气作为采暖、制冷设备主要燃料的居民用户或公共建筑用户。该类用户的用气量受季节的影响较大，具有突出的不均匀性，与居民用户用气量在不均性上有重叠，进一步加剧了气源供应不足时的紧张性，但此类用户同样具有较好的经济效益，为有效解决调峰的压力，同时又保留此类优质客户，各大燃气经营企业进行了积极的探索。例如，参照电力供应峰谷和峰顶差异化的价格杠杆来促进用户主动进行错峰用气；再如，鼓励此类用户在夏季采用燃气空调制冷，减少或控制用电量。近年来，随着节能减排的深入推进，为进一步推进石化能源（主要包括煤炭、石油和天然气）综合利用的效率，各地逐步引进国外先进的能源管理理念和技术。如合同能源，分布式能源等。

5）车用燃气用户

车用燃气用户主要是指采用燃气作为汽车动力单一或主要燃料的各类汽车用户。燃气具有比汽油、柴油更低的价格。例如，理论上 1 m^3 的压缩天然气（标态）相当于 1 L 汽油，1 m^3 气化后的液化天然气（标态）相当于 0.94 L 柴油。近十几年来，天然气在出租车、公交车、货车得到广泛应用，但随着更加节能、环保的电动汽车的大力推广，该类用户的前景越来越不明朗。

6）燃气发电

燃气发电是将直接使用低污染燃烧的燃气转换为无污染物排放的电能来使用。燃气发电的燃气消耗量与电厂规模、电厂年运行时间等因素有关。

7）其他用途

在化工生产中，燃气还可以用作原料气，以生产化肥及甲醇等化工产品。在农业生产中，燃气可用于种植鲜花和蔬菜的暖棚、粮食烘干与储藏、农副产品的深加工等。此外，燃气燃料电池等也在研究和开发中。

3. 燃气用户管理

（1）燃气经营企业提升自身运行调度和储气调峰能力，做好设施管理，保障燃气供应能力。优化用户结构调整和需求侧管理，合理安排用气增长，确保用户用气安全。

（2）实施燃气开通审核制度。为了加强燃气用户安全用气条件的前期控制，从源头堵塞安全漏洞，对公建、商业、工业用户开通使用燃气实行审核制度。用户根据办理程序提交申报资料。供气单位提供施工、监理和竣工验收资料。

（3）燃气经营企业应建立用户档案，与用户签订合同或协议。针对燃气用户用气进行特点分类管理，提升服务质量，正确对待客户诉求，保障安全稳定供气。

（4）通过营业厅、网站、公众号等完善用户诉求预约服务，包括预约安装、维修、送瓶等。当接到服务咨询或投诉建议时，应在规定时间内响应。

（5）加大对居民、公建、商业、工业用户的检查力度。必要时，联合公安、消防、工商等单位进行联合执法，及时清除安全隐患。通过安全检查、安全服务和安全宣传，及时纠正燃气用户擅自拆、改、装燃气设施，违反安全规定安装使用燃气器具等不规范行为。

（6）加强管理，对发现的问题下发整改通知书，落实整改和规范管理。

（7）公建、商业及工业用户应制定必要的安全管理制度及事故应急预案，落实必要的安全防范措施，配备必需的安全设备，对不符合安全用气条件的设施设备及时进行整改。

（8）落实费用收缴，供气经费正常缴纳，提高供气质量，保障燃气企业和工商业用户“双赢”。

（9）开发新型潜在用户。燃气企业应当对本区域的潜在用户做好供气开发工作，以新型用户带动天然气销售经营效益的提升，促进燃气企业的稳定、可持续发展。

二、燃气服务

1. 窗口服务、宣传

燃气服务提供者应根据服务半径、用户数量、用户类别等因素设置营业场所，方便用户进行咨询与查询相关信息、缴纳燃气费、办理各种用气业务、故障报修、提出建议及用气投诉等。

营业场所外应设置企业标志和营业时间牌。在营业时间内用户未办理完事项前，不应终止服务。需要调整营业时间的，应于 1 个工作日前在服务窗口公示营业时间调整通知。

营业场所内应公示但不限于下列内容，可采取公示栏、电子显示屏、自助服务终端、免费宣传资料等形式，公示资料应准确并及时更新。

（1）业务受理范围及办理程序；

（2）气价及收费项目、收费标准、收费依据；

（3）服务承诺；

（4）服务人员岗位工号；

（5）服务监督电话等。

营业场所内应设有业务办理区及用户等候区，配置书写台及各种业务办理表格的书写示范样本等。有条件的可设置业务洽谈区以及为老年人、残疾人等行动不方便用户提供无障碍通道。

营业场所内应提供可供用户查询相关资料的设备。有条件的可设置自助查询的终端设备。

营业窗口应设置醒目的业务受理标识。可包括窗口编号、办理业务种类以及工作状态等。

2. 上门服务、安全宣传

1）上门服务规定

（1）上门服务实行预约制度，服务人员应按照与用户约定的时间，准时到达。对不能按时应约的，应及时告知用户需要等待的时间；对不能应约的，应在预约时间前采用有效方式通知用户，提前时间不宜小于2 h。

（2）服务人员应着企业标识服装，佩戴工作牌，并主动出示相关证件。

（3）服务人员应遵循上门服务规范，尊重用户隐私，未经用户同意，不应进入与服务项目内容无关的场所。

（4）服务结束，应清理现场，并带走作业垃圾。

燃气服务提供者应建立上门服务回访制度，对上门服务质量实行跟踪回访。

对收费项目、维修操作过程中可能造成物件损坏的项目，应在实施服务前征得顾客同意。

2）燃气用户安全宣传

企业与用户面对面接触渠道全面宣传，在开户时让用户明确用气条件，签订供用气合同，发放宣传资料；上门服务时将针对性宣传和计划性宣传结合。燃气经营企业应向用户发放《燃气安全使用手册》《报装指南》等用户宣传资料，宣传资料内容包括：①安全使用燃气的基本知识；②正确使用燃气器具的方法；③安装维修、抢修、抢险、安检和维护等业务的联系电话；④防范和处置燃气事故的措施；⑤保护燃气设施的义务；⑥燃气经营企业安全宣传计划，包括组织人员、设计地点、宣传经费、宣传内容。

3. 热线电话服务

燃气服务提供者应设置24 h不间断热线电话服务，受理用户用气信息咨询、业务咨询、故障报修、服务质量投诉等。

热线电话服务人员应及时接听热线电话，应答准确，用语规范。

因供气设施事故、抢修引起停气，用户询问时应告知用户停气原因，并主动致歉。

燃气服务提供者应制定热线电话服务回访制度。针对用户投诉，应跟踪投诉处理全过程并进行回访。对故障报修，必要时在修复故障后进行回访，听取意见和建议。

4. 智能化服务

燃气服务提供者宜建立燃气“互联网＋智慧”全新服务模式，充分利用互联网优化服务流程，提供公开透明、实时在线互动的服务，提升服务效率和服务能力。

智能化服务内容包括为燃气用户提供查询、支付、在线业务申请、信息提示、账户信息管理等，且应保证用户资金及个人信息安全。

燃气服务提供者应积极创建电子服务平台，为用户提供智能终端设备，为用户创造良好的信息化应用环境。实现通过电子服务平台发布停气信息公告、受理用户故障报修、服务质量投诉、用气信息查询与咨询等。

电子服务平台提供业务受理时，应提供方便用户填写的表格及办理各种业务的详细说明资料。

电子服务平台提供在线咨询或留言功能的，应及时给予回复。

电子服务平台应满足用户易学好用、操作直接、界面简单、保密安全等需求，应兼顾少数人群和老年用户的易获得性和可用性的需求。

5. 服务要求

（1）燃气经营企业供应燃气应符合现行国家标准《燃气工程项目规范》（GB 55009）、《城镇燃气设计规范》（GB 50028）、《城镇燃气分类和基本特性》（GB/T 13611）和《燃气服务导则》（GB/T 28885）等相关规定，落实相关服务。

（2）公布符合相应燃气种类标准，包括所供应燃气种类、组分、热值和供气压力等信息。应根据燃气专项规划、适应当地经济发展和满足居民生活需要，制定和公布燃气用户的用气条件，在其经营范围内履行普遍服务义务。

（3）对具备供气条件的用户用气申请不得拒绝，收到用户用气申请后应在 5 个工作日内答复，对不受理的业务应向用户说明理由。

（4）燃气经营企业应公示用户申请业务的办事流程、办理时间、办理部门和地点等信息，提供多种方式来满足用户的用气需求。

（5）燃气经营企业应规范用气程序，指导用户安全用气，与用户签订供用气合同，提前告知用户安全用气要求和各自承担的责任与义务。

（6）燃气经营企业因管道施工或有计划供气方针对用户临时调整用气量或暂停燃气供应时，应提前 48 h 予以公告或书面通知用户，并按照有关规定及时恢复正常供气；因突发事件影响用户供气的，应采取紧急措施并及时通知用户。

（7）燃气经营企业应公布服务电话和抢修电话，全天（24 h）接受用户咨询、诉求和投诉救助，并与当地公安、政府智能化管理中心建立联动，积极采取现代化服务手段、新型服务方式，为用户提供高效服务。

（8）燃气经营企业为了方便燃气用户的使用，应开设服务窗口，制定优质接待服务行为规范，向客户提供“一站式”服务；建设主动上门服务队伍，保障用户安全用气。

（9）燃气经营企业应严格执行物价部门批准的收费项目和收费标准，为用户提供合格的计量表，按供气协议内容做好贸易结算，并提供多种缴费渠道，方便用户缴费。

三、管道燃气经营企业的服务过程和重要环节

1. 管道燃气经营企业的供气服务

管道燃气用户的供气服务是指从点火通气至用户终止用气、燃气设施拆除为止的全过程。

（1）燃气业务流程中点火通气服务。点火通气是指对用户第一次供气，用燃气置换用户燃气设施内的空气，并启用用户燃气器具或用气设备的过程。应按现行行业标准《城镇燃气设施运行、维护和抢修安全技术规程》（CJJ 51）的规定执行。

（2）临时停气和恢复供气环节的管理和安全服务应按现行国家和行业标准《燃气服务导则》（GB/T 28885）、《城镇燃气设施运行、维护和抢修安全技术规程》（CJJ 51）执行。认真做好各种停气、复气的工作预案，并进行演练；实施停气、复气工作程序和操作技能标准化、规范化。除采取电话通知、张贴停气通知单外，还可通过网站、报纸、电视、微信等媒体发布停气通告。积极采用不停气施工工艺技术，保证供气服务质量。恢复供气时应对每根立管做气密性测试，确保用户的用气安全。

（3）用户设施改造和拆除的管理与服务。《城镇燃气管理条例》（国务院令第583号）第十九条规定：“管道燃气经营者对其供气范围内的市政燃气设施、建筑区划内业主专有部分以外的燃气设施，承担运

行、维护、抢修和更新改造的责任。”第二十八条规定：“燃气用户及相关单位和个人不得有下列行为：擅自安装、改装、拆除内燃气设施和燃气计量装置。”第三十条规定：“安装、改装、拆除户内燃气设施的，应当按照国家有关工程建设标准实施作业。”城镇燃气经营企业应强化安全宣传和指导，让用户知晓私改、私拆的危险性。燃气用户可以委托城镇燃气经营企业实施用户燃气设施改造、改装。燃气经营企业选择的单位应具备燃气工程设计、施工等资质。燃气经营企业应加大燃气用户安全用气宣传力度。

2. 供气质量

燃气经营企业应向燃气用户提供持续、稳定、安全及符合国家质量标准的燃气，且应定期向社会公布所供应燃气的种类、组分、热值和供气压力等质量信息。

（1）燃气工程供应的燃气质量应符合下列规定：应符合国家规定的燃气分类和气质标准；应满足各类用户的用气需求和使用条件；发热量（热值）应保持稳定；组分变化应保证燃具正常工作。

（2）系统供应的燃气应确定基准发热量（热值），发热量（热值）变化应在基准发热量（热值）的±5%以内。燃气组分及杂质含量、露点温度和接气点压力等气质参数应根据气源条件和用气需求确定。

（3）天然气及按天然气质量交付的页岩气、煤层气、煤制天然气、生物质气等的质量指标应符合表 1-2 的规定。

表 1-2　天然气的质量指标

高位发热量/（MJ/m^3）	≥31.4
总硫（以硫计）/（mg/m^3）	≤100
硫化氢/（mg/m^3）	≤20
二氧化碳/%	≤4.0

注：表中气体体积的标准参比条件是 101.325kPa，20℃。

在天然气交接点的压力和温度条件下，天然气的烃露点应比最低环境温度低 5℃；天然气中不应有固态、液态或胶状物质。

（4）液化石油气的质量指标应符合表 1-3 的规定。

表 1-3　液化石油气的质量指标

项目	质量指标		
	商品丙烷	商品丙丁烷混合物	商品丁烷
密度（15℃）/（kg/m^3）	报告		
蒸气压（37.8℃）/kPa	≤1 430	≤1 380	≤485
组分			
C_3 烃类组分（体积分数）/%	≥95	—	—
C_4 及 C_4 以上烃类组分（体积分数）/%	≤2.5	—	—
（C_3+C_4）烃类组分（体积分数）/%	—	≥95	≥95
C_5 及 C_5 以上烃类组分（体积分数）/%	—	≤3.0	≤2.0
残留物	≤0.05		
蒸发残留物/（mL/100 mL）	通过		
油渍观察	—		
铜片腐蚀（40℃，1 h）/级	≤1		
总硫含量/（mg/m^3）	≤343		
硫化氢（需满足下列要求之一）	—		
乙酸铅法	0		
层析法/（mg/m^3）	≤10		
游离水	0		

注：① 液化石油气中不允许人为加入除加臭剂以外的非烃类化合物；

② 每次以 0.1 mL 的增量将 0.3 mL 溶剂——残留物混合液滴到滤纸上，2 min 后在日光下观察，无持久不退的油环为通过；

③ “—”为不得检出。

（5）人工煤气的质量指标如表 1-4 所示。

表 1-4　人工煤气的质量指标

项目	质量指标
低热值①/（MJ/m^3）	
一类气②	>14
二类气②	>10
杂质	
焦油和灰尘/（mg/m^3）	<10
硫化氢/（mg/m^3）	<20
氨/（mg/m^3）	<50
萘③/（mg/m^3）	$<50\times10^2/P$（冬天）
	$<100\times10^2/P$（夏天）
含氧量④（体积分数）/%	
一类气	<2
二类气	<1
含一氧化碳⑤（体积分数）/%	<10

注：①表中煤气体积（m^3）指在 101.325 kPa，15℃状态下的体积；

②一类气为煤干馏气，二类气为煤气化气、油气化气（包括液化石油气及天然气改制）；

③萘是指萘和它的同系物 α-甲基萘及 β-甲基萘；在确保煤气中萘不析出的前提下，各地区可以根据当地燃气管道埋设处的土壤温度规定本地区煤气中含萘指标：当管道输气点绝对压力（P）小于 202.65 kPa 时，压力（P）因素可不参加计算；

④含氧量是指制气厂生产过程中所要求的指标；

⑤对二类气或掺有二类气的一类气，其一氧化碳含量应小于 20%（体积分数）。

（6）当气源质量未达到规定的质量要求时，应对燃气进行加工处理。

（7）燃气应具有当其泄漏到空气中并在发生危险之前，嗅觉正常的人可以感知的警示性臭味。

（8）当供应的燃气不符合（7）条的规定时，应进行加臭。加臭剂的最小量应符合下列规定：无毒燃气泄漏到空气中，达到爆炸下限的 20%时，应能察觉；有毒燃气泄漏到空气中，达到对人体允许的有害浓度时，应能察觉；对于含一氧化碳有毒成分的燃气，空气中一氧化碳含量的体积分数达到 0.02%时，应能察觉。

（9）加入燃气中的加臭剂应符合下列规定：加臭剂的气味应明显区别于日常环境中的其他气味。加臭剂与燃气混合后应保持特殊的臭味，且燃气泄漏后，其臭味应消失缓慢。加臭剂及其燃烧产物不应对人体有毒害，且不应对与其接触的材料和设备有腐蚀或损害。加臭剂溶解于水的程度，其质量分数不应大于 2.5%。

（10）当燃气供应系统的燃气需要与空气混合后供应时，混合气中燃气的体积分数应高于其爆炸上限的 2 倍以上，且混合气的露点温度应低于输送管道外壁可能达到的最低温度 5℃以上。混合气中硫化氢的含量不应大于 20 mg/m^3。

3. 受理用气申请

用气申请包括新增用气用户申请和既有用户用气需求调整。

受理申请应一次性接待、一次性办结、一站式服务，对不符合申请用气条件的，应一次性书面回复。

燃气经营企业应公示用气申请业务的信息：

（1）办事流程、办结时限、办理部门和地点；

（2）申请不同供气服务方式的资料清单与要求；

（3）供气服务范围内的燃气工程设计、施工单位及燃气设施器具材料目录；

（4）服务收费项目和依据。

燃气经营企业受理用气申请应符合下列要求：

（1）当场核验申请资料，符合要求的当场受理；对不符合受理条件的用气申请者应告知原因并给出解决方案。

（2）对新增用气用户自受理申请之日起，完成现场勘查、接气方案确定和工程验收的累计时间不得超过 16 个工作日，其中接气方案确定的技术论证和非燃气经营企业原因造成的耗时不计算在内。

（3）用户燃气设施建设、工程安装委托燃气经营企业设计、施工的，应签署合同。

4. 供气

燃气设施验收合格后方可供气。

燃气经营企业应与用户签订供气、用气合同，合同至少应包括下列内容：

（1）供气方式、燃气种类和质量、供气压力；

（2）燃气价格、计量和结算方式；

（3）燃气设施运行维修、更新改造的责任划分与用气安全责任划分；

（4）安全须知。

加臭剂质量、加臭量及加臭量的检测等应符合现行行业标准《城镇燃气加臭技术规程》（CJJ/T 148）的规定。

燃气经营企业应保证供气连续可靠，确实需要临时降压、中断供气的，应提前通知用户并采取措施。

燃气经营企业应及时受理和处置用户燃气管道设施故障的报修。

5. 抄表和收费服务

用于燃气费用结算的燃气计量表或系统应经法定检验合格。

燃气服务提供者应向燃气用户提供方便、快捷、清晰、安全的多种渠道，使用户选择需要的燃气消费信息和缴费方式、及时得到合法的缴费单据。

燃气计量表非在线检测时，应向用户提供备用燃气计量表或与用户商定检测期内的计量方式。

用户能及时得到燃气销售价格调整的规定调价时间和价格，结算调价前后的燃气费用等信息。

1）人工抄表服务应符合下列要求：

①对居民用户应按照燃气服务提供者明示的周期、时限进行抄

表，长期无法核实燃气用量的，经与用户协商同意后可采用估计抄收的方式，估量不应高于该用户以往实际用气一年中最高的单月用气量，恢复抄表时按照“多退少补”的原则与用户结算。

②对非居民用户应按照合同约定的周期、时限进行抄表或不同表型的数据核对，若需要变更服务时限、周期，应提前通知用户并取得用户认同。

2）智能抄表服务应符合下列要求：

①IC 卡燃气智能表应具有余额不足报警提示和有限透支功能。

②远传智能燃气表应有多种方式有效提示用户及时付费和维持持续用气，并能上传燃气表故障信息，燃气服务提供者应定期入户进行数值的核对。

3）燃气用户有权对燃气计量装置的计量结果提出异议，协商不成的，可向法定检测机构提出检定申请。

①检定结果超出规定误差标准的，由燃气服务提供者更换燃气计量表并承担检定相关的费用；检定结果符合规定的，由提出检定申请方承担检定的相关费用。

②对于超出的误差，应对损失方按照计量误差累积量进行补偿，累计时间按照可追溯的时间计算，对于不可追溯的，安装使用超过一年的，自拆表检定之日前 1 年计算。该表安装使用不足 1 年的，按实际使用时间计算。

③燃气用户的用气量以主显示器显示的数据为基准数据。如果对主显示器的数值有争议，按以下方式处理：

就地显示有基表计数器的燃气表，以其为依据；无基表计数器的燃气表，以就地通信接口采集的非易失性存储器中的数据为准。

燃气用户逾期未缴纳燃气费时，燃气服务提供者应及时提醒燃气用户，并告知逾期未缴纳燃气费的违约责任。

6. 服务管理投诉处理

（1）燃气服务提供者应建立用户投诉处理制度，公开受理投诉电话。可提供多种方式投诉受理渠道、公布投诉处理流程和管理规定。

（2）接到用户的投诉应在 5 个工作日内提出处理意见并答复用户。对不予受理的投诉请求，应告知投诉人结果并做好解释、疏导工作。

（3）对在规定的 5 个工作日内不能解决的投诉，应向燃气用户说明原因并约定需要延长的时间。

（4）服务人员在处理投诉工作时，应遵守下列规定：

①文明接待，尊重投诉人，不得刁难和歧视投诉人。

②按照投诉工作的处理程序，及时处理投诉事项，不得置之不理、敷衍塞责、推诿拖延。

③不得泄露、扩散投诉人要求保密及可能对投诉人权益造成损害的内容。

④对投诉人有关投诉事项办理情况的查询，除涉及国家秘密、商业秘密、个人隐私的事项外，应如实答复，不得拒绝。

⑤与投诉人或投诉事项有直接利害关系的服务人员应当回避。

四、瓶装液化气经营服务

1. 经营管理

燃气经营企业应依照燃气专项规划设置瓶装气供应站，供应站工程设计应符合现行国家标准《液化石油气供应工程设计规范》（GB 51142）的有关规定。燃气经营企业应取得政府部门颁发的燃气经营许可证和气瓶充装许可证，开展瓶装气经营业务。需要撤销或搬迁瓶装气供应站的，应制订方案，妥善安排用户用气。

燃气经营企业应根据用户需求提供瓶装气配送，并提供安装、安全检查和宣传等服务。

燃气经营企业应建立瓶装气信息化管理系统，充分利用物联网等技术实现充装、销售、配送以及钢瓶使用等全过程可追溯管理。

燃气经营企业应向用户提供多种燃气缴费方式，并提供合法收费凭证。

燃气经营企业应使用本企业自有产权的钢瓶向用户销售瓶装气，不应向不具备安全使用条件的用户供气。

2. 充装质量

瓶装气应符合现行国家标准的有关质量规定。

瓶装气瓶内液化气残液量应符合国家有关规定；残液量超出规定的，瓶装燃气经营企业应对用户予以补偿。

3. 配送服务

燃气经营企业应按约定的时间，为瓶装气用户提供配送服务，并将相关合法收费凭证随同送达。

瓶装气的配送车辆和运输应符合国家有关规定。

瓶装气配送人员应负责安装，并对用气场所和供气系统进行安全检查，记录存档；用户要求自行安装的，应告知用户正确的安装、调试方法，用户应现场签字确认。

瓶装气配送人员、配送车辆和安检结果应当天录入瓶装气信息化管理系统。

4. 钢瓶及附件管理

燃气经营企业应向瓶装气用户提供符合国家规定并经法定检测机构检测合格的燃气钢瓶。

瓶装气的钢瓶、瓶阀及调压器应符合国家有关规定。

瓶装气的钢瓶应采用电子标签、二维码等技术，实现钢瓶全生命周期可追溯管理。

使用瓶装气充装控制系统，限制对非自有产权钢瓶进行充装。

燃气经营企业应在钢瓶（含检修、检测合格）首次投用前，对其进行抽真空处理，并做好记录。

钢瓶出入库时，检查钢瓶外观应符合有关要求；检查有无超量、欠量、泄漏等现象。

发现钢瓶有腐蚀、损伤或对其安全可靠性有影响时，应及时进行检验。

库存和停用超过一个检验周期的钢瓶，启用前应进行检验。

5. 安检维修

燃气经营企业对居民用户的安检应在送气上门时进行；对非居民用户的安检，应按照合同约定执行。

安全检查的内容包括但不限于调压器、连接管道和燃气灶具、使用环境等。

燃气经营企业受理用户设施维修的申请，应及时安排维修人员进行处置。

燃气经营企业接到用户报告瓶装燃气泄漏时，应告知用户采取关闭瓶阀、进行自然通风及不得开关电器和现场接打手机等安全措施，并于接报后迅速上门进行处置。

燃气经营企业接到用户报告燃气燃烧器具无法正常使用时，应提示用户暂停用气，并采取措施及时解决。

6. 供应站管理

空瓶和实瓶应分区放置、直立摆放，安全警示标志设置应符合国家有关标准规定。

钢瓶库不得存放其他物品，泄漏钢瓶或其他不合格钢瓶应及时处理，不得在站内存放。

钢瓶应周转使用，钢瓶存放不宜超过1个月。

钢瓶库应通风良好，不应有明火、留有暗沟或下水道，同时应配备相应的消防器材和安装可燃气体泄漏报警装置，按照规定进行管理使其正常运行。

五、车用燃气加气服务

1. 燃气汽车加气经营企业

燃气汽车加气经营企业应根据国家相关规定设置加气站，取得政府部门颁发的燃气经营许可证和充装许可证，开展车用燃气充装经营业务。

燃气汽车加气经营企业应保障燃气正常供应。

燃气汽车加气经营企业使用的加气机计量装置应符合国家计量器具规定，并定期进行检测。

燃气汽车加气经营企业应建立信息化管理系统，实现加气、销售、车辆及钢瓶等全过程信息的可追溯管理。

燃气汽车加气经营企业应向用户提供多种缴费方式，提供合法收费凭证。

燃气汽车加气经营企业不应从事超出经营范围的充装业务，不应向不具备安全使用条件的用户供气。

燃气汽车加气经营企业应向用户宣传安全用气知识，提高燃气汽车驾乘人员的安全意识和应急能力。

2. 充装质量

燃气汽车加气经营企业提供的燃气质量应符合现行国家标准的

有关规定。

燃气汽车气瓶的充装介质应与气瓶规定的充装介质保持一致，充装程序和加气压力符合国家的有关规定。

3. 加气服务

加气站的加气车辆进、出通道应有明确标识。服务人员应进行加气车辆的交通组织。

加气前，车辆应熄灭发动机、拉好手刹，并提醒司机和乘客到候车区等候。

加气前，操作人员应对车辆燃气设施的完好性、燃气泄漏情况及气瓶定期检验的有效合格证件等进行检查，符合要求方可为汽车加气；加气后，应对充气口的气密性进行复检。

加气前应问清加气数量，将加气机调整归零并向用户告知；加气结束，应唱收唱付。

对临近气瓶检验期限的气瓶，应提醒司机进行检测。对检查不合格、存在安全隐患的车辆和气瓶，加气站经营企业有权停止充装燃气服务。

燃气汽车加气经营企业遇到特殊情况停止加气服务时，应在加气站明显位置粘贴公告进行告知，并尽快恢复加气服务；对于设备设施检修等计划性停止加气服务，应提前 48 h 予以公告。

燃气汽车加气经营企业不应拒绝向符合规定的燃气汽车充装车用燃气，禁止用户自行使用加气设施加气。

六、用户燃气设施的运行维护服务

1. 燃气燃烧器具及用气设备销售、安装和维修

《城镇燃气管理条例》规定，安装、改装、拆除户内燃气设施的，

应当按照国家有关工程建设标准实施作业；燃气管理部门应当向社会公布本行政区域内的燃气种类和气质成分等信息。燃气燃烧器具生产单位应当在燃气燃烧器具上明确标识所适应的燃气种类。

燃气服务提供者从事燃气燃烧器具及用气设备（以下统称燃具）及相关配件生产、销售服务应当设立或委托设立售后服务站点，提供燃具使用、安装和维修说明书在内的技术资料、安装配件、维修备件及负责技术培训等活动。

从事燃具安装、维修服务的燃气服务提供者应有符合国家或地方法律、法规、规范等要求的作业和服务标准，有完善的安全管理、质量管理、用户档案管理制度；应按《建筑业企业资质管理规定》的相关规定取得燃气器具安装维修建筑业企业资质；安装、维修人员应经专业考核合格。

燃气服务提供者应设立 24 h 接听用户燃气器具报修的服务电话，并应按照承诺的时限或与用户约定的时间到现场维修。

燃气服务提供者在上述服务活动中，应依据燃气器具安装说明书和规范的作业与服务标准进行操作；应同时对用户进行安全使用的宣传和示范操作。

燃气服务提供者建立的用户服务档案或系统应对燃气器具生产、销售、安装、维修进行全过程的质量跟踪，对发现的安全隐患和其他质量问题进行有针对性的服务和改进。

2. 用户对固定燃气设施和器具的安全责任

燃气用户不得实施损坏燃气设施的行为：一是不得盗用燃气、损坏燃气设施。盗用燃气、损坏燃气设施是一种侵犯他人财物的行为，《中华人民共和国治安管理处罚法》对此项处罚有明确规定。二是不得用燃气管道作为负重支架或接地引线。原因是用燃气管道作为负重支架，易造成管道承重变形，引起管道断裂、阀门漏气；用燃气管道作为接地引线，遇有燃气泄漏时将引起火灾。三是不得从事危害室内燃气设施安全的装饰、装修活动。很多用户在室内装饰、装修活动中，将已有的燃气设施和燃气器具（如阀门、管道、计量表等）进行了密闭包装，遇有漏气，易形成爆炸空间，随意改动燃气设施，会埋下安全隐患。四是不得安装、使用明令淘汰的燃气器具。五是不得使用超期限未检验、检验不合格或报废的钢瓶。国务院《特种设备安全监察条例》第二十八条："特种设备使用单位应当按照安全技术规范的定期检验要求，在安全检验合格有效期届满前1个月向特种设备检验检测机构提出定期检验要求。"燃气钢瓶属于特种设备，必须按照定期检验要求进行检验检测，对于超期未检验、检验不合格或报废的钢瓶，用户有不使用的义务和责任。六是不得擅自拆卸、安装、改装燃气计量装置和燃气设施，拆卸、安装、改装都要符合设计规范要求，由专业队伍来完成，并要进行验收备案。七是不得实施加热、摔、砸燃气钢瓶或在使用时倒卧燃气钢瓶、倾倒燃气钢瓶残液、擅自改换燃气钢瓶检验标志和漆色。这些行为都存在安全隐患，会引发安全事故，用户要自觉遵守。八是不得在不具备安全使用条件的场所使用瓶装燃气。不具备安全使用条件的场所是指密闭、半密闭的地下室、半地下室等同类型空间场所和高层建筑。

3. 燃气泄漏安全保护装置管理

燃气泄漏安全保护装置作为一项安全技术措施，应具备在燃气发生泄漏时能及时察觉、报警和联动紧急切断阀等功能，它的使用能大大降低燃气储存使用场所由于燃气泄漏发生重大事故的概率。当前，燃气泄漏安全保护装置包括工业用燃气泄漏报警切断装置和民用燃气泄漏安全保护装置，工业用燃气泄漏报警切断装置多数为强制性装置，应在燃气设施工程的设计施工和验收管理中严格把关。民用燃气泄漏安全保护装置主要包括用于管道燃气的燃气泄漏自动报警切断装置、过流保护装置和用于瓶装液化气的安全阀、过流保护装置等。具有燃气泄漏安全保护装置的燃气器具主要是指带熄火保护装置的燃气灶具、热水器等。

燃气泄漏安全保护装置应符合国家相关产品标准的要求，燃气泄漏安全保护装置的安装应符合国家现行规范并选择有资质的单位负责安装。在自愿原则下，鼓励燃气经营企业为用户代办燃气泄漏安全保护装置购置、安装工作。鼓励餐饮场所使用管道天燃气，因地制宜加快推进非居民用户，特别是餐饮场所瓶装液化气改用管道天然气的工作，各管道燃气企业主动配合，在推进“瓶改管”的同时做好用户燃气泄漏安全保护装置的安装工作。

所有家用燃气灶具，都必须带熄火保护装置。凡是设计户内燃气系统，都要设置户内燃气泄漏安全保护装置；新建建筑要设计、安装、使用户内燃气泄漏安全保护装置；原有建筑，逐步加装户内燃气泄漏安全保护装置。管道燃气用户须安装使用户内燃气泄漏安全保护装置；对于瓶装液化气用户，也将推广使用燃气泄漏安全保护装置。

4. 用户燃气设施的建设、改造

从事用户燃气设施建设、改造等工程项目的燃气服务提供者应具有与工程项目范围和规模相应的资质及等级。

燃气服务提供者应按相关的法律法规和规范标准建立管理体系，制定管理制度和操作流程；严格、规范地实施设计、施工、监理及竣工验收环节的管控，确保用户燃气设施建设、安装质量符合供气安全使用要求。

燃气服务提供者接到用户改装、拆除、迁移燃气设施的申请后，对存在的安全隐患应迅速响应和处置；其他情况应在 3 个工作日内予以答复。燃气服务提供者对受理的居民用户按照约定时间的 5 个工作日内、非居民用户按照合同约定的时限，实施相关作业；对不予受理

的，应以书面形式向用户说明理由。迁移、改装燃气设施的质量保证期应符合国家有关规定。

燃气服务提供者承接用户燃气设施建设、安装等服务项目应当遵循公平合法、诚实信用的原则，依据国家和当地政府相关规定，合理确定收费标准；价格信息应公开透明，接受用户咨询和社会监督。

七、企业服务体系建设、服务质量保障（A+B）及服务质量评价

1. 企业服务体系建设

燃气服务提供者应建立具有燃气服务质量保证能力，适应、满足燃气用户需求和规模并持续改进的企业服务体系。企业服务体系应全面覆盖燃气服务提供的完整生命周期的全部环节，实现燃气服务全过程、全部信息的可追溯管理。

燃气服务提供者应设立不同的服务类型，并落实相关要求。具体参照现行国家标准《燃气服务导则》（GB/T 28885）。

（1）在接待服务中，应主动接待、热情服务。

（2）在上门服务中，规定服务人员从用户入门到离开有全过程的行为要求。

（3）在管道燃气供气服务中，公示办事流程、办结时限、办理部门和地点，提供联系方式接受用户申请等服务要求。

（4）信息服务中要求建立信息系统，满足用户查询、咨询、预约、投诉、缴费等业务的需求。

（5）瓶装燃气供应服务中应设立瓶装燃气供应站，向用户提供符合国家规定并经法定检测机构检测合格的燃气气瓶等服务，同时对送气人员提出相关服务要求。

（6）车用燃气供应服务中，燃气服务提供者不应拒绝向符合规定

的燃气汽车充装车用燃气等服务要求。

2. 服务质量保障

燃气服务提供者应以燃气用户满意为目标，建立服务质量标准，并针对涉及的服务质量要素设立具体指标；指标应包括供气质量、可靠性、安全性、顾客满意度等结果质量指标，也应包括透明度、流程化、规范化、便捷性、及时性、服务效率等过程质量指标；燃气服务提供者应采取相应的控制措施保证目标实现，并定期开展评价审核，促进服务质量持续改进提升。

（1）服务水平是基础。好的服务质量不一定是最高水平，管理人员首先要识别公司所要追求的服务水平。当一项服务满足其目标顾客的期望时，服务质量就认为是达到了优良水平。

（2）目标顾客是重心。目标顾客是指那些由于他们的期望或需要而要求得到一定水平服务的人。随着经济的发展和市场的日益成熟，市场的划分越来越细，导致每项服务都要面对不同的需求。企业应当根据每一项产品和服务选择不同的目标顾客。

（3）服务连贯性是保障。服务连贯性是服务质量的基本要求之一，它要求服务提供者在任何时候、任何地方都保持同样的优良服务水平。服务标准的执行是最难管理的服务质量问题之一。对于一个企业而言，服务的分销网络越分散，中间环节越多，保持服务水平的一致性就越难。服务质量越依赖于员工的行为，服务水平不一致的可能性就越大。

（4）投诉处理机制。燃气服务提供者应有投诉处理的接待人员，建立投诉处理的全程记录。接到用户的投诉应在规定期限内处置并答复；因非本企业原因无法处理的，应向投诉人作出解释。对重复投诉人，应告知投诉事项的解决办法及联系方式。对处理期限内不能解决的投诉，应向用户说明原因，并确定解决时间。投诉处理应根据调查结果和处理依据，选择合适的处理方式。应依法对投诉人的个人信息保密。

3. 服务质量评价

1）评价原则和方式

燃气服务提供者应建立有效的企业服务质量评价，分析，评估、改进体系。全面、客观、准确地评价企业的整体服务质量。建立企业考核评价和社会考核评价相结合的考核体系，优质服务应由行业企业自我规范管理，政府宏观监管，由社会参与，协同发挥作用。

服务质量评价分为燃气服务提供者自我评价，用户评价（用户满意度调查），第三方评价和政府部门监管评价。

2）服务评价内容和指标

（1）服务的基本要求。

服务目标管理：燃气服务提供者应根据自身情况制定以顾客为导向的企业服务经营方针、服务目标等；企业服务目标应可以被量化并且被企业监督管理，企业应不断提升服务水平和质量。

服务流程标准：燃气服务提供者应针对企业关键服务业务制定标准和流程，并保障服务工作依照标准和流程实施。

服务信息公开：燃气服务提供者应按照现行国家标准及行业标准的要求向燃气用户和社会公众公开相关燃气服务信息，公开的信息应便于用户获知和查询。

服务场所规范性：燃气服务场所的设置应符合现行国家标准或行业标准的要求；燃气经营场所应保障客户接受服务时安全、舒适和便利。

服务行为规范性：燃气服务提供者在为用户提供服务时服务行为应符合现行国家标准或行业标准的要求；燃气服务场所的服务人员应具备相应的服务专业技能。

（2）客户满意度和客户投诉管理。

客户满意度：燃气服务提供者应在周期内调查、收集、分析和改进用户服务满意度。

客户投诉管理：燃气服务提供者应设置相关的用户反馈和投诉接收渠道；燃气服务提供者应对用户投诉的内容进行分析处理及反馈，在 5 个工作日内完成对用户投诉的处理。

（3）供气质量。

气质合格率（管道燃气）：燃气服务提供者向客户供应的燃气（含后期加入的燃气成分）应符合现行国家标准《城镇燃气技术规范》（GB 50494）和《城镇燃气设计规范》（GB 50028）的规定并符合相应燃气种类标准，合格率应为 100%。

燃气燃烧器具前压力合格率（管道燃气）：燃气燃烧器具前压力应符合现行国家标准《城镇燃气设计规范》（GB 50028）的规定，合格率应大于或等于 99%。

充装合格率（瓶装燃气）：液化石油气实瓶（重瓶）充装合格率应大于或等于 98%。

无泄漏合格率（瓶装燃气，汽车加气）：实瓶出站无泄漏，合格率应为 100%。

（4）持续供气可靠性（管道燃气）：企业应保障客户的稳定持续供气。

企业因非紧急事故须暂停供气服务时，应提前 48 h 告知用户相关的停气信息。

当企业因故暂停供气服务时，应尽快恢复燃气正常供应服务。

（5）燃气安全管理。

紧急抢修：燃气经营企业应向社会公布 24 h 报险、抢修电话，由人工进行接听处理，并保障电话接通率符合标准；

紧急抢修服务：燃气经营企业接到报险、抢修信息后，应在规定时间内到达事故现场。

安全宣传：燃气经营企业应按照规定向用户有效宣传燃气安全使用知识和燃气事故识别及避险方法。

用户用气安全检查：燃气经营企业应按照规定周期和检查项目对燃气用户实施用气安全检查，并对检查发现的安全隐患进行有效管理。

用户燃气设施建设与改造：用户燃气设施建设与改造工程须符合现行国家标准和行业标准，企业应制定相关的标准和规范对用户燃气设施建设与改造工程实施竣工验收，保障燃气设施建设与改造工程安全。

（6）服务便利性

企业服务渠道：

①企业服务渠道的设置应覆盖企业经营范围内的所有用户，保障用户方便使用燃气服务；

②企业服务渠道包含且不限于客户中心、热线中心、上门服务、网上服务平台、移动服务等；

③企业服务渠道应方便客户查询、识别和使用；

④服务渠道应向用户提供可以满足客户需要的服务项目和服务内容。

企业服务效率：

①热线中心：热线中心服务电话的及时接通率应大于80%，传统人工电话应做到铃响三声有应答；

②客户中心：用户服务平均等待时间不应超过15 min。

预约服务（管道燃气）：企业需向用户提供燃气安装、维修、安全检查等上门预约服务。

①户内安装及通气点火：预约后在规定时间内提供安装服务；

②户内燃气设施维修：在规定时限内提供维修服务；

③改、拆、迁服务：预约后在规定时间内答复客户。

第七节　燃气从业人员

一、燃气从业人员概况

根据《城镇燃气管理条例》《燃气经营企业从业人员专业培训考核管理办法》的有关规定，燃气从业人员主要包括企业主要负责人，安全生产管理人员，运行、维护和抢修人员。

（1）企业主要负责人是指企业法人代表（董事长）、企业总经理（总裁）。

（2）安全生产管理人员是指企业负责安全运行的副总经理（副总裁），企业生产、安全管理部门负责人，企业生产和销售分支机构的负责人以及企业专职安全员。

（3）运行、维护和抢修人员是指负责燃气设施设备运行、维护和事故抢险抢修的操作人员。

按照《城镇燃气行业职业技能标准（征求意见稿）》的规定，燃气从业人员包括管道燃气客服员、瓶装气客服员、燃气输配场站运行工、液化石油气库站运行工、压缩天然气场站运行工、燃气管网运行工、燃气用户安装检修工和液化天然气储运工。

二、燃气从业人员职业道德标准

城镇燃气行业从业人员应遵守下列职业守则：

（1）遵守燃气行业相关法律法规、标准和管理规定。

（2）养成和弘扬执着专注、作风严谨、精益求精、敬业守信的工匠精神。

（3）树立安全第一、质量至上的理念，团结协作，文明作业。

（4）刻苦钻研技术，掌握专业知识和专业技能，提升传承与创新能力。

三、燃气从业人员的工作要求

1. 形象标准

工作服的衣扣应扣齐，服饰干净、整洁；按时理发、剃须、洗澡、剪指甲，身体无异味；容颜含蓄，语言谦和，举止文明，行为礼让。

2. 纪律标准

按规定交接班，认真填写交接班记录；不迟到、不早退、不旷工；不漏岗、不串岗、不躺岗、不睡岗；不在工作时间喝酒、打牌等；不在调度中心抽烟，不与同事吵架，服从领导，听从指挥，遵守各项规章制度，出勤率90%以上。

3. 行为准则

（1）基本准则

遵守纪律，服从管理；忠诚正直，爱岗敬业；尊重他人，团结合作；诚实守信，公私分明；坚持原则，严守机密；爱护财产，勤俭节约。

（2）工作作风

燃气从业人员要保持严谨、务实、团结、创新的工作作风。

4. 熟悉业务和岗位职责，掌握工作程序和服务方法

（1）熟悉和燃气有关的法律法规，知晓城镇燃气相关规范、标准。

（2）熟悉燃气的物理、化学性质及安全知识，熟练使用消防器材，掌握安全消防技术和排险技能。

（3）熟悉管道位置、标识，了解管道、管件的材质、规格型号，会检查，会维修。

（4）熟悉燃气设备和品牌、规格型号、工艺参数、运行工况，做到懂结构、懂原理、懂性能、懂用途和会操作、会维护保养、会排除故障。

（5）知晓常见燃气器具的型号，熟悉安装、使用常识、规范，会操作，会调试。

（6）熟悉操作规程、作业指导书；熟悉应急预案及处置流程，会排险、抢险、抢修。

（7）熟悉常用备品备料的材质、规格型号，分类存放；保持备品备料充足、完整、有效。

（8）熟悉道路、交通、方位情况，紧急情况下以最优路线第一时间到达现场。

（9）知晓制图的基本方法，知晓符号、标志的基本含义，会识图、画图。

四、燃气从业人员职业标准

根据《中华人民共和国安全生产法》《中华人民共和国劳动法》等规定，从业人员（包括企业法定代表人或经理人员、各级管理人员和生产人员）应经专门培训，考核合格后方可上岗。

1. 生产经营单位主要负责人和安全管理人员的基本条件

《中华人民共和国安全生产法》第二十七条规定：生产经营单位的主要负责人和安全生产管理人员必须具备与本单位所从事的生产经营活动相应的安全生产知识和管理能力。

危险物品的生产、经营、储存、装卸单位以及矿山、金属冶炼、建筑施工、运输单位的主要负责人和安全生产管理人员，应当由主管的负有安全生产监督管理职责的部门对其安全生产知识和管理能力考核合格。考核不得收费。

危险物品的生产、储存、装卸单位以及矿山、金属冶炼单位应当有注册安全工程师从事安全生产管理工作。鼓励其他生产经营单位聘用注册安全工程师从事安全生产管理工作。注册安全工程师按专业分类管理，具体办法由国务院人力资源和社会保障部门、国务院应急管理部门会同国务院有关部门制定。

2. 技术负责人的任职条件

燃气生产经营单位技术负责人应由具备相关工程技术专业及相应技术职称的人员担任，且应具备从事燃气或危险化学品生产经营活动相应的安全生产知识和技术管理能力。从事压力容器、压力管道等特种设备的安全管理人员，还应接受质量技术监督机构组织的专业技术培训，经考试合格，持证上岗。

3. 生产作业人员的基本条件

《中华人民共和国劳动法》第六十八条规定：用人单位应当建立职业培训制度，按照国家规定提取和使用职业培训经费，根据本单位实际，有计划地对劳动者进行职业培训。从事技术工种的劳动者，上岗前必须经过培训。第六十九条规定：国家确定职业分类，对规定的职业制定职业技能标准，实行职业资格证书制度，由经备案的考核鉴定机构负责对劳动者实施职业技能考核鉴定。

生产经营单位的特种作业人员必须按照国家有关规定经专门的安全作业培训，取得特种作业操作证书，方可上岗作业。

五、燃气从业人员职业技能标准

2021 年 11 月，为规范从业者的从业行为，为职业技能鉴定提供依据，人力资源和社会保障部、住房和城乡建设部制定了《燃气供应服务员国家职业技能标准（2021 年版）》和《燃气储运工国家职业技能标准（2021 年版）》，分别对燃气供应服务员、燃气储运工从业人员的职业活动内容进行了规范和描述，对各等级从业人员的技能水平和理论知识水平进行了明确规定。

2022 年 8 月，住房和城乡建设部组织中国城市燃气协会等单位起草了《城镇燃气行业职业技能标准（征求意见稿）》，并向社会公开征求意见。标准适用于管道燃气客服员、瓶装气客服员、燃气输配场站运行工、液化石油气库站运行工、压缩天然气场站运行工、燃气管网运行工、燃气用户安装检修工和液化天然气储运工 8 个工种职业技能的培训考核。

1. 工种定义

管道燃气客服员：从事管道燃气用户供气服务、送气安检、安全用气指导以及销售核算的人员。

瓶装气客服员：从事瓶装液化石油气用户供气服务、送气安检、安全用气指导以及销售核算的人员。

燃气输配场站运行工：操作燃气净化、储存、调压、加臭、计量、气量分配、气质检测等设施设备，进行燃气输配作业的人员。

液化石油气库站运行工：操作液化石油气加压、装卸、储存、充装等设施设备，进行液化石油气储运作业的人员。

压缩天然气场站运行工：操作压缩天然气加压、装卸、存储、加热、调压、计量和加臭等设施设备，进行压缩天然气输配作业的人员。

燃气管网运行工：使用专用设备与工具，进行城镇燃气管网系统投产通气、运行维护、调压、泄漏巡查、巡检、管线位置确定、故障维修和抢修作业的人员。

燃气用户安装检修工：从事城镇燃气用户设施及燃气用具安装，

开通置换、安检、维护、维修及抢修作业的人员。

液化天然气储运工：操作液化天然气装卸、储存、加压、气化、调压、计量和加臭等设施设备，进行液化天然气储运作业的人员。

2. 职业技能等级

（1）城镇燃气行业从业人员职业技能等级由低到高可分为职业技能五级、职业技能四级、职业技能三级、职业技能二级和职业技能一级。

（2）城镇燃气行业从业人员职业技能各等级应符合下列条件：

①职业技能五级：能运用基本技能独立完成本职业常规工作；能识别本职业所涉及的常见材料（对象）；能操作简单的机械设备并进行例行保养。

②职业技能四级：能熟练运用基本技能独立完成本职业的常规工作；能运用专门技能独立或与他人合作完成技术较为复杂的本职业工作；能区分本职业所涉及的常见材料（对象）；能操作常用的机械设备并进行一般的维修。

③职业技能三级：能熟练运用基本技能和专门技能完成本职业较为复杂的工作，包括：完成部分非常规性工作；能独立处理工作中出现的问题；能培训和指导本等级以下技工；能按照设计要求，合理选用本职业所涉及的材料（对象）；能操作较为复杂的机械设备及进行一般的维修。

④职业技能二级：能熟练运用专门技能和特殊技能完成本职业复杂的、非常规性的工作；掌握本职业的关键技术技能，能独立处理和解决技术或工艺难题；具备本职业技术技能方面的创新能力；能培训和指导本等级以下技工；具有一定的技术管理能力；能按照用户或设计要求，合理选用本职业所涉及的材料（对象）；能操作复杂的机械设备及进行一般的维修。

⑤职业技能一级：能熟练运用专门技能和特殊技能完成在本职业各领域复杂的、非常规性的工作；熟练掌握本职业的关键技术技能，能独立处理和解决高难度的技术问题或工艺难题；具有较好的本职业技术攻关和工艺革新能力，能组织开展本职业技术改造、技术革新活动；能培训和指导本等级以下技工；具有较强的技术管理能力。

3. 职业要求和职业技能构成

（1）职业要求和职业技能可分为安全生产知识、理论知识、操作技能 3 个模块：

①安全生产知识应包括安全基础知识和作业现场安全操作知识；

②理论知识应包括基本知识、专业知识和相关知识；

③操作技能应包括基本操作技术能力、工具设备的使用和维护能力、创新与指导能力。

（2）职业要求中对安全生产知识和理论知识的目标要求由高到低应分为“掌握、熟悉、了解”3 个层次，对操作技能的目标要求由高到低应分为“熟练、能够、会”3 个层次。

4. 职业技能培训考核

（1）职业技能培训考核形式分为笔试和实际操作 2 种。

（2）职业技能培训考核结果分为合格和不合格。

（3）职业技能培训考核应按照安全生产知识、理论知识、操作技能 3 个模块顺序递进式进行，3 个模块考核均合格后，方能获得相应的职业培训合格证。

六、燃气从业人员权利保障

燃气从业人员有知情权、建议权、批评权、检举权、控告权、拒绝权、紧急避险权、要求工伤保险待遇和民事赔偿的权利、获得各项安全生产保护条件和保护待遇的权利、获得安全生产教育和培训的权利。

（1）生产经营单位与从业人员订立的劳动合同，应当载明有关保障从业人员劳动安全、防止职业危害的事项，以及依法为从业人员办理工伤保险的事项。生产经营单位不得以任何形式与从业人员订立协议，免除或者减轻其对从业人员因生产安全事故伤亡依法应承担的责任。生产经营单位的从业人员有权了解其作业场所和工作岗位存在的危险因素、防范措施及事故应急措施，有权对本单位的安全生产工作提出建议。

（2）作业人员有权对本单位安全生产工作中存在的问题提出批评、检举、控告；有权拒绝违章指挥和强令冒险作业。生产经营单位不得因从业人员对本单位安全生产工作提出批评、检举、控告或者拒绝违章指挥、强令冒险作业而降低其工资、福利等待遇或解除与其订立的劳动合同。

（3）从业人员发现直接危及人身安全的紧急情况时，有权停止作业或在采取可能的应急措施后撤离作业场所。生产经营单位不得因从业人员在紧急情况下停止作业或采取紧急撤离措施而降低其工资、福利等待遇或解除与其订立的劳动合同。

（4）生产经营单位发生生产安全事故后，应当及时采取措施救治有关人员。因生产安全事故受到损害的从业人员，除依法享有工伤保险外，依照有关民事法律尚有获得赔偿的权利的，有权提出赔偿要求。

（5）从业人员在作业过程中，应当严格落实岗位安全责任，遵守本单位的安全生产规章制度和操作规程，服从管理，正确佩戴和使用劳动防护用品。

（6）从业人员应当接受安全生产教育和培训，掌握本职工作所需的安全生产知识，提高安全生产技能，增强事故预防和应急处理能力。

（7）从业人员发现事故隐患或其他不安全因素时，应当立即向现场安全生产管理人员或本单位负责人报告；接到报告的人员应当及时予以处理。

（8）工会有权对建设项目的安全设施与主体工程同时设计、同时施工、同时投入生产和使用进行监督，提出意见。工会对生产经营单位违反安全生产相关法律法规，侵犯从业人员合法权益的行为，有权要求纠正；发现生产经营单位违章指挥、强令冒险作业或发现事故隐患时，有权提出解决的建议，生产经营单位应当及时研究答复；发现危及从业人员生命安全的情况时，有权向生产经营单位建议组织从业人员撤离危险场所，生产经营单位必须立即作出处理。工会有权依法参加事故调查，向有关部门提出处理意见，并要求追究有关人员的责任。

（9）生产经营单位使用被派遣劳动者时，被派遣劳动者享有法律规定的从业人员的权利，并应当履行相关规定从业人员的义务。

七、员工职业技能中的安全技术教育

为加强和规范生产经营单位安全培训工作，提高从业人员安全素质，防范伤亡事故，减轻职业危害，2006 年国家安全生产监督管理总局发布了《生产经营单位安全培训规定》，并分别于 2013 年 8 月、2015 年 5 月进行了修订。

1. 主要负责人、安全生产管理人员的安全培训

（1）生产经营单位主要负责人和安全生产管理人员应当接受安全培训，具备与所从事的生产经营活动相适应的安全生产知识和管理能力。

（2）生产经营单位主要负责人安全培训应当包括下列内容：国家

安全生产方针、政策和有关安全生产的法律、法规、规章及标准；安全生产管理基本知识、安全生产技术、安全生产专业知识；重大危险源管理、重大事故防范、应急管理和救援组织以及事故调查处理的有关规定；职业危害及其预防措施；国内外先进的安全生产管理经验；典型事故和应急救援案例分析；其他需要培训的内容。

（3）生产经营单位安全生产管理人员安全培训应当包括下列内容：国家安全生产方针、政策和有关安全生产的法律、法规、规章及标准；安全生产管理、安全生产技术、职业卫生等知识；伤亡事故统计、报告及职业危害的调查处理方法；应急管理、应急预案编制以及应急处置的内容和要求；国内外先进的安全生产管理经验；典型事故和应急救援案例分析；其他需要培训的内容。

（4）生产经营单位主要负责人和安全生产管理人员初次安全培训时间不得少于 32 学时。每年再培训时间不得少于 12 学时。煤矿、非煤矿山、危险化学品、烟花爆竹、金属冶炼等生产经营单位主要负责人和安全生产管理人员初次安全培训时间不得少于 48 学时，每年再培训时间不得少于 16 学时。

2. 其他从业人员的安全培训

（1）煤矿、非煤矿山、危险化学品、烟花爆竹、金属冶炼等生产经营单位必须对新上岗的临时工、合同工、劳务工、轮换工、协议工等进行强制性安全培训，保证其具备本岗位安全操作、自救互救以及应急处置所需的知识和技能后，方能安排上岗作业。

（2）加工、制造业等生产单位的其他从业人员，在上岗前必须经过厂（矿）、车间（工段、区、队）、班组三级安全培训教育。

生产经营单位应当根据工作性质对其他从业人员进行安全培训，保证其具备本岗位安全操作、应急处置等知识和技能。

（3）生产经营单位新上岗的从业人员，岗前安全培训时间不得少于24学时。煤矿、非煤矿山、危险化学品、烟花爆竹、金属冶炼等生产经营单位新上岗的从业人员安全培训时间不得少于72学时，每年再培训的时间不得少于20学时。

（4）厂（矿）级岗前安全培训内容：本单位安全生产情况及安全生产基本知识；本单位安全生产规章制度和劳动纪律；从业人员安全生产权利和义务；有关事故案例等。

煤矿、非煤矿山、危险化学品、烟花爆竹、金属冶炼等生产经营单位厂（矿）级安全培训除包括上述内容外，还应当增加事故应急救援、事故应急预案演练及防范措施等内容。

（5）车间（工段、区、队）级岗前安全培训内容：工作环境及危险因素；所从事工种可能遭受的职业伤害和伤亡事故；所从事工种的安全职责、操作技能及强制性标准；自救互救、急救方法、疏散和现场紧急情况的处理；安全设备设施、个人防护用品的使用和维护；本车间（工段、区、队）安全生产状况及规章制度；预防事故和职业危害的措施及应注意的安全事项；有关事故案例；其他需要培训的内容。

（6）班组级岗前安全培训内容：岗位安全操作规程；岗位之间工作衔接配合的安全与职业卫生事项；相关事故案例；其他需要培训的内容。

（7）从业人员在本生产经营单位内调整工作岗位或离岗一年以上重新上岗时，应当重新接受车间（工段、区、队）和班、组级的安全培训。

生产经营单位采用新工艺、新技术、新材料或使用新设备时，应当对有关从业人员重新进行有针对性的安全培训。

3. 特种作业人员的教育培训

（1）特种作业是指容易发生事故，对操作者本人、他人的安全健康，以及设备、设施的安全可能造成重大危害的作业。特种作业的范围由特种作业目录规定。特种作业人员必须经专门的安全技术培训并考核合格，取得特种作业资格证书后，方可上岗作业。

（2）特种作业人员的安全技术培训、考核、发证、复审工作实行统一监管、分级实施、教考分离的原则。特种作业人员应当接受与其所从事的特种作业相应的安全技术理论培训和实际操作培训。

（3）特种作业人员的考核包括考试和审核 2 个部分。考试由考核发证机关或其委托的单位负责；审核由考核发证机关负责。

（4）特种作业操作证有效期为 6 年，在全国范围内有效。特种作业操作证每 3 年复审 1 次。特种作业人员在特种作业操作证有效期内，连续从事本工种 10 年以上，严格遵守安全生产相关法律法规的，经原考核发证机关或从业所在地考核发证机关同意，特种作业操作证的复审时间可以延长至每 6 年复审 1 次。

（5）特种作业操作证申请复审或延期复审前，特种作业人员应当参加必要的安全培训并考试合格。安全培训时间不少于 8 学时，主要培训法律法规、标准、事故案例和有关新工艺、新技术、新装备等知识。

4. 安全培训的组织实施

（1）生产经营单位从业人员的安全培训工作，由生产经营单位组织实施。

生产经营单位应当坚持以考促学、以讲促学，确保全体从业人员熟练掌握岗位安全生产知识和技能；煤矿、非煤矿山、危险化学品、烟花爆竹、金属冶炼等生产经营单位还应当完善和落实师傅带徒弟的制度。

（2）具备安全培训条件的生产经营单位，应当以自主培训为主；可以委托具备安全培训条件的机构，对从业人员进行安全培训。

不具备安全培训条件的生产经营单位，应当委托具备安全培训条件的机构，对本单位从业人员进行安全培训。

生产经营单位委托其他机构进行安全培训的，保证安全培训的责任仍由本单位承担。

（3）生产经营单位应当将安全培训工作纳入本单位年度工作计划。保证本单位安全培训工作所需资金。

生产经营单位的主要负责人负责组织制定并实施本单位安全培训计划。

（4）生产经营单位应当建立健全从业人员安全生产教育和培训档案，由生产经营单位的安全生产管理机构及安全生产管理人员详细、准确记录培训的时间、内容、参加人员及考核结果等情况。

（5）生产经营单位安排从业人员进行安全培训期间，应当支付工资和必要的费用。

第八节　智慧燃气现状及方向

一、智慧燃气国内现状

国内的智慧燃气目前形成了以数据采集与监视控制系统（SCADA）、地理信息系统（GIS）、企业资产管理系统（EAM）、应急调度、客户服务等为代表的信息技术应用体系，实现了初步的燃气信息数字化。在数据监测方面，实现了远程数据采集，监控设备工作状况，反馈故障信息等；在用户服务方面，形成了用户在线服务系统，获得了燃气使用大数据，进一步提高了服务质量；在管网设计维护方面，借助全球定位系统（GPS），实现了管网规划、运行、管理、辅助决策的现代化处理手段。整体而言，形成了初步的智慧燃气框架。

北京市燃气集团有限责任公司是国内最早提出建设“智能燃气网”的燃气企业。通过将大数据、物联网、云计算、位置服务、智能控制、数据挖掘等技术与燃气业务相融合，在原有企业信息化平台基础上实现纵向应用深化及横向业务关联，打破数据孤岛，构建燃气企业各类业务智能化应用及顶层的决策分析平台，促进燃气企业通过信息化软硬件建设全面提高燃气企业综合管理水平，最终打造融合能源互联网、智能管网、智能计量、智能厨房、智能应急和智能服务等系统的智慧燃气架构体系。

深圳市燃气集团股份有限公司的生产运营信息化建设始于 1998 年，历经 20 多年的发展，逐步形成了以 SCADA、GIS、气量管理系统、管道完整性管理系统、管网仿真等为核心的信息系统，为深圳市的安全供气、稳定供气提供了强有力的技术保障。尤其在城镇燃气管道完整性管理方面，深圳市燃气集团股份有限公司处于行业领先水平。在用户服务方面，构建营销型的智慧燃气服务体系，并成功打造了以客户数据为基础、线上服务和移动作业为支撑、服务智能分析平台和标准化管理平台为工具的一体化智慧燃气服务平台，实现为客户提供智能便捷的业务办理渠道，为员工提供实时的信息交互工具，为企业提供数据分析改进平台。

二、智慧燃气国外现状

国外在燃气信息化、智能化方面的研究应用起步较早，发展水平较高。国外对智慧燃气的研究一般是融入智慧能源或能源互联网体系的研究。能源互联网将电力、燃气、水务、热力、储能等资源捆绑为整体资源，实现能源替代优化，统一解决有关能源的有效利用和调峰问题。核心内容以互联网技术为基础，将电力系统与天然气网络、供热网络，以及工业、交通、建筑系统等紧密耦合，形成整个能源系统的协调优化运营模式。

据统计，在北美，天然气约占据了美国和加拿大能源消耗的33.3%，是最为关键的能源形态之一。随着页岩气的发现，天然气的地位得到了进一步提高。为了规划美国天然气的发展，美国燃气技术研究院（Gas Technology Institute，GTI）提出了“天然气与智慧能源未来”的白皮书，对美国能源利用的现状、存在的问题以及未来的发展思路进行了分析。在德国，天然气占据了20%以上的能源消耗，而且其消耗量逐年增长。德国燃气和水工业协会（Deutscher Verein des Gas-und Wasserfaches，DVGW）借鉴智能电网的概念，提出了若干智慧燃气项目，致力于利用天然气整合分布式能源与储能，充分利用已有天然气网络发展天然气，利用先进信息技术进行网络控制等。

亚洲是世界上天然气进口量最大的区域，其中又以日本为最大的进口国，天然气占据了日本城市燃气的90%左右，在日本未来的能源发展中处于核心地位。日本燃气协会在“日本燃气未来”中提出，要大力发展新型天然气技术，建立并升级天然气供应系统，加快推进城市燃气向安全、可靠的运行中进行。要从多方面入手，包括建立安全、可靠的城市燃气供应系统；采用全方位智能检测设备，检测从天然气生产到用户应用所有环节中可能存在的安全问题；推广以天然气为重要纽带的智慧能源生活方式，提高能源利用效率，提升用户体验；推动燃气联合供冷供热、燃气联合发电、燃气交通等。

三、智慧燃气发展方向

现今，以天然气为代表的燃气能源的应用在清洁、高效、安全发展的现代能源体系中起着越来越重要的作用。智慧燃气是基于完善的燃气基础设施，结合高度发展的信息化和智能化技术，最终实现“安全、高效、清洁、低碳、智能”的能源服务目标。智慧燃气是能源互联网的重要组成部分。能源互联网即“互联网+”智慧能源，它是当前能源发展未来的新形态。一般能源互联网有两个关键特征：一是多种能源形式的耦合；二是信息能源的结合。

智慧燃气在能源互联网中处于中枢位置，起着关键作用，它是热网、电网的重要纽带，同时联系着交通网，是多能耦合及智慧能源体系不可或缺的一部分。从多能耦合及信息化的角度也可以进一步看到智慧燃气的未来发展方向。

1. 智慧燃气催生新型用户服务模式

用户对能源利用的要求越来越高，不仅仅满足了安全、准时等基本要求，燃气企业必须加强其他增值服务。充分利用物联网、移动互联网、大数据、云平台等尖端手段，为用户提供诸如燃气利用效率分析、节能减排方案、燃气保险及燃气相关设备销售和定期维护等。新技术催生新的服务模式，新的服务模式不仅强调燃气企业的参与，更注重用户和燃气企业的双向互动与连通，强调用户体验的升级，强调创新增值服务，强调全方位、多层次地为用户着想。

2. 智慧燃气加强燃气系统安全可靠性

燃气企业生产运营的目标是实现全周期的本质安全。燃气管网关乎燃气安全，管网泄漏、局部温度过高、局部压力过大、外界突发因素等都会带来巨大的安全隐患。传统的安全监测方法效率较低，而新兴的物联网技术及分布式智能终端，能对管网进行实时监测，并且当发现不安全因素时，能及时消除。不仅如此，随着分布式人工智能的发展，整个燃气管网将逐渐成为与多智能终端相连的大网。信号的采集、管网安全监测及突发状况的及时控制都将智慧化。

3. 智慧燃气引领低碳绿色能源经济

天然气相比石油和煤炭，碳排放量分别降低了30%和45%，是一种较为清洁的能源，无疑是当前世界向低碳绿色能源经济转型的最佳选择。因此，采用天然气逐步代替煤和石油，是一种可行的过渡手段，在短期内能够改善地球生态环境，控制温室效应。就我国而言，目前天然气在能源消费总量中仅占7%左右，未来有很大的发展空间。加快扩大天然气规模，以天然气为过渡手段，逐步建立低碳绿色能源体系，是能源经济未来发展的重要方向。

4. 智慧燃气促进环境友好型绿色交通

CNG（压缩天然气）汽车是一种对环境极为友好的车型，它排放的污染物比传统的燃油车要低很多，其中二氧化碳的排放量减少约25%，而且CNG汽车几乎不排放硫化物。

氢能是燃气体系中的重要一员，氢能革命也正席卷而来。氢能是智慧能源体系中重要的能源枢纽，是实现多种能源耦合的关键。以氢能作为燃料将成为未来汽车的终极解决方案。可以预见，随着信息技术的发展，天然气汽车、氢燃料汽车将具备智能检测装置，实时反映汽车状态，智能终端与数据云同步，全方位保证燃料供应的安全及维持良好的运转状态，更好地服务用户，极大地促进绿色交通的发展。

5. 智慧燃气推动多能耦合，能源互联

能源互联网是为了实现多能互补，智能耦合。与传统的电网、气网和热网相对孤立的情景相比，能源互联网是三者的强耦合。智慧燃气将在能源互联体系中发挥重要而关键的作用。

燃气是包含可再生能源的能源互联网灵活性的重要来源。第一，在能源市场与交易方面，燃气拥有广泛的用户，是世界范围内的重要能源，能够有效促进世界范围内的能源流动。第二，通过使用氢气或

天然气，能源系统获得了较低成本的稳定供应设备。天然气发电设备的规模从大型的燃机联合循环一直延伸到微型燃机，在不同时间尺度给予了能源系统足够的可调节空间，能够应对大电网到微网等不同尺度的调节任务。第三，燃气（如氢气）是一种最好的储能手段。由于可再生能源的随机性和间歇性，以其为核心的分布式能源必然要求与之配套的储能，在电力负荷的高峰期释放能量缓解电网压力，低谷期储存能量以消除电网峰谷差。尽管有多种储能方式，但真正要达到网络层面，实现与大电网相匹配的储能，首选与之规模相近的是天然气。目前，世界上多个国家都在开展 P2G 项目，即电制气，旨在利用气网的储存能力对电力进行更好的使用。第四，天然气能够应用于需求响应，与传统的供给追随需求的方法不同，需求响应即需求能根据不同供给进行调整，是一种有效的能量管理思想。天然气由于其具有灵活性以及足够大的体量，能够有效应用于需求响应。例如，在电量过剩时，将电力通过电解水制氢储存起来。

燃气除了其灵活性以外，还与热网系统有着极为密切的关系。通过燃气锅炉燃烧燃气可直接转化为热能，通过热电联产可转化为电和热，通过燃料电池也可以直接将化学能转变为电和热。

因此，燃气能使能源互联网更加灵活，实现灵活应对电网、气网、热网存在的不稳定现象，协调能源分布。要实现真正意义上的多能耦合，智慧燃气是不可或缺的一环。

第二章

燃气工程建设管理

第一节　燃气工程建设规定

燃气工程是指燃气设施和燃气供应站点的新建、改建、扩建工程。燃气设施是指人工煤气生产厂、燃气储配站、门站、气化站、混气站、加气站、灌装站、供应站、调压站、市政燃气管网等的总称，包括市政燃气设施、建筑区划内业主专有部分以外的燃气设施及户内燃气设施等。

一、法律法规相关规定

1.《中华人民共和国城乡规划法》的有关规定

根据《中华人民共和国城乡规划法》《建设项目选址规划管理办法》的规定，建设工程项目要取得“一书两证”，“一书”是指选址意见书；“两证”是指建设用地规划许可证和建设工程规划许可证。

《中华人民共和国城乡规划法》第三十六条规定：“按照国家规定需要有关部门批准或者核准的建设项目，以划拨方式提供国有土地使用权的，建设单位在报送有关部门批准或者核准前，应当向城乡规划主管部门申请核发选址意见书。前款规定以外的建设项目不需要申请选址意见书。”第三十七条规定：“在城市、镇规划区内以划拨方式提供国有土地使用权的建设项目，经有关部门批准、核准、备案后，建设单位应当向城市、县人民政府城乡规划主管部门提出建设用地规划许可申请，由城市、县人民政府城乡规划主管部门依据控制性详细规划核定建设用地的位置、面积、允许建设的范围，核发建设用地规划许可证。建设单位在取得建设用地规划许可证后，方可向县级以上地方人民政府土地主管部门申请用地，经县级以上人民政府审批后，由土地主管部门划拨土地。”第三十八条规定：“在城市、镇规划区内以出让方式提供国有土地使用权的，在国有土地使用权出让前，城市、县人民政府城乡规划主管部门应当依据控制性详细规划，提出出让地块的位置、使用性质、开发强度等规划条件，作为国有土地使用权出让合同的组成部分。未确定规划条件的地块，不得出让国有土地使用权。以出让方式取得国有土地使用权的建设项目，建设单位在取得建设项目的批准、核准、备案文件和签订国有土地使用权出让合同后，向城市、县人民政府城乡规划主管部门领取建设用地规划许可证。城市、县人民政府城乡规划主管部门不得在建设用地规划许可证中，擅自改变作为国有土地使用权出让合同组成部分的规划条件。”第四十条规定：“在城市、镇规划区内进行建筑物、构筑物、道路、管线和其他工程建设的，建设单位或者个人应当向城市、县人民政府城乡规划主管部门或者省、自治区、直辖市人民政府确定的镇人民政府申请办理建设工程规划许可证。申请办理建设工程规划许可证，应当提交使用土地的有关证明文件、建设工程设计方案等材料。需要建设单位编制修建性详细规划的建设项目，还应当提交修建性详细规划。对符合控制性详细规划和规划条件的，由城市、县人民政府城乡规划主管部门或者省、自治区、直辖市人民政府确定的镇人民政府核发建设工程规划许可证。”

2.《中华人民共和国建筑法》的有关规定

《中华人民共和国建筑法》第七条规定：“建筑工程开工前，建设单位应当按照国家有关规定向工程所在地县级以上人民政府建设行政主管部门申请领取施工许可证；但是，国务院建设行政主管部门确定的限额以下的小型工程除外。按照国务院规定的权限和程序批准开工报告的建筑工程，不再领取施工许可证。”第八条规定：“申请领取施工许可证，应具备下列条件：（一）已经办理该建筑工程用地批准手续；（二）依法应当办理建设工程规划许可证的，已经取得建设工程规划许可证；（三）需要拆迁的，其拆迁进度符合施工要求；（四）已经确定建筑施工企业；（五）有满足施工需要的资金安排、施工图纸及技术资料；（六）有保证工程质量和安全的具体措施。建设行政主管部门应当自收到申请之日起七日内，对符合条件的申请颁发施工许可证。”

《中华人民共和国建筑法》规定国家推行建筑工程监理制度，国务院可以规定实行强制监理的建筑工程的范围。实行监理的建筑工程，由建设单位委托具有相应资质条件的工程监理单位监理。建设单位与其委托的工程监理单位应当订立书面委托监理合同。

3.《中华人民共和国安全生产法》的有关规定

《中华人民共和国安全生产法》第三十一条规定：“生产经营单位新建、改建、扩建工程项目（以下统称建设项目）的安全设施，必须与主体工程同时设计、同时施工、同时投入生产和使用。安全设施投资应当纳入建设项目概算。”第三十二条规定：“矿山、金属冶炼建设项目和用于生产、储存、装卸危险物品的建设项目，应当按照国家有关规定进行安全评价。”第三十三条规定：“建设项目安全设施的设计人、设计单位应当对安全设施设计负责。矿山、金属冶炼建设项目和用于生产、储存、装卸危险物品的建设项目的安全设施设计应当按照国家有关规定报经有关部门审查，审查部门及其负责审查的人员对审查结果负责。”第三十四条规定：“矿山、金属冶炼建设项目和用于生产、储存、装卸危险物品的建设项目的施工单位必须按照批准的安全设施设计施工，并对安全设施的工程质量负责。矿山、金属冶炼建设项目和用于生产、储存、装卸危险物品的建设项目竣工投入生产或者使用前，应当由建设单位负责组织对安全设施进行验收；验收合格后，方可投入生产和使用。负有安全生产监督管理职责的部门应当加强对建设单位验收活动和验收结果的监督核查。”第三十五条规定：“生产经营单位应当在有较大危险因素的生产经营场所和有关设施、设备上，设置明显的安全警示标志。”

二、行政法规的规定

国务院《城镇燃气管理条例》（国务院令　第 583 号）、《建设工程质量管理条例》（国务院令　第 279 号）、《建设工程安全生产管理条例》（国务院令　第 393 号）对燃气工程的建设、质量、安全生产管理等作出了明确规定。

《城镇燃气管理条例》第十一条规定：“进行新区建设、旧区改造，应当按照城乡规划和燃气发展规划配套建设燃气设施或者预留燃气设施建设用地。对燃气发展规划范围内的燃气设施建设工程，城乡规划主管部门在依法核发选址意见书时，应当就燃气设施建设是否符合燃气发展规划征求燃气管理部门的意见；不需要核发选址意见书的，城乡规划主管部门在依法核发建设用地规划许可证或者乡村建设规划许可证时，应当就燃气设施建设是否符合燃气发展规划征求燃气管理部门的意见。燃气设施建设工程竣工后，建设单位应当依法组织竣工验收，并自竣工验收合格之日起15日内，将竣工验收情况报燃气管理部门备案。”

《建设工程质量管理条例》第三条规定：“建设单位、勘察单位、设计单位、施工单位、工程监理单位依法对建设工程质量负责。”第四条规定：“县级以上人民政府建设行政主管部门和其他有关部门应当加强对建设工程质量的监督管理。”第五条规定：“从事建设工程活动，必须严格执行基本建设程序，坚持先勘察、后设计、再施工的原则。县级以上人民政府及其有关部门不得超越权限审批建设项目或者擅自简化基本建设程序。”同时规定，国家实行建设工程质量监督管理制度，国务院建设行政主管部门对全国的建设工程质量实施统一监督管理，县级以上地方人民政府建设行政主管部门对本行政区域内的建设工程质量实施监督管理，建设单位、勘察单位、设计单位、工程监理单位、施工单位按照自己的职责各自承担相应的质量责任和义务，对建设工程的质量保修也作出明确规定。

《建设工程安全生产管理条例》第四条规定：“建设单位、勘察单位、设计单位、施工单位、工程监理单位及其他与建设工程安全生产有关的单位，必须遵守安全生产法律、法规的规定，保证建设工程安全生产，依法承担建设工程安全生产责任。”明确了建设单位、勘察单位、设计单位、施工单位、工程监理单位的安全生产责任。

第二节　燃气工程建设程序

一、燃气工程基本建设程序

（1）燃气经营企业提出工程建设申请；

（2）燃气行政主管部门和消防机构对项目进行专业审查；

（3）需要立项核准的到发改部门或行政审批部门办理立项手续；

（4）项目安全评价报告、环境评价报告及批复文件；

（5）规划选址及土地使用手续；

（6）规模较大工程的初步设计文件和批复文件；

（7）工程施工图设计、审图机构审查意见；

（8）办理施工许可或者开工报告；

（9）办理安全监督和质量监督手续；

（10）竣工验收和备案。

二、燃气工程专业审查制度

《城镇燃气管理条例》第十一条规定："对燃气发展规划范围内的燃气设施建设工程，城乡规划主管部门在依法核发选址意见书时，应当就燃气设施建设是否符合燃气发展规划征求燃气管理部门的意见；不需要核发选址意见书的，城乡规划主管部门在依法核发建设用地规划许可证或者乡村建设规划许可证时，应当就燃气设施建设是否符合燃气发展规划征求燃气管理部门的意见。"

燃气设施工程专业审查制度是燃气安全管理的重要举措。新建、改建、扩建的燃气设施工程项目（除中石油、中石化、中海油跨省长途输送天然气的管道工程项目、天然气和液化石油气生产进口工程项目外），必须经燃气行政主管部门进行专业审查并同意后，方可按建设程序办理相关建设手续。根据地方法规和当地实际，全面建立燃气工程项目专业审查制度，规划部门在颁发燃气工程项目的选址意见书或者规划许可证时，必须征求燃气管理部门意见，未经燃气行政主管部门审查同意的燃气工程一律不得开工建设，规划、建设、燃气管理等有关部门一律不予办理相关建设手续。

燃气工程专业审查包括 3 个方面：一是燃气主管部门审查工程是

否符合燃气专项规划要求。主要审查工程的选址、气化范围、供气规模、输配系统、消防规划、环保规划等内容。二是燃气主管部门审查工程是否符合国家有关燃气安全标准、规范、规定的要求。工程设计方案应符合现行国家标准《城镇燃气设计规范》（GB 50028）、《建筑设计防火规范》（GB 50016）等技术规范的要求。三是消防机构专业审查。根据《中华人民共和国消防法》及有关地方法规和消防技术规范的规定审查。

三、初步设计文件和施工图审查工作

1. 初步设计文件审查

有些地方法规和规范性文件规定，政府投资大中型建设工程项目应当编制初步设计文件。政府投资的建设工程项目初步设计文件编制完成后，建设单位应当向项目所在地设区的市住房城乡建设主管部门申请初步设计审查。

初步设计审查包括下列主要内容。

（1）初步设计的主要指标是否符合投资立项、住房城乡建设等主管部门的政策要求，设计单位是否严格执行有关主管部门的审查审批意见。

（2）各有关工程技术规范和标准的执行情况，重点是工程建设强制性标准条文的执行情况。

（3）是否满足国家规定的有关初步设计阶段的深度要求。

（4）有关专业重大技术方案是否进行了技术经济分析比较，是否安全、可靠、适用。

（5）初步设计文件是否满足编制施工招标文件、主要设备材料订货和编制施工图设计文件的需要。

（6）初步设计内容是否合理。主要包括以下内容：

①各有关专业设计是否符合经济美观、安全实用、绿色低碳、节能环保的要求；

②工艺方案是否成熟、可靠，选用设备是否先进、合理，设计方案是否优化；

③是否贯彻资源节约原则，综合利用土地、能源、水资源和材料；

④采用的新技术、新材料是否安全、可靠、适用。

2. 施工图审查

《房屋建筑和市政基础设施工程施工图设计文件审查管理办法》（中华人民共和国住房和城乡建设部令　第13号）第三条规定："国家实施施工图设计文件（含勘察文件，以下简称施工图）审查制度。本办法所称施工图审查，是指施工图审查机构（以下简称审查机构）按照有关法律、法规，对施工图涉及公共利益、公众安全和工程建设强制性标准的内容进行的审查。施工图审查应当坚持先勘察、后设计的原则。施工图未经审查合格的，不得使用。从事房屋建筑工程、市政基础设施工程施工、监理等活动，以及实施对房屋建筑和市政基础设施工程质量安全监督管理，应当以审查合格的施工图为依据。"第九条规定："建设单位应当将施工图送审查机构审查，但审查机构不得与所审查项目的建设单位、勘察设计企业有隶属关系或者其他利害关系。送审管理的具体办法由省、自治区、直辖市人民政府住房城乡建设主管部门按照'公开、公平、公正'的原则规定。建设单位不得明示或者暗示审查机构违反法律法规和工程建设强制性标准进行施工图审查，不得压缩合理审查周期、压低合理审查费用。"第十条规定："建设单位应当向审查机构提供下列资料并对所提供资料的真实性负责：（一）作为勘察、设计依据的政府有关部门的批准文件及附件；（二）全套施工图；（三）其他应当提交的材料。"

燃气工程施工图必须进行审查，要委托专业审图机构进行。建设单位必须提供全套施工图纸、勘察、设计单位资质证书及建设单位与勘察、设计单位签订的合同，施工图设计文件一经审核批准，不得擅自修改。未进行施工图设计文件审查的不得交付施工，不得颁发施工许可证或开工报告。

四、施工许可制度

《中华人民共和国建筑法》第七条规定：“建筑工程开工前，建设单位应当按照国家有关规定向工程所在地县级以上人民政府建设行政主管部门申请领取施工许可证；但是，国务院建设行政主管部门确定的限额以下的小型工程除外。按照国务院规定的权限和程序批准开工报告的建筑工程，不再领取施工许可证。”第八条规定：“申请领取施工许可证，应当具备下列条件：（一）已经办理该建筑工程用地批准手续；（二）依法应当办理建设工程规划许可证的，已经取得建设工程规划许可证；（三）需要拆迁的，其拆迁进度符合施工要求；（四）已经确定建筑施工企业；（五）有满足施工需要的资金安排、施工图纸及技术资料；（六）有保证工程质量和安全的具体措施。建设行政主管部门应当自收到申请之日起七日内，对符合条件的申请颁发施工许可证。”

五、燃气工程质量监督

《建设工程安全生产管理条例》《建设工程质量管理条例》对燃气工程的安全监管、质量监督作了明确规定，必须依法强化燃气工程建设全过程的安全控制。《建设工程监理范围和规模标准规定》（中华人民共和国建设部令　第 86 号）明确规定大中型公用事业工程（包括项目总投资额在 3 000 万元以上的供气工程）实行强制性监理，要依法委托具有相应监理资质的单位进行监理。要加强对勘察设计、施工、监理队伍的管理，禁止无资质、资质不符或超越资质等级范围承接燃气工程建设任务。燃气行政主管部门要根据当地实际，加强燃气工程质量监督，加强对燃气工程执行法律法规和工程建设强制性标准情况的监督，检查燃气工程结构安全和安全使用功能的工程质量，检查工程质量责任主体和质量检测等单位的工程质量行为，抽查主要工程材料、建筑构配件的质量，对工程竣工验收进行监督，组织或者参与工程质量事故的调查处理，定期对本地区燃气工程质量状况进行统计分析，依法对违法违规行为实施处罚。

六、燃气工程竣工验收情况备案和竣工验收备案

1. 燃气工程竣工验收情况备案

《城镇燃气管理条例》第十一条第三款规定："燃气设施建设工程竣工后，建设单位应当依法组织竣工验收，并自竣工验收合格之日起 15 日内，将竣工验收情况报燃气管理部门备案"。这里的"燃气管理部门"指的是县级以上地方人民政府燃气管理部门。燃气设施建设工程的建设单位要将汇总整理竣工验收文件及时报当地燃气管理部门备案。

《城镇燃气管理条例》规定的竣工验收情况备案与《建设工程质量管理条例》规定的竣工验收备案不同。主要区别：一是备案部门不同。《建设工程质量管理条例》规定的备案部门是建设行政主管部门或者交通、水利等有关部门；《城镇燃气管理条例》规定的备案部门是燃气管理部门。二是备案内容不同。《建设工程质量管理条例》规定的是竣工验收报告和规划、公安、消防、环保等部门的认可文件和准许使用文件的备案；《城镇燃气管理条例》规定的是竣工验收情况的

备案。三是备案目的不同。《建设工程质量管理条例》规定的备案制度，主要在于保障工程质量符合国家规定；《城镇燃气管理条例》规定的备案目的，主要在于确保燃气设施建设符合燃气发展规划。因此，《城镇燃气管理条例》规定的备案制度并非取代《建设工程质量管理条例》中的备案制度，而是对燃气设施建设工程建设单位新增加的要求。

2. 燃气工程竣工验收备案

燃气工程竣工后，建设单位应依法组织验收，重要燃气工程竣工验收时，建设单位应当组织有关专家参加。未经验收或验收不合格的燃气单项工程和燃气工程不得交付使用。燃气行政主管部门要加大监督力度，确保各项燃气工程的验收符合法定程序和要求。

建设工程竣工验收应当具备下列条件：①完成建设工程设计和合同约定的各项内容；②有完整的技术档案和施工管理资料；③有工程使用的主要建筑材料、建筑构配件和设备的进场试验报告；④有勘察、设计、施工、工程监理等单位分别签署的质量合格文件；⑤有施工单位签署的工程保修书。建设工程经验收合格的，方可交付使用。

建设单位应当自工程竣工验收合格之日起 15 日内，向工程所在地的县级以上地方人民政府建设主管部门备案。备案机关发现建设单位在竣工验收过程中有违反国家有关建设工程质量管理规定行为的，应当在收讫竣工验收备案文件 15 日内，责令其停止使用，重新组织竣工验收。

建设单位办理工程竣工验收备案应当提交下列文件：①工程竣工验收备案表。②工程竣工验收报告。工程竣工验收报告应当包括工程报建日期，施工许可证号，施工图设计文件审查意见，勘察、设计、施工、工程监理等单位分别签署的质量合格文件及验收人员签署的竣工验收原始文件，市政基础设施的有关质量检测和功能性试验资料以及备案机关认为需要提供的有关资料。③法律、行政法规规定应当由自然资源和规划、生态环境等部门出具的认可文件或者准许使用文件。④法律规定应当由消防部门出具的对大型的人员密集场所和其他特殊建设工程验收合格的证明文件。⑤施工单位签署的工程质量保修书。⑥法规、规章规定必须提供的其他文件。

第三节　燃气工程建设从业资质

一、建筑施工企业资质

《建筑业企业资质管理规定》（住房和城乡建设部令　第22号）和《关于修改〈建筑业企业资质管理规定〉等三部规章的决定（征求意见稿）》规定：建筑业企业资质分为施工综合资质、施工总承包资质、专业承包资质、专业作业资质。施工综合资质不分类别与等级。施工总承包资质、专业承包资质按照工程性质和技术特点分别划分为若干资质类别。各资质类别按照规定的条件划分为甲、乙两个等级，部分专业承包资质不分等级。专业作业资质不分类别与等级。专业作业资质实行备案制。

燃气工程施工资质属于市政公用工程施工总承包资质序列。具体分为甲级资质和乙级资质，甲级资质可承担各类市政公用工程的施工，乙级资质可承担中压以下燃气管道、调压站的施工。

二、勘察、设计单位资质

《关于修改〈建筑业企业资质管理规定〉等三部规章的决定（征

求意见稿）》《工程设计资质标准（征求意见稿）》规定：工程勘察资质分为工程勘察综合资质、工程勘察专业资质。工程勘察综合资质不分等级，工程勘察专业资质设甲级、乙级。取得工程勘察综合资质的企业，可以承接各专业、各等级工程勘察业务。取得工程勘察专业资质的企业，可以承接本专业相应等级的工程勘察业务。

工程设计资质分为工程设计综合资质、工程设计行业资质、工程设计专业资质和工程设计事务所资质。工程设计综合资质不分等级；工程设计行业资质、工程设计专业资质分为甲级、乙级；工程设计事务所资质不分等级。取得工程设计综合资质的企业，可以承接各行业、各等级的建设工程设计业务；取得工程设计行业资质的企业，可以承接相应行业相应等级的工程设计业务及本行业范围内同级别的相应专业工程设计业务；取得工程设计专业资质的企业，可以承接本专业相应等级的专业工程设计业务；取得工程设计事务所资质的企业，可以承接建筑工程相应专业设计业务。

三、工程监理单位资质

《关于修改〈建筑业企业资质管理规定〉等三部规章的决定（征求意见稿）》《工程设计资质标准（征求意见稿）》规定：工程监理企业资质分为综合资质、专业资质。综合资质不分类别与等级。专业资质按照工程性质和技术特点划分为若干资质类别。各资质类别按照规定的条件分为甲级、乙级。工程监理企业资质分为综合资质、专业资质两个序列。其中，综合资质不分类别、不分等级；专业资质设有10个类别，分为两个等级（甲级、乙级）。

取得相应资质的勘察、设计、施工、监理单位，必须在其资质等级许可的范围内承揽业务。严禁无资质或者超越资质等级承揽燃气勘察、设计、施工、监理业务，这是保证燃气工程质量和燃气安全的基本要求。

《建设工程质量管理条例》第七条规定："建设单位应当将工程发包给具有相应资质等级的单位。"第五十四条规定："违反本条例规定，建设单位将建设工程发包给不具有相应资质等级的勘察、设计、施工单位，或者委托给不具有相应资质等级的工程监理单位的，责令改正，处 50 万元以上 100 万元以下的罚款。"第六十条规定："违反本条例规定，勘察、设计、施工、工程监理单位超越本单位资质等级承揽工程的，责令停止违法行为，对勘察、设计单位或者工程监理单位处合同约定的勘察费、设计费或者监理酬金 1 倍以上 2 倍以下的罚款；对施工单位处工程合同价款 2%以上 4%以下的罚款，可以责令停业整顿，降低资质等级；情节严重的，吊销资质证书；有违法所得的，予以没收。未取得资质证书承揽工程的，予以取缔，依照前款规定处以罚款；有违法所得的，予以没收。"

第四节　燃气工程质量管理

一、建设单位的质量责任和义务

建设单位应当将工程发包给具有相应资质等级的单位。建设单位不得将建设工程肢解发包。

建设单位应当依法对工程建设项目的勘察、设计、施工、监理以及与工程建设有关的重要设备、材料等的采购进行招标。

建设单位必须向有关的勘察、设计、施工、工程监理等单位提供与建设工程有关的原始资料。原始资料必须真实、准确、齐全。

建设工程发包单位不得迫使承包方以低于成本的价格竞标，不得任意压缩合理工期。

建设单位不得明示或者暗示设计单位、施工单位违反工程建设强制性标准，降低建设工程质量。

实行监理的建设工程，建设单位应当委托具有相应资质等级的工程监理单位进行监理，也可以委托具有工程监理相应资质等级并与被监理工程的施工承包单位没有隶属关系或者其他利害关系的该工程的设计单位进行监理。

下列建设工程必须实行监理：①国家重点建设工程；②大中型公用事业工程；③成片开发建设的住宅小区工程；④利用外国政府或者国际组织贷款、援助资金的工程；⑤国家规定必须实行监理的其他工程。

建设单位在开工前，应当按照国家有关规定办理工程质量监督手续，工程质量监督手续可以与施工许可证或者开工报告合并办理。

按照合同约定，由建设单位采购建筑材料、建筑构配件和设备的，建设单位应当保证建筑材料、建筑构配件和设备符合设计文件和合同要求。

建设单位不得明示或者暗示施工单位使用不合格的建筑材料、建筑构配件和设备。

涉及建筑主体和承重结构变动的装修工程，建设单位应当在施工前委托原设计单位或者具有相应资质等级的设计单位提出设计方案；没有设计方案的，不得施工。

建设单位应当严格按照国家有关档案管理的规定，及时收集、整理建设项目各环节的文件资料，建立健全建设项目档案，并在建设工程竣工验收后，及时向建设行政主管部门或者其他有关部门移交建设项目档案。

二、勘察、设计单位的质量责任和义务

从事建设工程勘察、设计的单位应当依法取得相应等级的资质证书，并在其资质等级许可的范围内承揽工程。禁止勘察、设计单位超越其资质等级许可的范围或者以其他勘察、设计单位的名义承揽工程。禁止勘察、设计单位允许其他单位或者个人以本单位的名义承揽工程。勘察、设计单位不得转包或者违法分包所承揽的工程。

勘察、设计单位必须按照工程建设强制性标准进行勘察、设计，并对其勘察、设计的质量负责。注册建筑师、注册结构工程师等注册执业人员应当在设计文件上签字，对设计文件负责。

勘察单位提供的地质、测量、水文等勘察成果文件必须真实、准确。

设计单位应当根据勘察成果文件进行建设工程设计。设计文件应当符合国家规定的设计深度要求，注明工程合理使用年限。

设计单位在设计文件中选用的建筑材料、建筑构配件和设备，应当注明规格、型号、性能等技术指标，其质量要求必须符合国家规定的标准。除有特殊要求的建筑材料、专用设备、工艺生产线等外，设计单位不得指定生产厂、供应商。

设计单位应当就审查合格的施工图设计文件向施工单位作出详细说明。

设计单位应当参与建设工程质量事故分析，并对因设计造成的质量事故，提出相应的技术处理方案。

三、施工单位的质量责任和义务

施工单位应当依法取得相应等级的资质证书，并在其资质等级许可的范围内承揽工程。禁止施工单位超越本单位资质等级许可的业务

范围或者以其他施工单位的名义承揽工程。禁止施工单位允许其他单位或者个人以本单位的名义承揽工程。施工单位不得转包或者违法分包工程。

施工单位对建设工程的施工质量负责。施工单位应当建立质量责任制，确定工程项目的项目经理、技术负责人和施工管理负责人。建设工程实行总承包的，总承包单位应当对全部建设工程质量负责；建设工程勘察、设计、施工、设备采购的一项或者多项实行总承包的，总承包单位应当对其承包的建设工程或者采购的设备的质量负责。

总承包单位依法将建设工程分包给其他单位的，分包单位应当按照分包合同的约定对其分包工程的质量负责，总承包单位与分包单位对分包工程的质量承担连带责任。

施工单位必须按照工程设计图纸和施工技术标准施工，不得擅自修改工程设计，不得偷工减料。施工单位在施工过程中发现工程设计文件和图纸有差错的，应及时提出意见和建议。

施工单位必须按照工程设计要求、施工技术标准和合同约定，对建筑材料、建筑构配件、设备和商品混凝土进行检验，检验应当有书面记录和专人签字；未经检验或者检验不合格的，不得使用。

施工单位必须建立健全施工质量的检验制度，严格工序管理，做好隐蔽工程的质量检查和记录。隐蔽工程在隐蔽前，施工单位应当通知建设单位和建设工程质量监督机构。

施工人员对涉及结构安全的试块、试件以及有关材料，应当在建设单位或者工程监理单位监督下现场取样，并送具有相应资质等级的质量检测单位进行检测。

施工单位对施工中出现质量问题的建设工程或者竣工验收不合格的建设工程，应当负责返修。

施工单位应当建立健全教育培训制度，加强对职工的教育培训；未经教育培训或者考核不合格的人员，不得上岗作业。

四、工程监理单位的质量责任和义务

工程监理单位应当依法取得相应等级的资质证书，并在其资质等级许可的范围内承担工程监理业务。禁止工程监理单位超越本单位资质等级许可的范围或者以其他工程监理单位的名义承担工程监理业务。禁止工程监理单位允许其他单位或者个人以本单位的名义承担工程监理业务。工程监理单位不得转让工程监理业务。

工程监理单位与被监理工程的施工承包单位，以及建筑材料、建筑构配件和设备供应单位有隶属关系或者其他利害关系的，不得承担该项建设工程的监理业务。

工程监理单位应当依照法律法规，以及有关技术标准、设计文件和建设工程承包合同，代表建设单位对施工质量实施监理，并对施工质量承担监理责任。

工程监理单位应当选派具备相应资格的总监理工程师和监理工程师进驻施工现场。未经监理工程师签字，建筑材料、建筑构配件和设备不得在工程上使用或者安装，施工单位不得进行下一道工序的施工。未经总监理工程师签字，建设单位不拨付工程款，不进行竣工验收。

监理工程师应当按照工程监理规范的要求，采取旁站、巡视和平行检验等形式，对建设工程实施监理。

五、质量保修

建设工程实行质量保修制度。建设工程承包单位在向建设单位提交工程竣工验收报告时，应当向建设单位出具质量保修书。质量保修书中应当明确建设工程的保修范围、保修期限和保修责任等。

在正常使用条件下，建设工程的最低保修期限：①基础设施工程、房屋建筑的地基基础工程和主体结构工程，为设计文件规定的该工程的合理使用年限；②屋面防水工程、有防水要求的卫生间、房间和外墙面的防渗漏，为5年；③供热与供冷系统，为2个采暖期、供冷期；④电气管线、给排水管道、设备安装和装修工程，为2年。其他项目的保修期限由发包方与承包方约定。建设工程的保修期限，自竣工验收合格之日起计算。

建设工程在保修范围和保修期限内发生质量问题的，施工单位应当履行保修义务，并对造成的损失承担赔偿责任。

建设工程在超过合理使用年限后需要继续使用的，产权所有人应当委托具有相应资质等级的勘察、设计单位鉴定，并根据鉴定结果采取加固、维修等措施，重新界定使用期限。

六、质量监督管理

国家实行建设工程质量监督管理制度。国务院建设行政主管部门对全国的建设工程质量实施统一监督管理。县级以上地方人民政府建设行政主管部门对本行政区域内的建设工程质量实施监督管理。

建设工程质量监督管理，可以由建设行政主管部门或者其他有关部门委托的建设工程质量监督机构具体实施。从事房屋建筑工程和市政基础设施工程质量监督的机构，必须按照国家有关规定经国务院建设行政主管部门或者省、自治区、直辖市人民政府建设行政主管部门考核；从事专业建设工程质量监督的机构，必须按照国家有关规定经国务院有关部门或者省、自治区、直辖市人民政府有关部门考核。经考核合格后，方可实施质量监督。

县级以上人民政府建设行政主管部门和其他有关部门履行工程质量监督职责时，有权采取下列措施：①要求被检查的单位提供有关工程质量的文件和资料；②进入被检查单位的施工现场进行检查；③发现有影响工程质量的问题时，责令改正。

建设单位应当自建设工程竣工验收合格之日起15日内，将建设工程竣工验收报告和规划、公安、消防、环保等部门出具的认可文件，或者准许使用文件报建设行政主管部门或者其他有关部门备案。建设行政主管部门或者其他有关部门发现建设单位在竣工验收过程中，有违反国家有关建设工程质量管理规定行为的，责令停止使用，重新组织竣工验收。

有关单位和个人对县级以上人民政府建设行政主管部门和其他有关部门进行的监督检查应当支持与配合，不得拒绝或者阻碍建设工程质量监督检查人员依法执行职务。

供水、供电、供气、公安、消防等部门或者单位不得明示或者暗示建设单位、施工单位购买其指定的生产供应单位的建筑材料、建筑构配件和设备。

任何单位和个人对建设工程的质量事故、质量缺陷都有权检举、控告、投诉。

第五节　燃气工程安全管理

一、建设工程各方责任主体的安全责任

1. 建设单位的安全责任

建设单位应当向施工单位提供施工现场及毗邻区域内供水、排水、供电、供气、供热、通信、广播电视等地下管线资料，气象和水文观测资料，相邻建筑物和构筑物、地下工程的有关资料，并保证资

料的真实、准确、完整。

建设单位不得对勘察、设计、施工、工程监理等单位提出不符合建设工程安全生产法律、法规和强制性标准规定的要求，不得压缩合同约定的工期。建设单位在编制工程概算时，应当确定建设工程安全作业环境及安全施工措施所需费用。建设单位不得明示或者暗示施工单位购买、租赁、使用不符合安全施工要求的安全防护用具、机械设备、施工机具及配件、消防设施和器材。建设单位在申请领取施工许可证时，应当提供建设工程有关安全施工措施的资料。依法批准开工报告的建设工程，建设单位应当自开工报告批准之日起15日内，将保证安全施工的措施报送建设工程所在地的县级以上地方人民政府建设行政主管部门或者其他有关部门备案。建设单位应当将拆除工程发包给具有相应资质等级的施工单位，并应在拆除工程施工15日前，将下列资料报送建设工程所在地的县级以上地方人民政府建设行政主管部门或者其他有关部门备案：①施工单位资质等级证明；②拟拆除建筑物、构筑物及可能危及毗邻建筑的说明；③拆除施工组织方案；④堆放、清除废弃物的措施。

2. 勘察单位的安全责任

勘察单位应当按照法律、法规和工程建设强制性标准进行勘察，提供的勘察文件应当真实、准确，满足建设工程安全生产的需要。勘察单位在勘察作业时，应当严格执行操作规程，采取措施保证各类管线、设施和周边建筑物、构筑物的安全。

3. 设计单位的安全责任

设计单位应当按规定设计，预防安全事故的发生。设计单位和注册建筑师等注册执业人员应当对其设计负责。设计单位应当考虑施工安全操作和防护的需要，对涉及施工安全的重点部位和环节应在设计文件中注明，并对防范生产安全事故提出指导意见。对于采用新结构、新材料、新工艺的建设工程和特殊结构的建设工程，设计单位应当在设计中提出保障施工作业人员安全和预防生产安全事故的措施与建议。

4. 工程监理单位的安全责任

工程监理单位和监理工程师应当按照法律法规和工程建设强制性标准实施监理，并对建设工程安全生产承担监理责任。工程监理单位应当审查施工组织设计中的安全技术措施或者专项施工方案是否符合工程建设强制性标准。工程监理单位在实施监理过程中发现存在安全事故隐患的，应当要求施工单位整改；情况严重的，应当要求施工单位暂时停止施工，并及时报告建设单位。施工单位拒不整改或者不停止施工的，工程监理单位应当及时向有关主管部门报告。

5. 施工单位的安全责任

（1）施工单位从事建设工程的新建、扩建、改建和拆除等活动，应当具备国家规定的注册资本、专业技术人员、技术装备和安全生产等条件，依法取得相应等级的资质证书，并在其资质等级许可的范围内承揽工程。

（2）施工单位主要负责人依法对本单位的安全生产工作全面负责。施工单位应当建立健全安全生产责任制度和安全生产教育培训制度，制定安全生产规章制度和操作规程，保证本单位安全生产条件所需资金的投入，对所承担的建设工程进行定期和专项安全检查，并做好安全检查记录。

施工单位的项目负责人应当由取得相应执业资格的人员担任，对建设工程项目的安全施工负责，落实安全生产责任制度、安全生产规章制度和操作规程，确保安全生产费用的有效使用，并根据工程的特点组织制定安全施工措施，消除安全事故隐患，及时、如实报告生产安全事故。

施工单位对列入建设工程概算的安全作业环境及安全施工措施所需费用，应当用于施工安全防护用具及设施的采购和更新、安全施工措施的落实、安全生产条件的改善，不得挪作他用。

（3）施工单位应当设立安全生产管理机构，配备专职安全生产管理人员。

（4）施工单位应当在施工组织设计中编制安全技术措施和施工现场临时用电方案，对下列达到一定规模的危险性较大的分部分项工程编制专项施工方案，并附具安全验算结果，经施工单位技术负责人、总监理工程师签字后实施，由专职安全生产管理人员进行现场监督：①基坑支护与降水工程；②土方开挖工程；③模板工程；④起重吊装工程；⑤脚手架工程；⑥拆除、爆破工程；⑦国务院建设行政主管部门或者其他有关部门规定的其他危险性较大的工程。对前款所列工程中涉及深基坑、地下暗挖工程、高大模板工程的专项施工方案，施工单位还应当组织专家进行论证、审查。

二、燃气建设工程安全生产管理制度

《中华人民共和国建筑法》《中华人民共和国安全生产法》《安全生产许可证条例》《建筑施工企业安全生产许可证管理规定》（建设部令　第128号）等与燃气建设工程有关的法律法规和部门规章，对政府部门、有关企业及相关人员的建设工程安全生产和管理行为进行了全面的规范，确立了一系列建设工程安全生产管理制度。其中，涉及政府部门安全生产的监管制度有：建筑施工企业安全生产许可制度，三类人员考核任职制度，特种作业人员持证上岗制度，政府安全监督检查制度，危及施工安全工艺、设备、材料淘汰制度，生产安全事故报告制度和施工起重机械使用登记制度等；涉及施工企业的安全生产制度有安全生产教育培训制度、专项施工方案专家论证审查制度、施工现场消防安全责任制度、意外伤害保险制度和生产安全事故应急救援制度等。

1. 施工企业安全生产许可制度

建筑施工企业取得安全生产许可证，应当具备下列安全生产条件：

（1）建立、健全安全生产责任制，制定完备的安全生产规章制度和操作规程；

（2）保证本单位安全生产条件所需资金的投入；

（3）设置安全生产管理机构，按照国家有关规定配备专职安全生产管理人员；

（4）主要负责人、项目负责人、专职安全生产管理人员经住房城乡建设主管部门或者其他有关部门考核合格；

（5）特种作业人员经有关业务主管部门考核合格，取得特种作业操作资格证书；

（6）管理人员和作业人员每年至少进行一次安全生产教育培训并考核合格；

（7）依法参加工伤保险，依法为施工现场从事危险作业的人员办理意外伤害保险，为从业人员交纳保险费；

（8）施工现场的办公、生活区及作业场所和安全防护用具、机械设备、施工机具及配件符合有关安全生产法律、法规、标准和规程的要求；

（9）有职业危害防治措施，并为作业人员配备符合现行国家标准或者现行行业标准的安全防护用具和安全防护服装；

（10）有对危险性较大的分部分项工程及施工现场易发生重大事故的部位、环节的预防、监控措施和应急预案；

（11）有生产安全事故应急救援预案、应急救援组织或者应急救援人员，配备必要的应急救援器材、设备；

（12）法律、法规规定的其他条件。

2. 安全生产许可证的监督管理

县级以上人民政府住房城乡建设主管部门应当加强对建筑施工企业安全生产许可证的监督管理。住房城乡建设主管部门在审核发放施工许可证时，应当对已经确定的建筑施工企业是否有安全生产许可证进行审查，对没有取得安全生产许可证的，不得颁发施工许可证。

安全生产许可证颁发管理机关或者其上级行政机关发现有下列情形之一的，可以撤销已经颁发的安全生产许可证：

（1）安全生产许可证颁发管理机关工作人员滥用职权、玩忽职守颁发安全生产许可证的；

（2）超越法定职权颁发安全生产许可证的；

（3）违反法定程序颁发安全生产许可证的；

（4）对不具备安全生产条件的建筑施工企业颁发安全生产许可证的；

（5）依法可以撤销已经颁发的安全生产许可证的其他情形。

依照前款规定撤销安全生产许可证，建筑施工企业的合法权益受到损害的，住房城乡建设主管部门应当依法给予赔偿。

《建筑施工企业安全生产许可证管理规定》第二十四条　违反本规定，建筑施工企业未取得安全生产许可证擅自从事建筑施工活动的，责令其在建项目停止施工，没收违法所得，并处10万元以上50万元以下的罚款；造成重大安全事故或者其他严重后果，构成犯罪的，依法追究刑事责任。第二十五条　违反本规定，安全生产许可证有效期满未办理延期手续，继续从事建筑施工活动的，责令其在建项目停止施工，限期补办延期手续，没收违法所得，并处5万元以上10万元以下的罚款；逾期仍不办理延期手续，继续从事建筑施工活动的，依照本规定第二十四条的规定处罚。第二十六条　违反本规定，建筑施工企业转让安全生产许可证的，没收违法所得，处 10 万元以上 50 万元以下的罚款，并吊销安全生产许可证；构成犯罪的，依法追究刑事责任；接受转让的，依照本规定第二十四条的规定处罚。冒用安全生产许可证或者使用伪造的安全生产许可证的，依照本规定第二十四条的规定处罚。第二十七条　违反本规定，建筑施工企业隐瞒有关情况或者提供虚假材料申请安全生产许可证的，不予受理或者不予颁发安全生产许可证，并给予警告，1 年内不得申请安全生产许可证。建筑施工企业以欺骗、贿赂等不正当手段取得安全生产许可证的，撤销安全生产许可证，3 年内不得再次申请安全生产许可证；构成犯罪的，依法追究刑事责任。

三、燃气工程安全管理检查评定

为科学评价建筑施工现场安全生产，预防生产安全事故的发生，保障施工人员的安全和健康，提升文明施工的管理水平，实现安全检查工作的标准化，2011 年住房和城乡建设部对《建筑施工安全检查标准》(JGJ 59）完成了更新，提出更加完善的安全管理检查项目及标准。安全管理检查评定应符合国家现行有关安全生产的法律、法规、标准的规定。安全管理检查评定保证项目应包括安全生产责任制、施工组织设计及专项施工方案、安全技术交底、安全检查、安全教育、应急救援。一般项目应包括分包单位安全管理、持证上岗、生产安全事故处理、安全标志。

1. 安全管理保证项目的检查评定

安全管理保证项目的检查评定应符合下列规定：

1）安全生产责任制

工程项目部应建立以项目经理为第一责任人的各级管理人员安

全生产责任制；

安全生产责任制应经责任人签字确认；

工程项目部应有各工种安全技术操作规程；

工程项目部应按规定配备专职安全员；

对实行经济承包的工程项目，承包合同中应有安全生产考核指标；

工程项目部应制定安全生产资金保障制度；

按安全生产资金保障制度，应编制安全资金使用计划，并应按计划实施；

工程项目部应制定以伤亡事故控制、现场安全达标、文明施工为主要内容的安全生产管理目标；

按安全生产管理目标和项目管理人员的安全生产责任制，应进行安全生产责任目标分解；

应建立对安全生产责任制和责任目标的考核制度；

按考核制度，应对项目管理人员定期进行考核。

2）施工组织设计及专项施工方案

工程项目部在施工前应编制施工组织设计，施工组织设计应针对工程特点、施工工艺制定安全技术措施；

危险性较大的分部分项工程应按规定编制安全专项施工方案，专项施工方案应有针对性，并按有关规定进行设计计算；

超过一定规模、危险性较大的分部分项工程，施工单位应组织专家对专项施工方案进行论证；

施工组织设计、安全专项施工方案，应由有关部门审核，施工单位技术负责人、监理单位项目总监批准；

工程项目部应按施工组织设计、专项施工方案组织实施。

3）安全技术交底

施工负责人在分派生产任务时，应对相关管理人员、施工作业人员进行书面安全技术交底；

安全技术交底应按施工工序、施工部位、施工栋号分部分项进行；

安全技术交底应结合施工作业场所状况、特点、工序，对危险因素、施工方案、规范标准、操作规程和应急措施进行交底；

安全技术交底应由交底人、被交底人、专职安全员进行签字确认。

4）安全检查

工程项目部应建立安全检查制度；

安全检查应由项目负责人组织，专职安全员及相关专业人员参加，定期进行并填写检查记录；

对检查中发现的事故隐患应下达隐患整改通知单，定人、定时间、定措施进行整改。重大事故隐患整改后，应由相关部门组织复查。

5）安全教育

工程项目部应建立安全教育培训制度；

当施工人员入场时，工程项目部应组织进行以国家安全法律法规、企业安全制度、施工现场安全管理规定及各工种安全技术操作规程为主要内容的三级安全教育培训和考核；

当施工人员变换工种或采用新技术、新工艺、新设备、新材料施工时，应进行安全教育培训；

施工管理人员、专职安全员每年度应进行安全教育培训和考核。

6）应急救援

工程项目部应针对工程特点，进行重大危险源的辨识。应制定防触电、防坍塌、防高处坠落、防起重及机械伤害、防火灾、防物体打击等主要内容的专项应急救援预案，并对施工现场易发生重大安全事故的部位、环节进行监控；

施工现场应建立应急救援组织，培训、配备应急救援人员，定期组织员工进行应急救援演练；

按应急救援预案要求，应配备应急救援器材和设备。

2. 安全管理一般项目的检查评定

安全管理一般项目的检查评定应符合下列规定：

1）分包单位安全管理

总包单位应对承揽分包工程的分包单位进行资质、安全生产许可证和相关人员安全生产资格的审查；

当总包单位与分包单位签订分包合同时，应签订安全生产协议书，明确双方的安全责任；

分包单位应按规定建立安全机构，配备专职安全员。

2）持证上岗

从事建筑施工的项目经理、专职安全员和特种作业人员，必须经行业主管部门培训考核合格，取得相应资格证书，方可上岗作业；

项目经理、专职安全员和特种作业人员应持证上岗。

3）生产安全事故处理

当施工现场发生生产安全事故时，施工单位应按规定及时报告；

施工单位应按规定对生产安全事故进行调查分析，制定防范措施；

应依法为施工作业人员办理保险。

4）安全标志

施工现场入口处及主要施工区域、危险部位应设置相应的安全警示标志牌；

施工现场应绘制安全标志布置图；

应根据工程部位和现场设施的变化，调整安全标志牌设置；

施工现场应设置重大危险源公示牌。

3. 安全管理保证项目条文说明

1）安全生产责任制

生产责任制主要是指工程项目部各级管理人员，包括项目经理、工长、安全员、生产、技术、机械、器材、后勤、分包单位负责人等管理人员，均应建立安全责任制。根据现行行业标准《建筑施工安全检查标准》（JGJ 59）和项目制定的安全管理目标，进行责任目标分解。建立考核制度，定期（每月）考核。工程的主要施工工种，包括砌筑、抹灰、混凝土、木工、电工、钢筋、机械、起重司索、信号指挥、脚手架、水暖、油漆、塔吊、电梯、电气焊等工种均应制定安全技术操作规程，并在相对固定的作业区域悬挂。工程项目部专职安全人员的配备应按住房和城乡建设部的规定，1 万 m^2 以下工程 1 人；1 万～5 万 m^2 的工程不少于 2 人；5 万 m^2 以上的工程不少于 3 人。制定安全生产资金保障制度，就是要确保购置、制作各种安全防护设施、设备、工具、材料及文明施工设施和工程抢险等需要的资金，做到专款专用。同时还应提前编制计划并严格按计划实施，保证安全生产资金的投入。

2）施工组织设计与专项施工方案

施工组织设计中的安全技术措施应包括安全生产管理措施。须编制专项安全施工方案及专家论证的分部分项工程范围，应按《危险性较大的分部分项工程安全管理办法》（住房和城乡建设部令　第 37 号）执行。危险性较大的分部分项工程专项方案，经专家论证后提出修改完善意见的，施工单位应按论证报告进行修改，并经施工单位技术负责人、项目总监理工程师、建设单位项目负责人签字后，方可组织实施。专项方案经论证后须做重大修改的，应重新组织专家进行论证。

3）安全技术交底

安全技术交底主要包括 3 个方面：一是按工程部位分部分项进行交底；二是对施工作业相对固定，与工程施工部位没有直接关系的工种，如起重机械、钢筋加工等，应单独进行交底；三是对工程项目的各级管理人员，应进行以安全施工方案为主要内容的交底。

4）安全检查

安全检查应包括定期安全检查和季节性安全检查。定期安全检查以每周一次为宜。季节性安全检查，应在雨季、冬季之前和雨季、冬季施工中分别进行。对重大事故隐患的整改复查，应按照谁检查谁复查的原则进行。

5）安全教育

施工人员入场安全教育应按照先培训后上岗的原则进行，培训教育应进行试卷考核。施工人员变换工种或采用新技术、新工艺、新设备、新材料施工时，必须进行安全教育培训，保证施工人员熟悉作业环境，掌握相应的安全知识技能。现场应填写三级安全教育台账记录和安全教育人员考核登记表。施工管理人员、专职安全员每年应进行一次安全培训考核。

6）应急救援

重大危险源的辨识应根据工程特点和施工工艺，对施工中可能造成重大人身伤害的危险因素、危险部位、危险作业列为重大危险源并进行公示，以此为基础编制应急救援预案和控制措施。项目应定期组织综合或专项的应急救援演练。对难以进行现场演练的预案，可按演练程序和内容采取室内桌牌式模拟演练。

按照工程的不同情况和应急救援预案要求，应配备相应的应急救援器材，包括急救箱、氧气袋、担架、应急照明灯具、消防器材、通信器材、机械、设备、材料、工具、车辆、备用电源等。

4. 对安全管理一般项目条文说明

1）分包单位安全管理

分包单位安全员的配备应按住房和城乡建设部的规定，专业分包至少 1 人；劳务分包的工程 50 人以下的至少 1 人；50～200 人的至少 2 人；200 人以上的至少 3 人。分包单位应根据每天工作任务的不同特点，对施工作业人员进行班前安全交底。

2）持证上岗

项目经理、安全员、特种作业人员应进行登记造册，资格证书复印留查，并按规定年限进行延期审核。

3）生产安全事故处理

工程项目发生的各种安全事故应进行登记报告，并按规定进行调查、处理、制定预防措施，建立事故档案。重伤以上事故，按国家有关调查处理规定进行登记建档。

4）安全标志

施工现场安全标志的设置应根据工程部位进行调整。主要包括基础施工、主体施工、装修施工 3 个阶段。对夜间施工或人员经常通行的危险区域、设施，应安装灯光示警标志。按照危险源辨识的情况，施工现场应设置重大危险源公示牌。

第六节　燃气工程文明施工要求

文明施工检查评定应符合现行国家标准《建设工程施工现场消防安全技术规范》（GB 50720）和现行行业标准《建筑工程施工现场环境与卫生标准》（JGJ 146）、《施工现场临时建筑物技术规范》（JGJ/T 188）的规定。文明施工检查评定保证项目应包括现场围挡、封闭管理、施工现场、材料管理、现场办公与住宿、现场防火。一般项目应包括综合治理、公示标牌、生活设施、社区服务。

一、文明施工保证项目的检查评定规定

1. 现场围挡

市区主要路段的工地应设置高度不小于 2.5 m 的封闭围挡；一般路段的工地应设置高度不小于 1.8 m 的封闭围挡；围挡应坚固、稳定、

整洁、美观。

2. 封闭管理

施工现场进出口应设置大门，并应设置门卫值班室；应建立门卫职守管理制度，并应配备门卫职守人员；施工人员进入施工现场应佩戴工作卡；施工现场出入口应标有企业名称或标识，并应设置车辆冲洗设施。

3. 施工现场

施工现场的主要道路及材料加工区地面应进行硬化处理；施工现场道路应畅通，路面应平整坚实；施工现场应有防止扬尘措施；施工现场应设置排水设施，且排水通畅无积水；施工现场应有防止泥浆、污水、废水污染环境的措施；施工现场应设置专门的吸烟处，严禁随意吸烟；温暖季节应有绿化布置。

4. 材料管理

建筑材料、构件、料具应按总平面布局进行码放；材料应码放整齐，并应标明名称、规格等；施工现场材料码放应采取防火、防锈蚀、防雨等措施；建筑物内施工垃圾的清运，应采用器具或管道运输，严禁随意抛掷；易燃易爆物品应分类储藏在专用库房内，并应制定防火措施。

5. 现场办公与住宿

施工作业、材料存放区与办公、生活区应划分清晰，并应采取相应的隔离措施；在施工程、伙房、库房不得兼作宿舍；宿舍、办公用房的防火等级应符合规范要求；宿舍应设置可开启式窗户，床铺不得超过 2 层，通道宽度不应小于 0.9 m；宿舍内住宿人员人均面积不应小于 2.5 m^2，且不得超过 16 人；冬季宿舍内应有采暖和预防一氧化碳中毒措施；夏季宿舍内应有防暑降温和防蚊蝇措施；生活用品应摆放整齐，环境卫生应良好。

6. 现场防火

施工现场应建立消防安全管理制度、制订消防措施；施工现场临时用房和作业场所的防火设计应符合规范要求；施工现场应设置消防通道、消防水源，并应符合规范要求；施工现场灭火器材应保证可靠有效，布局配置应符合规范要求；明火作业应履行动火审批手续，配备动火监护人员。

二、文明施工一般项目的检查评定规定

1. 综合治理

生活区内应设置供作业人员学习和娱乐的场所；施工现场应建立治安保卫制度、责任分解落实到人；施工现场应制订治安防范措施。

2. 公示标牌

大门口处应设置公示标牌，主要内容应包括：工程概况牌、消防保卫牌、安全生产牌、文明施工牌、管理人员名单及监督电话牌、施工现场总平面图；标牌应规范、整齐、统一；施工现场应有安全标语；应有宣传栏、读报栏、黑板报。

3. 生活设施

应建立卫生责任制度并落实到人；食堂与厕所、垃圾站、有毒有害场所等污染源的距离应符合规范要求；食堂必须有卫生许可证，炊

事人员必须持身体健康证上岗；食堂使用的燃气罐应单独设置存放间，存放间应通风良好，并严禁存放其他物品；食堂的卫生环境应良好，且应配备必要的排风、冷藏、消毒、防鼠、防蚊蝇等设施；厕所内的设施数量和布局应符合规范要求；厕所必须符合卫生要求；必须保证现场人员卫生饮水；应设置淋浴室，且能满足现场人员需求；生活垃圾应装入密闭式容器内，并应及时清理。

4. 社区服务

夜间施工前，必须经批准后方可进行施工；施工现场严禁焚烧各类废弃物；施工现场应制定防粉尘、防噪声、防光污染等措施；应制定施工不扰民措施。

三、文明施工保证项目条文说明

1. 现场围挡

工地必须沿四周连续设置封闭围挡，围挡材料应选用砌体、金属板材等硬性材料，并做到坚固、稳定、整洁和美观。

2. 封闭管理

现场进出口应设置大门、门卫室、企业名称或标识、车辆冲洗设施等，并严格执行门卫制度，持工作卡进出现场。

3. 施工现场

主要道路必须采用混凝土、碎石或其他硬质材料进行硬化处理，做到畅通、平整，其宽度应能满足施工及消防等要求。对现场易产生扬尘污染的路面、裸露地面及存放的土方等，应采取合理、严密的防尘措施。

4. 材料管理

应根据施工现场实际面积及安全消防要求，合理布置材料的存放位置，并码放整齐。现场存放的材料（如钢筋、水泥等），为了达到质量和环境保护的要求，应有防雨水浸泡、防锈蚀和防止扬尘等措施。建筑物内施工垃圾的清运，为防止造成人员伤亡和环境污染，必须要采用合理容器或管道运输，严禁凌空抛掷。现场易燃易爆物品必须严格管理，在使用和储藏过程中，必须有防暴晒、防火等保护措施，并应间距合理、分类存放。

5. 现场办公与住宿

为了保证住宿人员的人身安全，在施工程、伙房、库房严禁兼作员工的宿舍。施工现场应做到作业区、材料区与办公区、生活区进行明显的划分，并应有隔离措施；若因现场狭小，不能达到安全距离的要求，必须对办公区、生活区采取可靠的防护措施。宿舍内严禁使用通铺，床铺不应超过 2 层，为了达到安全和消防的要求，宿舍内应有必要的生活空间，居住人员不得超过 16 人，通道宽度不应小于 0.9 m，人均使用面积不应小于 2.5 m^2。

6. 现场防火

现场临时用房和设施，包括办公用房、宿舍、厨房操作间、食堂、锅炉房、库房、变配电房、围挡、大门、材料堆场及其加工场、固定动火作业场、作业棚、机具棚等设施，在防火设计上，必须达到有关消防安全技术规范的要求。现场木料、保温材料、安全网等易燃材料必须实行入库、合理存放，并配备相应、有效、足够的消防器材。为了保证现场防火安全，动火作业前必须履行动火审批程序，经监护和主管人员确认、同意，消防设施到位后，方可施工。

四、文明施工一般项目条文说明

1. 公示标牌

施工现场的进口处应有明显的公示标牌，如果认为内容还应增加，可结合本地区、本企业及本工程特点进行要求。

2. 生活设施

食堂与厕所、垃圾站等污染及有毒有害场所的间距必须大于15 m，并应设置在上述场所的上风侧（地区主导风向）。食堂必须经相关部门审批，颁发卫生许可证和炊事人员的身体健康证。食堂使用的煤气罐应进行单独存放，不能与其他物品混放，且存放间有良好的通风条件。食堂应设专人进行管理和消毒，门扇下方设防鼠挡板，操作间设清洗池、消毒池、隔油池、排风、防蚊蝇等设施，储藏间应配有冰柜等冷藏设施，防止食物变质。厕所的蹲位和小便槽应满足现场人员数量的需求，高层建筑或作业面积大的场地应设置临时性厕所，并由专人及时进行清理。现场的淋浴室应能满足作业人员的需求，淋浴室与人员的比例宜大于1∶20。现场应针对生活垃圾建立卫生责任制，使用合理、密封的容器，指定专人负责生活垃圾的清运工作。

3. 社区服务

为了保护环境，施工现场严禁焚烧各类废弃物（包括生活垃圾、废旧的建筑材料等），应进行及时的清运。施工活动泛指施工、拆除、清理、运输及装卸等动态作业活动，在动态作业活动中，应有防粉尘、防噪声和防光污染等措施。

第三章

燃气企业安全管理

第一节 燃气经营企业安全生产基础知识

一、安全生产管理基本规定

1. 燃气主管部门安全生产管理

（1）县级以上人民政府其他有关部门按照管行业必须管安全，管业务必须管安全，管生产经营必须管安全的原则，在各自职责范围内负责燃气使用安全管理工作，对本行业、本领域燃气使用安全工作实施监督管理。

（2）燃气管理部门以及其他有关部门和单位应当根据各自职责，对燃气经营、燃气使用的安全状况等进行监督检查，发现燃气安全事故隐患的，应当通知燃气经营者、燃气用户及时采取措施消除隐患；不及时消除隐患可能严重威胁公共安全的，燃气管理部门以及其他有关部门和单位应当依法采取措施，及时组织消除隐患，有关单位和个人应当予以配合。

（3）燃气管理部门应当会同有关部门制订燃气安全事故应急预

案，建立燃气事故统计分析制度，定期通报事故处理结果。

（4）燃气安全事故发生后，燃气管理部门、安全生产监督管理部门和公安机关消防机构等有关部门和单位，应当根据各自职责，立即采取措施防止事故扩大，根据有关情况启动燃气安全事故应急预案。

（5）各级人民政府、相关管理部门和燃气经营企业应当通过多种形式宣传普及安全用气知识，强化燃气安全警示教育，增强社会公众的安全意识，提高燃气用户安全用气能力。广播、电视、报刊、互联网等媒体应当开展燃气使用安全公益性宣传。社区、物业服务企业、管理单位应当协助燃气经营企业的专业人员对残、障、孤、老等特殊燃气用户进行上门服务，采取现场讲解、教授等方式，指导安全用气。

2. 燃气经营企业安全生产管理

（1）燃气经营企业应当对城乡燃气供气安全负责，建立健全用户服务制度，加强对城乡燃气使用安全的服务指导和技术保障。

（2）燃气经营企业应当每年对燃气用户的燃气设施进行入户安全检查，提供燃气安全使用指导。社区、物业服务企业或者管理单位以及相关单位应当予以协助。燃气用户无正当理由拒绝定期入户安全检查的，燃气经营企业在书面告知后，依据协议可以对其采取暂停供气或者限制购气的措施，并报告燃气管理部门。

（3）燃气经营企业发现燃气用户违反安全用气规定或者存在燃气安全隐患的，应当对其提出书面整改意见、限期消除隐患；逾期未消除隐患的，燃气经营企业可以暂停供气，并及时通知社区、物业服务企业、管理单位协助督促整改。

（4）燃气经营者应当建立健全燃气安全评估和风险管理体系，发现燃气安全事故隐患的，应当及时采取措施消除隐患。

（5）燃气经营者应当制订本单位燃气安全事故应急预案，配备应急人员和必要的应急装备、器材，并定期组织演练。

（6）燃气安全事故发生后，燃气经营者应当立即启动本单位燃气安全事故应急预案，组织抢险、抢修。

3. 燃气用户安全生产管理

（1）城乡燃气用户应当对燃气使用安全负责，遵守安全用气规则，履行安全使用义务，使用合格的燃气燃烧器具和用气设备，主动配合燃气经营企业进行燃气设施的安装、更新、维护和入户安全检查工作。

（2）管道燃气居民用户应当安装灶前燃气自闭阀门、灶具连接用不锈钢波纹软管和带有自动熄火保护装置的燃气灶具。新居民用户应当按照规定安装，既有居民用户应当逐步改造安装。管道燃气非居民用户、瓶装液化石油气用户的燃烧器具和用气设备应当具有自动熄火保护功能。鼓励使用针对燃气用户安全环节的新技术、新产品、新设备；对老年、独居等特殊用户，推广使用具备定时、过流切断等功能的安全装置。

（3）任何单位和个人发现燃气安全事故或者燃气安全事故隐患等情况，应当立即告知燃气经营者，或者向燃气管理部门、公安机关消防机构等有关部门和单位报告。

（4）燃气用户及相关单位和个人不得有下列行为：擅自操作公用燃气阀门；将燃气管道作为负重支架或者接地引线；安装、使用不符合气源要求的燃气燃烧器具；擅自安装、改装、拆除户内燃气设施和燃气计量装置；在不具备安全条件的场所使用、储存燃气；在安装燃气管道、计量表、阀门等燃气设施的房间内堆放易燃易爆物品、居住和办公，在燃气设施的专用房间内使用明火；改变燃气用途；燃气用具与电线安全距离不符合标准规范；盗用燃气；其他危害燃气使用安全的行为。

（5）瓶装液化石油气用户有下列行为之一的，燃气经营企业可对其暂停供气，报告燃气管理部门、公安机关、消防救援机构和有关行业主管部门：在地下室、半地下室储存、使用瓶装液化石油气；利用气瓶倒装燃气；使用淘汰、超期限、未检验的气瓶；摔、砸、滚动、倒置气瓶；加热气瓶、倾倒瓶内残液或者拆修瓶阀等附件；餐饮场所的用餐区域直接使用瓶装液化石油气加热。

二、安全管理组织架构和职责

城镇燃气企业要建立完善的安全管理体制、机制，健全公司（城镇燃气经营部门）、所（城镇燃气管道使用部门）、车间与班组（城镇燃气运行操作部门）垂直的管理体系。企业主要负责人是安全生产工作第一责任人，对本单位安全生产负全面责任，公司及分公司要配备一名副经理和一名副总工程师分管燃气管理工作。全面落实安全生产责任制度；建立完善的安全管理制度、安全操作规程，执行安全检查、安全教育、安全例会等制度；编制相应的安全管理手册并落实执行。

1. 企业主要负责人安全职责

（1）贯彻执行国家安全生产和劳动保护法律法规、规章制度，领导企业安全生产委员会的工作，对员工安全和健康负责，全面负责领导企业安全生产管理工作，全面推动落实安全生产检查、事故呈报等政策、制度。

（2）建立健全安全组织机构，配置安全管理人员，建立安全生产责任制，抓好安全教育，及时研究解决安全生产重大问题。

（3）保证安全生产投入。

（4）组织制订本单位的应急预案体系，并组织实施。批准发布安全生产规章制度和操作规程。

（5）督促各部门安全责任人计划、布置、检查、总结、评比安全生产工作，定期组织召开安全生产委员会会议。

（6）组织领导企业安全生产检查，组织落实重大安全隐患整改。

（7）主持各类重大事故的调查、处理并制订防范措施，本着“四不放过”的原则，严肃处理事故责任者。

（8）积极改善职工劳动保护条件，减少和预防工伤事故，预防职业病和职业中毒。

（9）增强员工安全意识，抓好员工安全教育，提高员工安全技术水平。

2. 安全生产管理部门职责

（1）贯彻执行国家安全生产和劳动保护法律法规、规章制度，在企业负责人的领导下，督促检查各部门开展安全生产、劳动保护，做好安全工作。

（2）制订或修改本部门编制安全技术措施计划，加强本单位防护器材、安全防火设施的管理，对存在的不安全因素，督促有关人员及时处理。

（3）负责各部门的安全生产考核工作。负责参与各部门安全生产规章制度的建立，负责对安全环保投入的落实进行检查。

（4）组织开展企业安全生产检查工作，对事故隐患签发整改通知，督促有关部门限期整改。及时纠正和制止违章作业、违章指挥的行为，有权作指令性暂停作业。遇重大险情立即报告领导。

（5）参与燃气经营企业动火作业、危险作业的监护，督促落实安全技术措施。

（6）组织各部门编制、修订应急预案。指导开展专项应急预案演练。

（7）参与各类重大事故的调查、处理、综合上报工作。参加各类事故分析会，分析原因，落实事故责任，对事故责任者提出处理意见，制订安全防范措施。

（8）负责对员工进行安全生产宣传教育，组织人员培训、特殊工种员工的培训、安全技术知识考核工作。

3. 各部门的安全生产职责

（1）贯彻执行国家安全生产和劳动保护法律法规、规章制度，组织本部门人员严格按照安全技术操作规程开展安全生产。

（2）进行常规性安全检查，对存在的安全隐患立即组织力量排除。

（3）筛查本部门重大危险源，对重点场所、重点作业采用人防、物防、技防“三位一体”共筑安全生产“防护墙”。

（4）做好本部门遵守岗位责任制和安全技术操作规程日常教育工作。对违章作业及时制止、批评教育。

（5）发生事故时，组织立即抢险、向领导汇报，做好现场保护，参加事故分析，提出防范措施。

（6）加强本部门防护器材、安全防火设施的管理。

（7）开展部门安全生产竞赛等活动，总结交流安全生产经验。

三、现场安全管理

1. 燃气设施安全保护

1）普遍义务

燃气设施的保护和管理关系到公共安全，任何单位和个人都有保护燃气设施安全的责任和义务。《城镇燃气管理条例》第三十四条规定：“在燃气设施保护范围内，有关单位从事敷设管道、打桩、顶进、挖掘、钻探等可能影响燃气设施安全活动的，应当与燃气经营者共同制定燃气设施保护方案，并采取相应的安全保护措施。”第三十六条规定：“任何单位和个人不得侵占、毁损、擅自拆除或者移动燃气设施，不得毁损、覆盖、涂改、擅自拆除或者移动燃气设施安全警示标志。任何单位和个人发现有可能危及燃气设施和安全警示标志的行为，有权予以劝阻、制止；经劝阻、制止无效的，应当立即告知燃气经营者或者向燃气管理部门、安全生产监督管理部门和公安机关报告。”

2）燃气经营企业对燃气设施安全的责任

一是设置安全警示标志。《城镇燃气管理条例》第三十五条规定：“燃气经营者应当按照国家有关工程建设标准和安全生产管理的规定，设置燃气设施防腐、绝缘、防雷、降压、隔离等保护装置和安全警示标志，定期进行巡查、检测、维修和维护，确保燃气设施的安全运行。”二是依法或者依据合同履行燃气设施管理维护责任。《城镇燃气管理条例》第十九条规定：“管道燃气经营者对其供气范围内的市政燃气设施、建筑区划内业主专有部分以外的燃气设施，承担运行、维护、抢修和更新改造的责任。管道燃气经营者应当按照供气、用气合同的约定，对单位燃气用户的燃气设施承担相应的管理责任。”

2. 燃气工程建设安全管理

1）常见事故原因

燃气工程集中在道路沿线和小区内，点多面广，工期要求紧，存在的不安全因素多，常见事故原因：

（1）管道沟槽开挖不规范。沟槽开挖后不能马上回填，容易产生安全问题，部分施工队伍未对施工人员进行必要的安全培训，安全防护措施不到位。一是管沟超深挖掘时安全防护措施不足，缺少或者未做支撑，容易发生管沟塌方；二是安全警戒设施不完善，隔离带、防护栏、警示灯不符合文明施工要求，容易发生人员、车辆安全事故。

（2）施工现场用电不规范。管道焊接、吹扫清通、试压等环节都需要用电，临时用电工地电源不能固定，电线、电缆沿地面明设，架空线路架设在脚手架或树上，电线杆用竹竿或者钢管，架空线路和灯具架设高度过低，易造成电线外皮老化、破损，绝缘性差。施工现场未按“一机一闸一箱一漏”设置，指每台机械设备必须有单独的开关箱，开关箱应安装闸刀开关（隔离开关）和漏电保护器，一个开关只能管一台机械设备。一闸多机易出现失误操作而发生事故。

（3）高空作业防护措施不当。部分燃气管道施工需要采用架空敷设，如安装燃气户外立管，随桥架空管等，必须坚持“先防护、后施工，不防护、不施工”原则，必须用安全可靠的高空作业吊篮、高空作业车或其他能够保证安全的设备进行施工，部分施工人员缺乏高空作业培训，未持证上岗，现场施工设备简陋，甚至防护栏杆、盖板或安全网等基本的防护设施都不具备，安全带及安全帽配备不齐全或不按规范使用等，这些都可能诱发安全事故。

（4）带气作业。带气作业不论是在灾害发生时，还是在施工过程中，都是极度危险的，必须严格按照安全技术规程操作。带气作业对施工人员、劳动保护、机械设备工具，技术因素、作业方案等都具有严格要求，任何疏漏都有可能酿成伤亡事故。部分施工企业在带气、带压条件下施工时，缺少周密的施工方案，劳动保护不足，设备工具陈旧，容易发生燃气泄漏。

（5）进入密闭空间（或限制区域）防护措施不当。密闭空间中的危险气体大致可以分为三大类：氧气水平（不足或过量）、可燃气体、有毒气体。很多情况下，一氧化碳和硫化氢被认为是致人死亡的祸首。

2）燃气工程建设安全管理措施

（1）加强现场管理，做到文明施工。工地现场张贴工程概况、施工许可（场站工程应有“五牌一图”）及焊接规程等；进入施工现场必须佩戴安全帽，高空作业必须系好安全带；不准光脚、穿拖鞋、穿高跟鞋，严禁裙装、光背、短袖；高空作业人员严禁向下抛扔任何物体；未经培训人员，严禁进入现场操作，特殊工种必须持证上岗；施工现场要严格执行个人岗位责任制，做到整个现场清洁整齐文明；现场材料分规格、品种堆放整齐，做到工完、料尽、场地清，临时工棚等设施规范搭建，保持现场整洁；工人操作地点和周围必须清洁整齐，工完、料尽、场地清；现场禁止吸烟或设吸烟室，木工场地严禁吸烟；进入项目现场，任何车辆限速 15 km/h，以防交通肇事及沙尘；办公区域禁止鸣笛；施工现场的坑、槽、沟和各种孔洞必须设置围栏或盖板和安全标志；施工用电采用三相五线制，电器开关、按钮、闸刀设箱加锁、防雨，机械设备接零，分系统设置漏电保护装置；库房、办公室、食堂、宿舍配备消防器材，并派人定期检查保证有效；库房、宿舍、办公室内严禁明火，禁烧电炉，禁用 100 W 以上的大灯泡和大功率电器；使用的机电设备完好，有可靠及有效的安全防护措施；工地四周设有适当防护、警示标志、夜间警示灯；配电线路及电线完好，无老化、破皮等现象。

（2）加强施工人员安全教育培训，提高施工人员的安全意识、安全技能，掌握安全操作技术规范，提高自我保护意识，特种作业必须持证上岗。

（3）进行特殊作业（如高空作业、带气作业、密闭空间作业等）必须开展风险评估、制定安全技术措施，经逐级审批同意后方可实施，并办理工作许可证。

3. 燃气设施安全检查

室内燃气设施的维护管理包括系统日常巡视和设备定期检修两项内容。目的是防止漏气，保证管路畅通、阀门开关灵活、燃气表计量准确、燃具燃烧正常等，以延长管道及设备的使用寿命，确保安全可靠供气。

1）系统日常巡视

系统日常巡视是指定期或不定期地对用户室内燃气设施进行外观

检查，对用户使用情况进行检查与监督。

（1）外观检查包括以下内容：检查穿墙、穿楼板等暗设管道和潮湿房间内管道有无锈蚀，管道防锈漆是否脱落；燃气表运转是否正常，铅管接头或表接头有无严重变形或接口松弛，橡胶软管是否老化龟裂或发黏；管道固定是否有松动现象，输送湿燃气的水平管道是否反坡；管道接口是否密封完好、严密；烟道是否畅通，有无倒灌风现象；管路上阀门开关是否灵活。在以上各项检查中，如发现异常情况，应立即着手处理，查明原因并修复。经检验合格后方可通知用户通气使用。

（2）对用户检查与监督包括以下内容：核查用户是否有私自增、改、移、拆燃气设施或其他严重违章现象。一经发现，应照章处理，限期采取纠正措施；核查用户是否能认真执行《用户须知》，发现违章或不正确操作，应立即制止、纠正，并做好宣传、示范工作。

2）室内燃气设施的定期检查

（1）对燃气用户设施定期进行检查，并对用户进行安全用气的宣传。对于商业用户、工业用户、采暖等非家庭用户每年至少检查一次；对于居民用户每两年至少检查 1 次。

（2）入户检查应包括下列内容并做好检查记录：确认用户设施没有损坏；管道不应被擅自改动、被作为其他电器设备的接地线使用，应无锈蚀、重物搭挂，连接软管应安装牢固且不应超长及老化，阀门应完好有效；用气设备应符合安装、使用规定；应无燃气泄漏；用气设备前燃气压力应正常；计量仪表应完好。

（3）在进行室内设施检查时应采用检查液检漏或仪器检测，发现问题应及时采取有效的保护措施，由专业人员进行处理。

3）室内燃气设施的定期检修

定期检修是指根据系统的工作时间，对系统进行周期性地检查和维修，通常检修周期为 1～2 年。定期检修有系统全面外观检查和设备定期检修两项内容。系统全面外观检查的项目与系统日常巡视相同。

（1）阀门检修。阀门检修要求拆卸所有阀门，清洗加油并更换已磨损的零部件。室内燃气系统阀门检修程序如下：打开门窗通风，严禁现场有明火，并设专人巡视；关闭系统总阀门（引入管阀门），在系统最高处接胶管引出室外进行放散；确认放散完全后，拆卸所有用户表前阀和灶前阀，清洗加油并更换已损部件；将系统复原并做打压试验，试验方法及要求与系统安装验收相同；打压合格后拆卸用户总阀门，并及时用事先准备好的湿抹布堵塞引入管口，以防大量燃气泄漏。用户总阀门检修后安装；系统完全复原后，按通气程序进行置换，用肥皂水对用户总阀门处进行带气检漏，确认没有漏气，则阀门检修工作完成，可通知用户使用。

（2）燃具检修。清除燃烧器火孔及喉管等处的污垢、锈渣和灰尘，并更换燃具上已损坏的零部件（喷嘴、阀门等）；检查燃具的燃烧工况。修正喷嘴直径，调整燃具热负荷；观察火焰是否有黄焰、连焰等现象并校正，然后将火焰调到小火状态，用明火在风门处检查是否会产生回火，有异常时，应校正使燃具燃烧正常。

（3）室内燃气管及燃气用具的报废标准。阀门遇有下列情况应予以报废：阀门丝扣损坏、阀体损坏、阀芯损坏、阀门材料质量及加工质量不良的阀门。室内燃气管道遇有下列情况应予以报废：管材质量不符合标准，存在缺陷的管材；因年久腐蚀严重，壁厚减少 1 mm 以上的管材；有砂眼缺陷、腐蚀严重或丝扣损坏的管件。燃气表的周期检定期限：人工燃气为 6 年，天然气为 10 年，到期限须拆回整修，并重新检定。例如在检定有效期内发生故障，必须及时更换，遇有下列情况燃气表应报废：铁壳遭腐蚀穿孔或铸壳缺陷无法修补者；皮膜变质或穿孔；表内联动装置损坏无法修复。

第二节 燃气企业安全规范化建设

一、安全生产标准化的定义

安全生产标准化，是指通过建立安全生产责任，全员全过程参与，建立并保持安全生产管理体系，全面管控生产经营活动各个环节的安全生产与职业卫生工作，实现安全健康管理系统化、岗位操作行为规范化，设备设施本质安全化、作业环境器具定置化，并持续改进。

现行国家标准《企业安全生产标准化基本规范》（GB/T 33000）规定了企业安全生产标准化管理体系建立、保持与评定的原则和一般要求，以及目标职责、制度化管理、教育培训、现场管理、安全风险管控及隐患排查治理、应急管理、事故管理和持续改进 8 个体系的核心技术要求。在企业安全生产标准化实践中发挥了积极的推动作用，指导和规范了广大企业自主推进安全生产标准化建设，强化了企业安全生产基础，引导企业科学发展、安全发展，实现了企业生产质量、效益和安全的有机统一，能够产生广泛而实际的社会效益和经济效益。

为规范城镇燃气经营企业安全生产工作，提高行业安全生产标准化水平，2017 年中国城市燃气协会组织编写了团体标准《城镇燃气经营企业安全生产标准化规范》（T/CGAS 002），该标准进一步规定了城镇燃气经营企业安全生产目标职责、制度化管理、教育培训、现场管理、安全风险管控及隐患排查治理、应急管理、事故事件、持续改进等内容和要求。

燃气行业安全生产标准化坚持标本兼治、综合治理、源头管控，强调企业安全生产规范化、科学化、系统化和法制化，强化风险管理和过程控制，注重绩效管理和持续改进，代表了现代安全管理的发展方向，能够有效提高燃气经营企业安全生产水平。

二、标准化建设要求

1. 目标职责

企业应建立安全生产目标管理制度，明确目标与指标的制订、分解、实施、检查、考核等环节要求，将安全生产与职业卫生为内容的文件化的总体和年度安全生产目标纳入企业总体生产经营目标，定期将实施情况进行考核和评估。

机构设置，主体合法，企业依法取得经营许可，涉及燃气充装业务的，应取得气体充装许可证，充装业务应符合充装许可范围。燃气生产经营活动符合核准许可范围，无倒卖、抵押、出租、出借、转让、涂改燃气经营许可以及超期经营等行为。企业按照规定设置安全和职业卫生管理机构或配备专职安全和职业卫生管理人员。企业建立健全安全生产和职业卫生责任制，明确各级部门、从业人员的安全生产和职业卫生职责，并对职责的适宜性、履职情况进行定期评估和监督考核。企业应保证安全生产费用投入，专款专用。采取多种形式的活动促进企业安全文化建设。

2. 制度化管理

企业应建立健全安全生产规章制度，广泛征求从业人员意见和建议，规范安全生产管理工作。企业应确保从业人员及时获取制度文本，并对员工进行培训和考核。企业应根据生产工艺、作业任务特点和岗位作业安全风险与职业病防护要求，编制齐全适用的岗位安全生产和职业卫生操作规程，并对操作人员进行培训和考核。每年至少评估一次安全生产和职业卫生法律法规、标准规范、规章制度、操作规程的适宜性、有效性、执行情况。

3. 教育培训

企业应确定安全教育培训主管部门，将安全和职业卫生培训工作纳入本单位年度工作计划，提供相应的资源保证，按计划进行安全教育培训，详细记录培训时间、内容、参加人员及考核结果等情况。主要负责人和安全生产管理人员，必须具备相应的安全生产知识、职业卫生知识和应急管理等能力，初次安全培训时间不得少于 48 学时，每年再培训时间不得少于 16 学时。企业应对新员工进行三级安全教育，从事特种（设备）作业的人员应取得特种（设备）作业操作资格证书，方可上岗作业，并定期做好复审。专职救援人员应经过应急救援培训，经考核合格后上岗，并定期参加复训。企业应对进入企业从事服务和作业的承包商、供应商的从业人员和接收的中等职业学校、高等学校实习生，进行入场安全教育培训，并保持记录。

4. 现场管理

设备设施的建设、验收、运行、检修维修、特种设备管理、拆除报废严格按照相关法律法规、标准规范执行。企业应事先分析和控制生产过程及工艺、物料、设备设施、器材、通道、作业环境等存在的风险。依法合理进行生产作业组织和管理，加强对从业人员作业行为的安全管理，对设备设施和工艺技术风险等进行风险识别，采取相应的措施，控制作业行为风险。企业从业人员应熟悉本岗位安全职责、安全生产和职业卫生操作规程、危险和有害因素及其预防控制措施、防护用品使用、自救互救及应急处置措施。企业不应将项目委托给不具备相应资质或安全生产条件的承包商、供应商等相关方。企业为现场人员提供符合职业卫生条件的工作环境和条件，为接触职业病危害的从业人员提供个人使用的职业病防护用品，建立、健全职业卫生档案和健康监护档案。燃气场站管理、燃气管网加强日常管理，严格按照相关标准执行。

5. 安全风险管控及隐患排查治理

企业应组织全员对本单位风险进行全面、系统的辨识，明确风险评估的目的、范围、频次、准则和工作程序等。企业应选择工程技术措施、管理措施、个体防护等，对风险进行控制。企业应全面辨识重大危险源，对确定的重大危险源制订安全管理技术措施和应急预案，进行登记建档、备案，做好日常监控。企业应结合安全生产需要和特点进行事故隐患排查，对隐患及时治理。

6. 应急管理

企业应建立生产安全事故应急预案体系，配备应急装备、物资，定期组织各级应急演练，加强应急救援信息系统建设。事故发生后，企业应立即启动应急响应程序，制订并实施应急处置方案。完成险情或事故应急处置后，应主动配合现场指挥部开展应急处置评估。

7. 事故事件

企业应建立事故事件报告程序，妥善保护事故事件现场及有关证据。按照有关规定成立事故事件处置组或调查组，进行事故调查或配合有关政府部门的事故调查，不定期开展事故事件案件警示教育活动。

8. 持续改进

企业每年应对本单位安全生产标准化管理体系运行情况进行一次自评，定期向业绩考核等有关部门报告安全生产情况，并向社会公示。应根据自评结果和安全生产预警系统反映的趋势及绩效评定情况，客观分析企业安全生产标准化运行的质量，及时对安全生产目标、指标、规章制度、操作规程等进行修订完善，研究制订管理措施、技术措施和教育培训措施，并及时纳入安全工作计划，持续改进，不断提高安全生产绩效。

第三节　燃气安全生产管理制度

一、安全生产规章制度体系

企业安全管理制度是指企业按照国家的法律法规、政策标准，结合企业自身生产特点，以文件形式制定并在企业内部发行实施的安全生产行为规范和准则。

一般把安全生产管理制度分为4类，即综合安全管理制度、人员安全管理制度、设备设施安全管理制度、环境安全管理制度。

1. 综合安全管理制度

（1）安全生产管理目标、指标和总体原则；
（2）安全生产责任制；
（3）安全管理定期例行工作制度；
（4）承包与发包工程安全管理制度；
（5）安全设施和费用管理制度；
（6）重大危险源管理制度；
（7）危险物品使用管理制度；
（8）消防安全管理制度；
（9）隐患排查和治理制度；
（10）交通安全管理制度；
（11）防灾减灾管理制度；
（12）事故调查报告处理制度；

（13）应急管理制度；

（14）安全奖惩制度。

2. 人员安全管理制度：

（1）安全教育培训制度；

（2）劳动防护用品发放使用和管理制度；

（3）安全工器具的使用和管理制度；

（4）特殊作业及特殊危险作业管理制度；

（5）岗位安全规范；

（6）职业健康检查制度；

（7）现场作业安全管理制度。

3. 设备设施安全管理制度：

（1）“三同时”制度；

（2）定期巡视检查制度；

（3）定期维护检修制度；

（4）定期检测、检验制度；

（5）安全操作规程。

4. 环境安全管理制度：

（1）安全标志管理制度；

（2）作业环境管理制度；

（3）职业卫生管理制度。

二、燃气企业安全生产管理制度

1. 企业安全生产委员会制度

企业安全生产委员会是为保证企业的安全生产而专门成立的安

全组织机构。安全生产委员会组建的主要目的是贯彻落实国家和当地政府有关安全生产的法律、法规及相关要求，分析、研究、解决安全生产重大问题、重大事项，组织制订企业安全生产方针、目标、中长期规划、年度计划、措施和阶段性安全工作安排，并督促落实，组织实施企业安全生产考核评估，研究决定有关安全生产的表彰、奖励、惩处，及时推广安全生产工作的经验，督促企业制订和实施安全投入计划，督导企业制定和完善安全生产管理制度，组织开展事故调查、分析，作出事故处理决定。安全生产委员会的关键职责是保证企业的安全生产无事故。

企业应在合理切实可行情况下执行安全生产委员会所建议的所有措施，并确保安全生产委员会的决定及建议行动能有效地传达到负责执行的人员。安全生产委员会的决议及建议须通知所有员工。企业必须确保备存安全生产委员会的正确会议记录，以作议决、提交建议及改善行动的进度报告。

2. 安全会议制度

安全会议包括班前与班后会、周会、月会、季会、半年和年终大会及各专题安全会议。会议必须记录齐全，记录内容、时间、地点、主持人、出席人，与会人员履行会议签到。

（1）班前与班后安全会议：班组长主持，每天召开。主要内容是在布置生产任务时提出安全生产要求，指出不安全因素，工作结束后对当天安全生产情况进行小结。

（2）周安全工作会议：班组长或工段长主持，白班每周一次，倒班每轮班 1 次。主要内容是总结安全生产成效和本周安全生产情况；根据生产特点和安全工作具体情况，有针对性地开展安全知识教育和技能培训等。

（3）月安全工作会议：由车间主任（或生产单位主要负责人）主

持，每月召开1次。主要内容是总结当月安全生产工作情况，分析研究安全生产形势，查找生产过程中存在的问题，提出解决问题的具体措施；根据当前安全生产形势的特点和典型事故案例，有针对性地开展安全生产法规、标准规范、规章制度学习，传达上级主管部门有关安全工作的指示精神等。

（4）季度安全工作会议：由厂长或公司经理主持，每季度召开1次。主要内容是总结上季度安全生产工作实施情况，通报本单位安全生产形势，布置本季度安全生产具体工作；组织各车间或各生产部门主要负责人学习安全生产法律法规，传达国家、各级政府和行业主管部门有关安全生产的文件精神等。

（5）半年和年终安全工作会议：由车间主任（或生产单位主要负责人）、厂长经理人员分别主持。主要内容是进行半年和全年安全生产工作总结，检查安全生产指标落实情况、安全事故控制情况；下级安全生产工作总结应向上级主管部门报告，企业安全生产总结应向政府安全生产主管部门报告。

（6）专题安全工作会议：由各级安全生产负责人主持，不定期召开。专题安全工作会议主要是为适应安全生产形势、安全技术特点、特殊气候条件、重大事件、重大节日庆典等安全要求而召开；会议主要内容是说明专题安全工作目标和意义、提出具体工作要求、制订安全防范措施、层层落实安全责任、防止安全事故的发生。

3. 安全教育制度

1）三级安全教育制度

新入职人员（包括新工人、培训与实习人员、外单位调入人员等）按规定必须进行厂（公司）、车间（气站）、班组（工段）三级安全教育。三级安全教育方式与内容如下。

（1）厂级安全教育（一级），由人事部门组织，安全技术部门负责教育。其内容主要包括：学习国家安全生产法律、法规及企业安全管理制度；安全生产重要意义与一般安全知识；本单位生产特点，重大事故案例；厂纪厂规及入职后的安全职责，安全注意事项；劳动卫生与职业病预防等。经考试合格，方准分配到车间。

（2）车间级安全教育（二级），由车间安全管理人或安全员进行教育。其内容主要包括：学习行业标准与规范；车间生产特点与工艺流程，主要设备的性能；安全技术规程和安全管理制度；主要危险和危害因素，事故教训，预防事故及职业危害的主要措施；事故应急处理措施等。

（3）班组级安全教育（三级），由班组（工段）长负责。其内容主要包括：岗位生产任务特点，主要设备结构原理，操作注意事项；岗位责任制和安全技术操作规程；各种机具设备及其安全防护设施的性能和作用；事故案例及预防措施；个人防护用品使用；消防器材的使用方法等。

2）日常安全教育

日常安全教育的内容包括安全思想、政策教育；法制观念、劳动纪律和规章制度教育；安全技术教育；事故案例教育、企业安全文化教育等。

（1）各级安全生产责任人和管理人要对职工进行经常性的企业安全文化、安全技术和遵章守纪教育，增强职工的安全意识和法制观念。

（2）定期举办安全学习培训和宣传活动，充分利用各种形式开展对职工的职业安全卫生教育。

（3）组织好安全生产日活动，白班每周 1 次，倒班每轮班 1 次。活动内容包括：学习有关安全生产文件、通报及报刊；安全技术、生产技术、操作规程、工业卫生等知识；观看安全、劳动保护等方面录像；学习防火、防爆、急救知识，现场演练安全、劳动防护用品以及消防器材的使用；开展岗位练兵、安全技术操作比赛；开展事故预想和事故应急演习；分析事故案例、总结经验教训；开展有益于安全生产活动，进行典型教育、表扬安全生产事迹、交流安全工作经验等。

（4）班组应坚持班前、班后会，提出安全生产要求，指出不安全因素，总结本班安全生产情况。

（5）有计划地对职工进行自我保护意识教育，开展职工自救能力及事故应急抢救的训练。

（6）装置大修及重大危险性作业时，指导检修单位进行检修前的安全教育等。

3）特种作业上岗教育

（1）特种作业人员必须按原国家安全监管总局《特种作业人员安全技术培训考核管理规定》（2015 修订）等规定进行安全技术培训考核，取得特种作业证后，方可从事特种作业。

（2）特种作业人员必须按规定期限进行复审，复审合格后，方可继续从事特种作业。特种作业操作证每 3 年复审 1 次。连续从事本工种 10 年以上，严格遵守有关安全生产法律法规的，经原考核发证机关或者从业所在地考核发证机关同意，特种作业操作证的复审时间可以延长至每 6 年复审 1 次。

（3）特种作业操作证申请复审或者延期复审前，特种作业人员应当参加必要的安全培训并考试合格。安全培训时间不少于 8 学时，主要培训法律、法规、标准、事故案例和有关新工艺、新技术、新装备等知识。

4）用气安全宣传教育制度

（1）为了引导用户安全使用燃气，提高广大用户的安全用气知识，燃气经营单位有义务对用户进行安全用气的宣传教育。

（2）宣传教育的主要内容有燃气基本常识、安全使用常识、燃器具操作方法、安全防火知识等。

（3）宣传教育的形式：

①制定用户安全用气手册，并免费向用户派送；

②利用报纸、广播、电视等形式进行安全用气宣传；

③组织人员不定期到公共场所或居民小区等人口密集的地方开展宣传活动，并派发印有安全用气内容的宣传资料；

④建立客户服务热线，随时解答用户咨询问题。

4. 安全检查制度

安全检查制度的主要内容：日常安全检查、常规性安全检查、节假日安全检查、专项安全检查、季度性安全检查、总经理安全检查等。开展安全生产检查可以及时掌握各时期安全生产情况，发现不安全因素，及时消除安全隐患，防患于未然。要建立主要负责人和有关人员参加的安全检查组织体系，加强领导，做好检查工作。

每次安全生产检查要有明确的目的和具体计划，对查出的隐患问题，要逐项分析研究，并制订整改方案，做到定措施、定时间、定人员，立即整改，不拖延，对当时不能解决的问题，应采取临时安全措施，定出计划，按期完成。日常检查应做到随查随改，无法整改的立即上报。

5. 工作许可证制度

工作许可证，是作业人员从事某项特殊及带有危险的工作前必须得到授权许可，并领取授权人签发的书面许可证。工作许可证能够清晰表达管理层、雇员、作业者以及其他人员（如承包商）关于安全工作的条件和要求。工作许可证制度应明确规定许可证归属部门、审批流程和签发流程。燃气行业操作涉及可燃气体、用电、高空等高危险度的作业，工作许可证制度可有效防止危害事故。

工作许可证签发要求：①作业负责人在工作许可证中填写工作内容、工作地点、计划工作时间、工作性质、作业影响范围、作业人员等工作概况。②作业负责人可按照批准的作业方案填写工作许可证中应采取的安全措施，签发人根据实际情况补充填写应采取的安全措施。③作业人员在作业前，由工作负责人宣读工作许可证，认真详细地交代工作任务、安全措施、危险部位及注意事项。每个作业人员都应集中精神认真听取。④工作负责人在作业过程中，要始终在现场，做到不间断地监护。督促全体作业人员认真执行工作许可证所列各项安全措施，保证作业安全。⑤当变更作业人员的成员时，需经工作负责人同意；当变更工作负责人时，应由工作许可证签发人记录在工作许可证上，并签字。⑥若扩大工作任务，必须由工作负责人通过工作许可人，并在工作许可证上增填工作项目。当需要变更或增加安全措施时，必须填用新的工作许可证，重新履行工作许可手续。⑦工作全部完毕，经作业负责人和工作许可签发人双方到现场交接、验收，并在工作许可证上签字后即工作终结，作业负责人方可带领全体作业人员撤离工作地点。

6. 劳动防护管理制度

劳动防护用品，是指劳动者在生产过程中为免遭或者减轻人身伤害和职业危害所配备的防护装备。正确使用劳动防护用品，是保障从业人员人身安全与健康的重要措施。

《中华人民共和国安全生产法》第四十五条指出：生产经营单位必须为从业人员提供符合国家标准或者行业标准的劳动防护用品，并监督、教育从业人员按照使用规则佩戴、使用。第四十七条指出：生产经营单位应当安排用于配备劳动防护用品、进行安全生产培训的经费。第五十七条指出：从业人员在作业过程中，应当严格落实岗位安全责任，遵守本单位的安全生产规章制度和操作规程，服从管理，正确佩戴和使用劳动防护用品。

生产经营单位应当建立健全有关劳动防护用品的管理制度。要加强劳动防护用品的购买、验收、保管、发放、更新、报废等环节的管理，监督并教育从业人员按照使用要求佩戴和使用。提供的防护用品必须符合国家标准或者行业标准。不得以货币或者其他物品替代劳动防护用品，也不得购买、使用超过使用期限或者质量低劣的产品，确保防护用品在紧急情况下能发挥其特有的效能。

7. 风险评估制度

城镇燃气经营企业应建立和完善风险评估制度，为企业营运风险提供有效的管理架构，确保危害被有效识别、评估及控制，减少或消除风险，保护员工及大众安全，避免营运中断。燃气企业风险评估制度的核心是事前风险预防性管理，通过技术、管理等手段控制、化解可能发生的风险、隐患和事故。

风险评估过程主要考察风险发生概率、对危害程度进行描述。风险评估分析可分为定性分析和定量分析。

三、设备设施现场安全管理制度

1. 站场管理制度

1）入站安全规定

（1）工作人员、车辆必须持有效证件进、出站场工作区。

（2）来访客人主动出示有效证件，征得气站负责人同意并在门卫处填写《来访登记表》，持来访证方可进入气站。

（3）来访客人一般只在气站非生产作业区联系工作。生产作业区谢绝参观，确因工作需要参观或检查工作时，须经气站负责人同意，并经相应的安全培训后，在专人陪同下，方可进入生产作业区。

（4）进入气站生产作业区前，任何人必须接受安全检查，禁止一切火种带入，且应严格遵守气站安全管理规定。

（5）进站作业的危险品运输车辆必须接受门卫人员检查，司机、押运员必须主动出示交通和市场监管部门核发的有效证件，车载灭火器材及防静电接地等设施应齐全完好，排烟管应佩戴好防火罩，并进行登记，方可进入生产作业区。无有效证件或证件不全的，不准进站。

（6）进站车辆要依次行驶和停放，遇有车辆拥挤时，要互相礼让，服从管理人员调度，不得抢行、超车和逆行。

（7）驾驶人员不得远离车辆，非驾驶人员不得动用车辆。

（8）如遇站内发生意外事故，车辆必须服从现场管理人员统一指挥调度。

（9）来访客人离开气站时，应将由接待人签字的《来访登记表》交给门卫，由门卫人员登记离站时间。

（10）出站人员、车辆携带货物时，须持有气站负责人签署的《出门条》或《出货单》，经门卫人员检查核对后方可出站。

2）储罐区安全管理制度

（1）储罐区是燃气站场内的生产作业场所，是易燃易爆的要害部位和重点安全监控对象。非操作人员未经批准严禁进入。

（2）储罐区严禁烟火。进入罐区的人员不得携带火种（如火柴、打火机、手机等），不得穿戴钉鞋及化纤衣服。

（3）储罐区不得堆放任何易燃易爆物品。

（4）操作人员严格遵守安全操作规程，严禁违章作业；非操作人员不得随意动用设备和附件。

（5）罐区操作人员应经专门技术培训，熟悉设备的构造、性能、使用要求、操作方法，会维护保养，经考试合格，持证上岗。

（6）储罐区内，严禁随意排空或放散燃气，确因工艺需要排空或放散时，应经气站领导同意，并制订安全技术措施，确保安全，防止污染环境。

（7）储罐区的设备、管道，以及阀门、安全阀、压力表、温度计等附件要经常检查和保养，保证完好，防止泄漏。

（8）储罐区内的消防设施和器材，不得随意挪动，应有专人负责维护保养，保证齐全、完好、有效。

（9）储罐区必须要定期巡查，并认真做好巡查记录。发现安全隐患，必须及时排除，一时无法排除的，应及时报告气站领导或上级主管部门。

（10）储罐区生产装置检修时，操作人员应在场配合，装置检修后应由操作人员、安全技术管理人员验收合格，并履行签字手续，方可离开作业现场。

（11）储罐区检修作业前，必须按规定办理工作许可证，涉及动火、动土或进入限制空间作业，必须按规定的程序办理动火证、动土证或进入限制空间作业证，在检修过程中始终要有安全管理人员监护。

（12）储罐区的监视系统、工艺参数传输系统、紧急切断系统、可燃气体报警装置及防雷防静电设施必须保持完好，防止雷电侵害或其他不利因素的干扰和破坏。

（13）按规定要求控制燃气储存，严禁超量、超压和超温储存。一旦发现储罐超量、超压或超温，应立即采取倒罐、降压或降温措施，及时处理，防止意外事故。

（14）液态介质输入储罐时，应控制一组罐进液，不宜两组或两组以上储罐同时进液。在特殊情况下多组储罐同时进液时，每组罐必须有专人进行监控。进液操作不应少于两名操作工，一人操作，一人复查，防止发生误操作。

（15）储罐出现假液位时，要认真查找原因，对于液位计失灵的储罐只准出液，不准进液。

3）燃气装卸区安全管理制度

装卸作业区包括罐车装卸作业和气瓶灌装作业的生产场所，是防火防爆的重点部位和重点安全监控对象，其安全管理除应遵守《储罐区安全管理制度》的规定外，还应遵守以下规定：

（1）装卸作业前，必须对罐车或气瓶进行认真检查，不符合装卸规定的，拒绝装卸。

（2）严格按灌装标准规定的重量（或压力）灌装，严禁超装。灌装后，必须对灌装量进行复验，发现超装应及时进行卸气处理；发现气瓶欠装时，也应及时补足。

（3）车辆停靠和驶离装卸台（柱）时，必须进行安全检查和确认，按规定做足安全防护措施，并听从气站人员的指挥，严禁盲目操作。

（4）灌瓶间存放气瓶（液化石油气气瓶），总数不应多于 3 000 个，且实瓶与空瓶应分区存放，并留有灭火通道及操作空间。

4）燃气机泵房安全管理制度

机泵房是气站燃气压送设备生产作业场所，是防火防爆的重点部位和重点安全监控对象，其安全管理除应遵守《储罐区安全管理制度》的规定外，还应遵守以下规定：

（1）机泵房应保持通风良好，并保持室内清洁卫生。

（2）设备运行期间，操作人员要定期巡查设备运行情况，巡查时间间隔不宜多于 1 h，发现异常应立即停车检查，及时排除故障，防止设备带病运行，并认真做好设备运行记录。

（3）机泵房内的管道系统及辅助设施要保持完好和清洁，定期进行维护保养，防止泄漏。电气设备设施必须符合防爆要求。

（4）工作结束后，应及时关闭电源和管道阀门，确认无异常情况，方可离开。

5）站内交通安全管理制度

站内交通安全管理除应遵守《入站安全规定》的规定外，还应遵守以下安全规定：

（1）车辆进入气站，行驶时速不得超过 5 km/h。

（2）车辆进入气站，应听从气站管理人员的指挥，按指定路线行驶，并按指定的位置停泊。

（3）装满燃气介质的危险运输车辆在站内行驶时，严禁倒车。

（4）车辆停稳后，应拉手刹，并采取防滑动固定措施。

6）安全用电管理制度

（1）燃气生产作业场所的配电设施必须按爆炸危险场所等级、工艺特点和使用条件，合理选择电气设备和器材，并符合防爆要求。

（2）设备及电路检修时必须先断电，并挂牌警示。

（3）电源电压必须与电气设备铭牌参数相符，所用的保险丝必须符合规定，严禁用其他材料代替。

（4）电气开关如果跳闸，应查明原因，排除故障后再合闸。

（5）用电设备应按规定进行接地、接零，不得借用避雷地线和水管作地线。同时应按规定安装漏电保护开关，防止漏电发生意外。

（6）应定期检查电气设备的绝缘电阻是否符合规定，发现断线要及时处理。

（7）凡高压操作时，必须穿戴绝缘防护用品，并保证一人操作，一人监护。

（8）电气设备如因漏电失火，要先切断电源，然后用二氧化碳（或干粉）灭火器进行扑救，严禁用水浇，以免发生触电危险。

（9）在发生人身触电事故时，要先切断电源，然后进行抢救。在未切断电源前，严禁触及触电者，以免发生连续触电事故。

（10）若市电停电，在使用自备发电机发电时，必须先断开市电网连通开关，确认符合安全规定后，才能启动柴油发电机，并调节到规定的电压，方可进行送电作业。

（11）检修临时用电必须办理审批手续，且应符合以下规定：

①临时用电必须按规定填写临时用电申请表，经用电主管部门批准后，方准许临时接线用电。

②临时用电申请、审批、使用程序必须按规定执行。

③临时用电电气作业应由持证电工进行操作，电气作业必须遵守电气安全操作规程。

④临时架设电线电缆、安装用电设备必须符合电气安全作业规程要求，且应在醒目处悬挂“临时用电”警示牌。

⑤临时移动照明必须使用安全电压。

⑥移动带电设备时，必须先切断电源，并保护好临时拉接的电线，以免磨损拉断。

⑦临时用电接线（或拆除）、维修作业时，必须先切断电源，再进行作业，且应在醒目处挂“禁止合闸，有人操作”警示牌。

⑧临时用电作业结束后，必须及时拆除已安装的用电设施，并且向受理单位办理核销手续。

7）安全防火管理制度

（1）根据燃气火灾和爆炸危险性等级分类要求，其厂房建筑结构、工艺布置、电气设备的选用、安装及有关安全设施，必须符合现行国家标准《建筑设计防火规范》（GB 50016）、《建筑物防雷设计规范》（GB 50057）、《城镇燃气设计规范》（GB 50028）和《电气装置安装工程爆炸和火灾危险环境电气装置施工及验收规范》（GB 50257）的有关要求。

（2）输送物料的管道应根据管径和介质的电阻率，控制适当的流速，尽可能地避免产生静电，设备、管道等防静电措施应保持完好，且由法定检测机构每半年检测一次，保证完好、合格，并在有效检验期内。

（3）有突然超压可能的生产装置或储存设备，应装有爆破片装置，导爆筒出口应朝向安全方向，并根据需要采取防止二次爆炸、火灾的措施。

（4）生产作业区（如储罐区、装卸区）等下水口处设置水封井，水封井应处于有效水封状态。

（5）在燃气可能泄漏扩散的区域，应设置可燃气体检测报警器，可燃气体报警器应保持完好，当发生泄漏报警时，应及时处理。遇有大量泄漏，应立即停止生产，进行抢修。

（6）生产装置上的安全阀放空管，必须将其导出管置于室外，并高出建筑物 2 m 以上，但应低于界区避雷装置的保护线。

（7）严禁随意排放燃气。装置检修时，必须排空设备内的燃气，应采取有效安全措施。

（8）严格执行动火审批程序和制度，动火作业前必须办理动火作业证，在动火作业过程中始终派监火人进行现场监督。固定动火区和禁火区均应设立明显标志，落实专人管理。

（9）遇 5 级以上大风时，检修现场的高空和露天焊割作业应停止。

（10）生产作业场所为禁火区域，严禁携带火种和穿戴钉鞋、穿化纤服进入；检修所用的设备应采用防爆型，工具应采用不发火花工具。

（11）室内作业场所通风设备应保证完好，作业前应打开通风机进行强制通风。

（12）站区的消防设施和器材应齐全完好，并要定期检查和维护保养，保证随时可投入使用。

（13）站区内和站区围墙外的防火隔离带范围内的枯枝、干草等可燃物品必须及时清除。

2. 安全检修管理制度

燃气生产装置（或设备）的检修分为日常检修、计划检修和计划外检修 3 类，其检修的特点、内容和要求各有不同。但无论哪种检修，都必须严格遵守检修安全管理制度的规定。

1）检修的特点

（1）日常检修，一般是在不停产的情况下，按设备管理制度中的小修内容进行。以维修工为主，操作工为辅。

（2）计划检修，一般是在装置停车的情况下，按装置的大、中修计划进行。计划检修应制订切实可行、安全可靠的检修方案，以检修单位为主，生产单位为辅。

（3）计划外检修，一般是指突发事故时的检修，可按《事故应急预案》规定的程序和方法进行处理。

2）检修的基本规定

（1）检修作业人员应经专门技术培训，考核合格，持证上岗。大型生产装置或重要的检修项目，还要求检修单位必须具有相应的施工资质和同类检修项目施工业绩。

（2）装置检修时，生产单位和检修单位必须密切配合，共同协调好检修作业项目内容、施工进度、工程质量、安全防范措施等事项。特别要注意受检装置的安全隔离、置换、清洗、试验等环节的工作，确保检修作业的安全。

（3）检修开工前，要制订检修方案并根据检修方案进行检修安全技术交底；组织全体检修人员进行安全教育，明确安全注意事项，落实安全责任。

（4）检修作业涉及动火作业、动土作业、高处作业和进入受制空间作业等，必须进行风险评估，制订对策。且按规定的程序办理申请、审核、批准手续。未办理作业许可证的，一律不准动工。

（5）检修作业全过程必须要有专人进行监护，并且要开展巡回检查，发现问题，及时处理。

（6）检修完工后，必须彻底清理现场，防止检修工器具或杂物掉入检修设备内，避免意外事故的发生。

（7）装置检修的现场记录及其他检修技术文件，必须真实、完整、有效，并按规定要求进行整理归档。

3. 定期检验制度

定期检验是指根据国家相关法规的规定，对在用压力容器、压力管道、安全附件、流量计、计量衡器、防雷与防静电设施等，实行强制性检验项目。强制性检验对象在投入使用前必须经法定检验机构检验或校验合格；在投入使用后，必须按规定的周期进行检验、校验。未经检验、校验的或检验、校验不合格的，一律不得投入使用。

1）压力容器的定期检验

压力容器的定期检验是指在压力容器的设计使用期限内，每隔一定的时间，依据现行行业标准《压力容器定期检验规则》（TSG R7001）规定的内容和方法，对其承压部件和安全装置进行检查或做必要的试验，并对它的技术状况作出科学的判断，以确定压力容器能否继续安全使用。到期未检验或检验不合格的压力容器禁止使用。

（1）检验周期。

①年度检验。在用压力容器每年应至少进行 1 次外部检验。

②全面检验（内外部检验）。有关规定进行定期检验，过期未检验或检验不合格的安全附件禁止使用。

全面检验是指压力容器停车时的内外部检验。全面检验应当由法定检验机构进行，其检验周期为：安全状况等级为 1 级、2 级的，一般每 6 年 1 次；安全状况等级为 3 级的，一般 3～6 年 1 次；安全状况等级为 4 级及以下的储存燃气的压力容器，应予以报废更新。

③新投入使用满 1 年的压力容器应进行 1 次全面检验。

（2）压力容器的年度检验由使用单位进行，使用单位也可委托具有压力容器检验资格的单位进行。

（3）压力容器的全面检验应由具有压力容器检验资格的单位进行。

（4）使用单位在压力容器全面定期检验基准日的前 1～3 个月，向属地压力容器安全监察部门及检验机构提出申请，以便妥善安排生产和检验工作。

（5）压力容器出厂文件、使用登记证及定期检验报告必须建档保存，专人管理。

2）压力管道的定期检验

（1）检验周期。

①在线检验。在用压力管道每年应至少进行一次在线检验。

②全面检验（内外部检验）。全面检验是按一定的检验周期在在用工业管道停车期间进行的较为全面的检验。全面检验应当由法定检验机构进行。其检验周期为：安全况等级为1级、2级的，一般每6年1次；安全状况等级为3级的，一般不超过3年；管道检验周期可根据下述情况适当延长或缩短：经使用经验和检验证明可超出上述规定期限安全运行的管道，使用单位向省或地（市）质监部门提出申请，并经检验单位确认，检验周期可适当延长，但最长不得超过9年。新投用（首次检验周期）、有应力或局部严重腐蚀、疲劳失效、材料劣化及存在严重问题的压力管道，应适当缩短检验周期。

（2）压力管道的在线检验由使用单位进行，使用单位也可委托具有压力管道检验资格的单位进行。

（3）压力管道的全面检验应由具有压力管道检验资格的单位进行。

（4）使用单位在压力管道全面定期检验基准日的前1～3个月，向属地压力容器安全监察部门及检验机构提出申请，以便妥善安排生产和检验工作。

（5）压力管道竣工验收文件及定期检验报告必须建档保存，专人管理。

3）安全附件定期检验

（1）检验周期。

①安全阀每年至少检验1次；

②紧急切断阀定期检验原则上随同压力容器或压力管道全面检

验同步进行；

③压力表每半年至少检验 1 次；

④温度计每年至少检验 1 次；

⑤液位（液面）计定期检验原则上随同压力容器全面检验同步进行。

（2）安全附件定期检验应由法定检验机构进行。

（3）安全附件定期检验报告必须建档保存，专人管理。

4）流量计的定期检验

（1）燃气流量计（如皮膜式燃气表、转子流量计等）投入使用前必须校验合格；投入使用后必须按照规定的周期，实行定期校验，禁止逾期不检、漏报、漏检。定期校验应由法定计量检验机构进行。

（2）发现异常情况的可提前送检。凡检定不合格的流量计，严禁投入使用。

（3）流量计定期校验资料应进行登记存档，专人管理。

（4）流量计校验周期：一般流量计每两年检验 1 次；膜式燃气表（B 级 6 m^3 以下）首次检定，使用 6 年更换。

5）计量衡器的定期检验

（1）计量衡具（如灌装磅秤、电子汽车衡等）定期检验，目的是保证器具准确、灵敏、可靠。

（2）计量衡具一经投入使用，必须按照规定的周期，实行强制检验，禁止逾期不检、漏报、漏检。定期检验应由法定计量检验机构进行。

（3）日常校验发现异常情况、计量误差超过规定值的计量衡器，要及时查明原因，或提前送检。凡检定不合格的计量衡器，严禁投入使用。

（4）计量衡器定期检验资料应进行登记存档，专人管理。

（5）计量衡器检定周期：每年 1 次。

6）防雷、防静电设施的定期检查测量

（1）站区内的防雷、防静电设施必须保持完好和有效，并接受属地防雷、防静电检测机构的定期检查和测量。

（2）防雷、防静电设施定期检查测量周期为每半年进行 1 次。若发现接地电阻有很大的变化，应对接地系统进行全面检查，必要时设法降低接地电阻。

（3）若遇有特殊情况，还要对防雷、防静电设施做临时性的检查测量。特别是在雷暴来临前，有必要进行特殊检查和测量，发现问题，及时整改，以防止其失效。

（4）除法定的定期检验外，使用单位还应加强对防雷、防静电设施的检查测量，其内容包括：

①检查是否由于建、构筑物变形或下沉，使防雷、防静电设施的保护情况发生变化；

②检查各处明装导体有无因锈蚀或机构损伤而折断的情况，如果发现锈蚀在 30%以上，则必须及时更换；

③检查接闪器有无因遭受雷击后而产生熔化或折断；

④检查接地线在距地面 2 m 至地下 0.3 m 的保护处有无被破坏的情况，以及接地装置周围的土壤有无深陷现象。

（5）防雷、防静电设施日常检查和定期检查测量数据与报告必须建档保存，专人管理。

4. 设备保养、检修制度

1）日常维护保养制度

（1）日常维护保养应贯彻“维护为主，检修为辅”的方针，执行“日常保养落实到人”的原则，做到台台设备有专人负责管理。操作人员应严格执行安全操作规程，做到正确操作，精心护理，保证设备经常处于良好状态。

（2）操作人员要认真学习业务技术，努力做到“四懂”“三会”。“四懂”：懂结构、懂原理、懂性能、懂用途。三会：会使用、会维护保养、会排除故障。

（3）严格按《安全操作规程》的要求、程序对设备进行启动、运行、停车。保证设备运行不超温，不超压，不超负荷。凡需润滑、水冷的设备，必须保持正常的油位和水位。

（4）严格执行巡回检查制度，一般通过“眼看、耳听、鼻闻、手摸”的方法，对设备进行细致的检查，预防设备发生故障，掌握判断设备故障和紧急处理的方法及措施。发现异常情况，要采取果断的措施或按紧急停车的方法停车。未弄清原因和排除故障前不准开车，并挂牌警示。凡须停车检修的设备，首先应向主管领导报告。

（5）设备的专管人员是设备日常保养工作的具体执行人，应做好专管设备的擦洗清洁、润滑、冷却、紧固、密封、防腐及一般性故障的排除。保持专管主机及附属管道、配电、仪表等设施始终处于完好状态。

（6）对备用或待用设备应定期进行试车（一般每月不少于 2 次，每次运行不宜少于 15 min），同时应进行定期检查，使之处于良好的工作状态，做到随时可启动运行。

（7）积极配合各级安全生产检查，参加设备维护保养竞赛活动。

（8）认真填写设备维护保养记录，记录不留空项，并做到及时、准确、有效。

2）设备（装置）停车检修安全管理制度

燃气生产设备无论是大修小修、计划内检修还是计划外检修，都必须严格遵守检修作业各项安全管理制度，办理各种安全检修作业许可证（如动火、动土作业许可证）的申请、审核和批准手续。燃气生产装置检修的安全管理要贯穿检修的全过程，包括检修前的准备、装置的停车、检修，直至开车的全过程。这是燃气设备检修的重要管理工作。其他方面管理工作还包括以下几点：

（1）设备停车检修，尤其是大型燃气设备或生产装置的停车检修，应成立检修指挥机构，负责检修计划、调度及安全管理工作。

（2）检修计划的制订和实施必须统筹考虑，根据生产工艺过程及公用工程之间的相互关联，规定各装置先后停车顺序；停气、停水、停电的具体时间；何时倒空、反置换等。此外，还要明确规定各个装置的检修时间和检修项目，以及试验、置换、开车顺序。一般要画出检修计划图，在计划图中标明检修期间的各项作业内容、进度控制点，便于检修的管理。

（3）检修安全教育要普及到参加检修的所有人员。安全教育的内容包括停车检修规定、动火、动土、高空作业与进入限制空间等作业规定，文明施工等。

（4）安全检查包括对检修项目的检查、检修机具的检查、检修人员持证上岗的检查和检修现场的巡回检查等。

3）设备停用及报废管理制度

（1）燃气生产设备停用前必须按规定置换掉器内的介质，并采取安全保护措施（如充入惰性气体保护）。

（2）停用的设备必须进行安全隔离，隔离措施包括关阀堵盲板等。同时应挂牌警示。

（3）停用设备必须进行必要的维护保养，以便今后启用。

（4）燃气生产设备的报废必须按规定的报废程序办理，并进行安全处置。处置方法包括置换、清洗、拆除和注销等，重点监控设备（如压力容器）还应向属地质量技术监督部门报告，并办理注销手续。

第四节　燃气用户安全管理和用户安全管理知识

一、用户安全用气的责任和义务

了解燃气常识、安全用气是每个用户的法定责任和义务，主要包括以下几个方面：

（1）选购燃气燃烧器具及配件必须符合国家有关标准的产品，必须与所用气源相适配，要有严格的气密性和较高的热效率。委托专业的安装维修队伍和人员进行安装维修燃气燃烧器具。

（2）燃烧器具连接软管安装安全规范、定期检查和更换。胶管应使用耐油（丁腈橡胶）燃气专用胶管，不得使用其他软管，长度不得超过 2 m，不得穿越门、窗和墙。胶管判废年限 2 年，长时间使用会老化、龟裂，建议每年更换 1 次。建议管道燃气使用不锈钢波纹管。胶管应充分套入燃气具接口，并应用喉箍箍紧（不得使用金属丝代替）；胶管应在灶具灶面以下自然垂落，与灶面保持 10 cm 以上距离，以免烤焦胶管。

（3）厨房内禁止存放易燃易爆物品，尤其是汽油、煤油、易燃易爆等物品。

（4）禁止在使用管道燃气的厨房内同时使用煤炉、液化气设施等。

（5）使用燃气随时有人看管，注意燃烧情况，防止汤水外溢浇灭火焰或被风吹灭火焰，引起燃气泄漏而发生事故。

（6）液化气钢瓶使用时应注意，要直立使用钢瓶，且避免受猛烈震动，不能在阳光下暴晒，钢瓶上不可放置物品。

（7）开窗通风，如果长时间使用燃气，易使室内氧气不足，用户应及时打开门窗进行通风。液化气使用后，应及时关闭灶具开关和液化气阀门。

（8）经常自检。要经常检查连接灶具的胶管、接头，发现胶管老化松动应立即更换；超过使用年限的燃气器具应及时更新。

（9）勿用明火查漏。只能用肥皂水查漏，严禁明火查漏，明火查漏会点燃泄漏的燃气，发生烧伤或爆炸事故。

（10）知晓发生燃气泄漏应采取的措施。用户应熟悉燃气安全常识及知道如何联系燃气公司。发生燃气泄漏后，打开门窗，保持室内通风；关闭总阀，疏散室内人员；杜绝火种，禁止启闭室内电器开关和室内使用手机等通信工具；到户外安全的地方拨打电话。

二、用户安全管理知识

随着城市燃气用户数量的增长，燃气各类安全事故数量不断增加，用气安全问题日益突出。燃气事故大致可分为燃气泄漏、着火、爆炸或退燃、中毒窒息、意外供气中断。历史数据表明，主要以燃气泄漏为主，燃气泄漏在通风不良、泄漏燃气达到爆炸极限的情况下造成燃气爆炸事故，燃气泄漏后通风不良、氧气不足造成窒息和中毒。

1. 燃气泄漏原因

（1）燃气胶管破裂、脱落，导致燃气泄漏。30%的燃气泄漏事件都是因为胶管破裂、脱落而起，导致胶管破裂脱落的原因：胶管两端未打卡子或卡子松动；胶管超期使用，老化龟裂；使用易腐蚀、老化的劣质胶管；疏于防范使胶管被老鼠咬坏、尖锐物体刮坏等。

（2）户内燃气管道损坏，导致燃气泄漏。户内燃气管道损坏的主要原因有：长期接触水或腐蚀性物质，导致管道腐蚀；家庭装修、管壁悬挂物品等外力作用，使管道接口松动；管线防腐漆（层）脱落未及时补刷，金属与空气长期接触，导致管线腐蚀。

（3）燃气表损坏，导致燃气泄漏。造成燃气表漏气的主要原因：超期使用内部构件老化，导致燃气渗漏；外力破换，引起燃气表表体或接头损坏，导致泄漏。

（4）燃气灶具点火失败，导致燃气泄漏。燃气点火失败的原因：风门没调好，进空气口太大，空气太多；打火触点形成污垢或是微动开关失灵；电池没电；电路接触不良；过压保护；管道堵塞；点火针位置不当。

（5）锅内液体溢出，浇灭正在燃烧的火焰，导致燃气泄漏。导致锅内液体溢出的原因：大火蒸煮发生沸汤，处理不及时；忘记煲汤、煮粥的时间，人员长时间离开。

（6）忘关燃气阀门，导致燃气泄漏。忘关燃气阀门的原因：缺乏关阀意识；紧急出门或有紧急事件处理；老人或小孩忘记关阀；停气后短期未供气。

（7）燃气阀门接口损坏，导致燃气泄漏。导致燃气阀门损坏的原因：长期开关阀门，阀门松动；年久失修；阀门被腐蚀。

（8）燃气灶具损坏，导致泄漏爆炸。燃气灶具损坏的原因：燃气灶具本身年久失修；燃气灶具质量不合格；人为外力碰触和摩擦导致破坏。

（9）私改燃气管线，导致燃气泄漏。私改燃气管线的原因：为室内美观，私自改造燃气管线；为增加燃气设施，自行增设三通延长管线；贪图小利益，为燃气表不计量或少计量，偷改管线。

（10）燃气公司违规操作，导致燃气泄漏。燃气公司的违规操作主要有：燃气相关单位在新投运管网或管网检修时置换不到位；没有竣工验收或停用的管线盲目投运；置换或维修时未对设备进行全面检查便进行通气；意外泄漏发生时未及时到达现场或为采取适宜的处置措施引发二次泄漏；未按规定定期进行入户安检或安检、宣传不到位。

2. 如何判断燃气是否泄漏

（1）闻——用鼻子闻。一般民用供气，都对燃气进行加臭（乙硫醇）处理，使燃气带有类似臭鸡蛋的气味，这样易于发现泄漏。所以一旦察觉到家中有类似的异味，就有可能是燃气泄漏。

（2）看——看燃气表。在完全不用气的情况下，查看气表的末位红框内数字是否走动，若走动可判断为气表阀门后有泄漏（如灶具和热水器连接气表之间的胶管、接口等地方）。

（3）涂——喷涂肥皂水。肥皂或洗衣粉用水调成皂液，依次涂抹在燃气管、燃气表胶管、旋塞开关处等容易漏气的地方，以检查燃气是否发生泄漏。如遇燃气泄漏，皂液就会被吹出泡沫。当看到泡沫产生，并不断增多，则表明该部分发生了漏气。对于极微小漏点可能无法观察到，要以专业检测工具检测结果为准。

3. 燃气泄漏处置措施

（1）立即通风。关闭阀门，向有关部门报告，以便查明原因；对泄漏处进行及时维修，避免发生恶性事故。特别需要注意的是，不要情急之下打开排气扇进行通风，而忽略了排气扇也是通电的。应立即打开窗户通风。

（2）不要开关任何电器。各种电器开关、插头与插座的插接都会产生火花，室内泄漏的可燃气体达到一定浓度后会引起爆炸，因此应立即到室外电闸处切断电源。

（3）不要在室内穿脱衣服。穿脱衣服会产生静电，特别是混纺、尼龙织物，静电也会引爆空气中一定浓度的可燃气体。

（4）不要使用电话、手机。通电时电话、手机内部有可能产生微小火花，也会引起爆炸，应远离现场之后才能打电话求助。

一旦发现有人燃气中毒，应立即打开房间所有门窗，关闭燃气器具开关，离开房间到室外呼吸新鲜空气或氧气；重症者应在他人帮助下迅速脱离中毒环境，到室外呼吸新鲜空气或氧气，同时尽快拨打120急救电话，呼吸心跳停止应就地进行人工呼吸和心外按压，条件允许最好到有高压氧舱的医院抢救治疗。

三、燃气企业对用户的安全管理

1. 对用户安全用气宣传

户内燃气事故主要原因为用户安全意识薄弱。因此，燃气经营企业对用户应加大燃气知识、燃气法规宣传，提高用户依法用气、保障安全意识，教育用户爱护燃气设施，确保燃气设施的安全和正常运行，防止人为破坏和私自改动燃气设施。

（1）用户申请安装时发放《安全用气使用手册》，通气点火时对用户进行正确使用燃气设施设备指导，进行安全用气宣传。

（2）对工商客户用气点内张贴各类“安全用气警示”和“燃气管线示意图”，提醒用户正确安全地使用燃气，预防事故的发生，让用户熟悉、掌握公司 24 h 客户服务热线和紧急切断阀门的操作。

（3）不定期在小区内设置安全用气宣传点，设置安全用气宣传展板，发放安全用气宣传资料，解答客户的安全用气疑问。

（4）利用各类公益活动上街宣传。在明显位置设置宣传点，接受咨询，发放宣传资料。

（5）开展短信提醒活动。将安全用气常识以短信的方式发送给用户，结合季节特点，有针对性地提醒。

（6）利用媒体（报纸、广播、电视台）、广告、公司网站、公众号、客户中心等宣传途径加强宣传。

2. 对用户燃气设施的检查、检测

燃气经营企业应组织专业的入户安检队伍，对燃气用户设施定期进行上门检查，对居民用户每 2 年检查不得少于 1 次，对工商用户每年检查不得少于 1 次。检查时对用户进行安全用气知识宣传，并对发现的隐患提出整改建议，做好整改情况的复查、跟进。巡线人员做好小区管网的巡查。燃气经营企业组织专人定期对小区的燃气管网、阀门井、楼前管等进行检测，可购置激光甲烷遥距检测仪等检测设备进行快速检测。

燃气设施检查、检测主要内容如下。

（1）燃气管道检查：管道安装位置是否符合国家相关规定，管道

是否有漏气、锈蚀。管道支撑是否稳固、有无搭挂重物、有无违规暗埋暗封。

（2）阀门检查：阀门有无锈蚀、漏气，阀门部件是否齐全，启闭是否灵活等。不得擅自启闭公共阀门。燃气表前旋塞阀、灶前阀是否锈蚀漏气。检查用户阀门，非用气时段灶前阀门是否处于关闭状态。

（3）燃气表检查：外观是否完好，有无漏气、锈蚀。设备安装位置是否符合规范，有无违规暗封，是否超过使用年限等。

（4）连接金属软管：连接燃气管道和用气设备的专用连接管，其材质是否符合国家标准、有无漏气，是否超过使用年限、长度是否超过 2 m 的标准，安装是否稳固、有无适当喉箍固定，有无老化、龟裂，有无违规暗埋及穿墙、门窗等。

（5）保护装置：泄漏报警装置安装位置符合要求，是否在有效期内。是否安装自闭阀。

（6）燃气灶具：炉具是否适用气源，是否使用老旧淘汰的灶具、无熄火保护装置的灶具，是否使用已超过使用期限的灶具。

3. 规范燃气经营企业行为

（1）燃气经营企业对用户侧的安全隐患分级管理、分级监控，督促用户整改。

（2）燃气经营企业加强员工安全教育和技能培训，做到持证上岗，符合标准规范，为客户安全服务。

（3）加强施工队伍管理，提高工程质量。

（4）工程验收时，严格执行“三同时”规定，严格执行现行行业标准《城镇燃气室内工程施工与质量验收规范》（CJJ 94）、《城镇燃气输配工程施工及验收规范》（CJJ 33）等要求。

（5）室内燃气安装、使用要符合安全使用条件，特别是满足室内通风条件。不得改变建筑性质来使用燃气，如临街住房改变成商业用途，必须按照商业用气要求来改造原房屋使用燃气的安全条件。

（6）制定燃气事故处置规程，设置专职抢修队伍，昼夜 24 h 值班，配备防护用品、车辆器材、通信设备等，确保出警及时，处置有效。

4. 积极推广安全保护措施

（1）对于燃气器具，应具有熄火保护装置和不完全燃烧保护装置，采用强制排风式热水器。

（2）安装燃气浓度检测报警器和自动切断装置确保室内用气安全。

（3）室内燃气设施加入保险。

（4）使用不锈钢波纹软管。

第五节　供气保障环节的安全技术

城市燃气安全技术是指在日常生产过程中采取相应的技术，避免、减少事故发生；在事故发生中采取相应的技术，防止或减轻事故规模及对人、财、物的影响和损失；在事故发生后采取相应的技术，迅速控制事故规模，防止二次事故。目前主要有 6 种安全技术，分别为燃气成分控制技术、静电消除技术、超压预防技术、安全切断技术、火焰隔离技术、爆炸泄压技术。

一、燃气成分控制技术

主要应用于新建燃气管道、储气罐开始使用，以及燃气管道、储气设施检修。在燃气与空气置换过程中，在储罐内或管内会形成爆炸性混合物，具备爆炸的基本条件，因此需要进行燃气的成分控制，进行安全置换。通常做法是利用惰性气体防止爆炸，为减少惰性气体用量，防止置换出现死角，在合理安排置换工艺中应综合考虑以下内容：气体的性质（相对密度、扩散特性、定压比热等）、惰性气体的性质、惰性气体的出入口、气体排放口、置换气体输入速度、升压置换时的升压速度等。

二、静电消除技术

1. 静电接地法

静电接地是指将带静电物体或有可能产生静电的物体（非绝缘体）通过导静电体与大地构成电气回路的接地。静电接地电阻一般要求不大于 10 Ω。静电的产生和泄漏是同时进行的，是给带电体输出和输入电荷的过程。接地加速静电的泄漏，从而确保物体静电的安全。在实际生产中有管道、装置、设备的工艺流程应形成完整的接地线。

2. 静电中和法

静电中和法主要是将分子进行电离，产生消除静电所必要的离子（一般正负离子成对出现）。其中，与带电物体极性相反的离子，向带电物体移动，并和带电物体的电荷进行中和，从而达到消除静电的目的。这种方法已经被广泛地应用于生产薄膜、纸、布等行业，但是应用不当或失误会使消除静电的效果减弱，甚至会导致事故发生。利用此原理制成了静电消除器，静电消除器的类型主要有自感应式、外接电源式、放射线式、离子流式和组合式等；在生产中根据生产需要选择合适的静电消除器。

三、超压预防技术

燃气高压容器或具有额定压力要求的管路系统、高中压燃气管网系统与低压燃气管网系统的连接、高中压燃气的调压过程等，如果调压装置失灵，会将高压或中压的燃气导入低压系统，由此引起管路泄漏、用户设备破坏、连接软管脱落，引起爆炸、火灾等事故。因此，超压预防技术在燃气输送与储存系统中非常重要。常用的超压预防技术是采用安全排放装置，主要有安全阀、安全水封、安全回流阀等。

1. 安全阀

安全阀是启闭件受外力作用下处于常闭状态，当设备或管道内的介质压力升高超过规定值时，通过向系统外排放介质来防止管道或设备内介质压力超过规定数值的特殊阀门。安全阀属于自动阀类，是一种常闭的阀门，主要用于锅炉、压力容器和管道上，控制压力不超过规定值，对人身安全和设备运行起重要保护作用。安全阀必须经过压力试验才能使用。弹簧式安全阀使用最广。

2. 安全水封

燃气工程中安全阀排放气体具有爆炸性，安全阀与排放口之间管道内会形成可燃混合气体，安全水封就是将泄压管口浸入水槽中，如果设备内部压力过高可以通过水封泄压。

3. 安全回流阀

安全回流阀通常安装在液化石油气储配站工艺中，是一种正常状态的常闭设备。安装安全回流阀的目的在于能在管路超压时起到溢流作用，防止管路超压。

四、安全切断技术

1. 紧急切断系统

高压管道紧急切断系统由紧急切断装置、危险参数感应装置构成，主要设备是紧急切断阀、易熔断合金塞。油压式紧急切断阀正常状态下依靠高压油的压力开启，油泵将加压的油送到紧急切断阀，当发生事故时，使油缸泄压，紧急切断。危险参数感应装置通常使用易熔断合金塞，用它感应危险场所温度，当火灾导致温度上升时，金属熔化从而使紧急切断阀的高压油路泄压，实现紧急切断。

紧急切断的系统通常也采用电磁阀、电动液压阀，也可以用手动复位的阀门或断电开启的阀门。

2. 非事故状态安全切断

（1）低压切断装置。当燃气压力低于一定数值时，实现对管道安全切断。

（2）止回阀。防止介质倒流的阀门。

（3）过流阀。流量超过规定值以上一个范围时，阀门关断，防止介质大量泄漏。

3. 熄火保护系统

点火失败、燃烧不稳定均会导致火焰熄灭，再次点火会发生爆炸，因此，燃烧设备或燃烧系统必须安装熄火保护系统。常见的熄火保护装置有热控式熄火保护装置、紫外线火焰检测器和火焰电离检测器。

4. 建筑物燃气安全系统

建筑物燃气安全系统主要是指燃气安全报警和自动切断控制系统。安全报警系统的构成：一是单体型，由燃气泄漏报警器组成，通过声、光等方式警报燃气泄漏导致的危险状态。二是户外型，由安装在室内的燃气泄漏报警器和安装在室外的喇叭构成。三是集中型，由燃气泄漏报警器、燃气泄漏集中监视器构成。燃气泄漏报警器安装在各个用气地点，燃气泄漏集中监视器安装在管理人员的值班室，任何一个用气地点发生燃气泄漏，都会得到有效监视。

燃气通路自动切断的安全系统的构成方式是智能燃气表和报警器联动自动切断装置。智能燃气表，是指在燃气流量表上组装传感器、控制器和切断阀，在燃气系统过大流量或过长时间使用时切断燃气通路，能有效地防止管道破裂、软管脱落导致的燃气泄漏事故。报警器联动切断装置由燃气泄漏报警器、控制器和燃气切断阀构成。当燃气泄漏达到一定浓度时，燃气泄漏报警器开始报警，控制器指挥燃气切断阀切断燃气通路。

五、火焰隔离技术

火焰隔离技术是采用火焰隔离装置防止火焰窜入有爆炸危险的场所的技术手段，防止火焰在输送、储存和使用可燃气体或液体的设备、管道、容器等之间扩展。火焰隔离技术装置主要有安全液封、阻火器、单向阀等。

1）安全液封

安全液封采用液体作为阻火介质，液封任何一侧着火后，火焰都会在液封处熄灭，阻止火势蔓延。安全液封采用的介质通常是水，形式有开敞式和封闭式，通常适用于操作压力低的场合，一般不会超过0.05 MPa。

安全液封在使用时应注意保持液位的高度，用水作为液封的介质还应该防止冻结。封闭式液封工作时，应经常检查阀门气密性，防止介质中黏性油质导致阀座污染，影响其关闭性能。

2）阻火器

阻火器广泛用于输送可燃气体的管道、有爆炸危险系统的通风口、油气回收系统及燃气加热炉的供气系统等。阻火器的设计充分利用燃气的猝熄原理，火焰通过狭小的孔口或缝隙时，由于散热和器壁效应的作用使燃烧反应终止，起到隔离火焰的作用，阻火器根据形成狭小孔隙的方法和材料的差别，大致有以下种类：金属网阻火器、波纹金属片阻火器、充填型阻火器等。

3）单向阀

单向阀又称止回阀或逆止阀，其原理是依靠介质本身的流动自动开闭阀门，用来防止管道中气流倒流。常用的单向阀有升降式和旋启式两大类。单向阀一般应用在天然气设备出口管道上，停机或突然停电时防止管内的高压气体倒流。倒流往往会引起压缩机发生反转，形成机械事故。

六、爆炸泄压技术

爆炸泄压技术是一种对爆炸的防护技术，即通过一定的泄压面积释放在爆炸空间内产生的爆炸升压，保证包围体不被破坏，减轻爆炸事故的影响。爆炸泄压对爆轰的防护不起作用，但可以在许多工程领域将爆炸的危害控制在最小的范围。在燃气工程中，区域调压室、压缩机房等燃气设施建设在建筑内，在发生爆炸的情况下室内设施难以完成保全，但通过泄压防爆方法可以保护建筑物的安全。

泄爆装置既可以用来封闭设备或包围体，又可以用来泄压。泄爆装置与设施通常分为敞口式和密封式。敞口式包括全敞口式、百叶窗式和飞机库门式；密封式则有爆破门式和爆破膜式。

常用的防爆泄压装置有安全阀、防爆膜、防爆门、放空阀等，主要是防止物理性超压爆炸。

第六节　安全其他知识（从业人员要求）

一、从业人员的工作环境保障和安全管理

燃气经营企业有责任保障员工的健康和安全，包括告知员工工作场所存在的危险、提供必要的设备、建立健康和安全规程，有义务在员工开展工作之前进行职业健康评价，合理使用劳动保护用品消除或减轻风险。

1. 职业危害

（1）燃气本身的危害因素。燃气是有毒的爆炸性气体，运行使用不当会造成漏气，引起爆炸、着火和人身中毒。当燃气泄漏浓度达到25%～30%时，人会出现头疼、头晕、呼吸加速，心跳加快、注意力不集中，乏力及肌肉协调运动失常等，浓度进一步升高，人会出现意识障碍、四肢冰冷，呼吸心跳停止。

（2）环境职业危害因素。室外高温作业会导致毛细血管扩张，血液流动速度加快，心脏负荷加重，身体能量加剧消耗，脑部供血、供氧下降，导致人员中暑。紫外线导致皮肤晒伤。

（3）施工、运营中的职业危害因素。燃气管道安装机器使用不当或未穿戴防护工具容易伤害使用者；防腐作业油漆中的有毒物质，会危害人体健康；电焊作业产生的氧化锰、氮氧化物、臭氧等有毒物质，对神经系统、眼和皮肤有不同程度的损伤，电焊和气焊的弧光紫外线会引起电光性眼炎。燃气在燃气管道内、容器内流动产生的动力性噪声，管道安装过程中发电机、角磨机、抽水水泵产生的机械工作噪声，对人体健康均有影响。

（4）场站工作人员的职业危害因素。燃气场站泄漏爆炸事故会伤害工作人员。LNG低温储存和运行，操作工的皮肤容易冻伤。

2. 职业病防治

（1）领导高度重视，针对各项制度及制约机制健全，安全管理应做到全方位、全天候、全过程、全员管理，改变安全管理中的事后整治为事前控制，以预防为主减少及杜绝事故的发生。

（2）用人单位为劳动者创造符合国家职业卫生标准和卫生要求的工作环境条件；告知劳动者作业场所中职业病危害因素和防护措施，落实职业病危害防治经费，对职业病患者安排诊治、康复，依法进行赔偿。

（3）劳动者应及时进行职业病卫生知识培训教育；提供健康检查、诊疗、康复等服务，并定期参加职业病健康检查；及时了解作业场所职业病危害因素种类、防护条件；要求改善作业环境、提供职业病防护措施；遵守用人单位职业卫生制度和操作规程；正确使用职业病防护设施和个人防护用品。

3. 各类职业病防治措施

（1）中毒防治措施。对易爆工序实行遥控，设备管道严格密封，加强定期维修保养，保持完好状态，配备可燃气体探测报警器、照明灯，巡检中严防跑、冒、滴、漏，及时提供个人防护用品并认真使用。

（2）环境危害防治措施。为室外施工人员配备充足、合理的个体防护用品。合理安排工作时间，定期发放避暑劳保用品，高空作业人员配备安全带。

（3）施工作业危害防治措施。人员施工中应穿好防护工作服，戴好安全帽。特殊工种应符合特殊工种防治标准。除锈工应佩戴口罩，防腐喷漆工应配发防毒面具，电焊工应有防护面罩，专用电焊手套、电焊服、劳保鞋等。

（4）施工噪声防治措施。合理布局设备，统筹安排工艺和作业时间；加强设备维护，降低设备运行噪声。

（5）燃气场站工作人员危害防护措施。工作人员穿戴静电服、静电鞋，定期巡检场站设备，严防设备跑、冒、滴、漏。排污放散时，操作员应保持与放散口一定的安全距离，轻排慢放，场站内压缩机房应建有通风百叶窗，保证运行的安全，场站内避雷设施避雷面应全面覆盖场站，保证场站运行安全。

二、道路交通安全常识

1. 一般车辆安全行车知识

（1）车辆牌照齐全、清晰，讯号指示系统和照明系统操作正常。刹车系统和转向系统操作正常。轮胎良好，备胎及更换轮胎工具齐全。出车前有足够的燃油，挡风玻璃的喷水器和水拨操作正常。在机动车驾驶室的前后窗禁止悬挂、放置妨碍驾驶员视线的物品。

（2）驾驶员在开车前发现车辆不符合上述要求，不可继续使用车辆，应立即报告车辆管理部门。

（3）开车前要确认挡位必须处于空挡位置和手刹拉紧，才可启动汽车引擎。

（4）车辆驾驶员驶离前要确认车门关闭和周围充足空间，避免对其他人员、车辆造成危险。

（5）驾驶机动车不得有下列行为：在车门、车厢没有关好时行车；行车中拨打接听电话；下陡坡时熄火或者空挡滑行；道路抛撒物品；连续驾驶机动车超过 4 h 未停车休息或停车休息少于 20 min；禁止鸣喇叭区域、路段鸣喇叭。

2. 危险化学品运输车辆安全行车知识

LNG、CNG 属于危险化学品管理范围，因此运输车辆执行危险化学品运输车辆管理范围。危险化学品具有爆炸性、易燃性、毒害性、腐蚀性、放射性等危险性质，在运输、装卸、使用、储存、保管过程中，处理不当容易导致人身伤亡或财产损失事故。为预防事故发生，危险化学品运输行车需注意以下事项：

一是危险化学品运输车上路前需加强车辆检查。车辆号牌安装完好，安全检验标志、保险标志放置正确，行驶证、道路运输证、剧毒化学品道路运输通行证齐全有效、随车携带。加强运输车辆日常维护保养和安全检查，防止带病上路。运输途中要勤检查，液体危险货物运输罐车要检查紧急切断装置是否安装完好，处于关闭状态。

二是专人专车驾驶危险化学品运输车辆。危险货物运输企业、车辆、驾驶人、押运员、装卸员必须取得相应资质。驾驶员以及押运员必须接受有关法律、法规、规章和专业技术、安全知识培训，了解所运载的危险化学品性质、危害特性及发生意外的应急措施，经考核合格，方可上岗作业。

三是运输车辆注意停放。选择合理的、通行条件较好的行驶路线，远离城镇、居民区，不进入危险货物运输车禁止通行区域。运输剧毒化学品车辆要按照公安机关批准的时间、路线行驶，不得随意变更。不得在学校、机关、集市、名胜古迹、风景游览区停放，如必须在上述地区进行装卸作业或临时停车时，应征得当地公安部门的同意，并采取安全措施。做到车在人在，停车时要留人看守，闲杂人员不准接近车辆，确保车辆安全。

四是安全装卸，防止造成污染。装卸危险品时，汽车应露天停放，装卸工人应注意自身防护，穿戴必需的防护用具。危险货物装载匀称均衡、整体固定，做到一车一货，不同危险货物不能混装，不得超载。液体危险货物罐车装载完毕后，应将紧急切断阀关闭，确保无损坏、无渗漏。

五是危险化学品卸后清厢。危险品卸车后应清扫车上残留物，被危险品污染过的工具及车辆必须洗刷消毒。

三、人员中毒或窒息应急处理程序及方法

天然气基本无毒，但当天然气浓度过高时会使空气中氧含量降低，会使人头晕、呼吸加速、运动失调等，天然气燃烧不充分产生一氧化碳，会导致人中毒，严重时致人窒息死亡。

1. 中毒或窒息应急

当发现有人中毒或窒息等情况时应及时拨打120急救电话，在医务人员来到之前应采取下列措施：

（1）迅速将中毒或窒息者救出，平躺在通风处。

（2）解除中毒或窒息者一切有碍呼吸的障碍，如敞开领子、胸衣，解下裤带，清除口中异物等。

（3）当中毒或窒息者昏迷时，使其闻氨水，喝浓茶、汽水或咖啡等，不让其入睡。如果其身体发冷，要用热水袋、热毛巾等方法使其温暖。

（4）当中毒或窒息者失去知觉时，除做上述措施外，应将其放在平坦的地方，用纱布擦拭口腔，并做人工呼吸，恢复知觉后，使其保持安静。人工呼吸应延续，不得中途停止，直至送入医院。

（5）一般中毒或窒息者撤离施工现场，全部缓解需要几小时甚至一昼夜以上。重度者抢救时要仔细观察心电图，送入高压氧舱。

2. 深阀井内作业人员窒息的简易救护方法

（1）立刻将窒息者抬到新鲜空气处；

（2）对窒息者进行人工呼吸救护；

（3）同时拨打“120”急救电话求救；

（4）向上级领导汇报情况。

第四章

燃气安全事故与应急管理

第一节　燃气应急预案和燃气安全事故应急预案的编制和管理

城镇燃气是重要的市政公用设施，也是主要的工业能源，它具有易燃、易爆的特性，易引发事故。应急救援可增强事故处理能力，一旦事故发生，可根据预先制订的应急处理方法和措施，做到临危不乱，高效、快速做出应急反应，尽可能缩小事故的影响范围，将损失和危害降到最低程度。因此，正确制订、运用燃气安全事故应急处置预案，对每一家燃气企业非常重要，也很有必要。安全事故应急救援预案包括各级地方政府制订的应急救援预案、生产经营单位制订的各类应急救援预案，同时地方政府还要建立完善应急救援体系，包括预案、救援力量、物资储备等。

一、地方政府应急救援预案及体系建设

事故应急救援预案是在认识危险、了解并评估事故发生的可能性

的基础上，通过对事故后果的预测和估计，针对事故特点所制定的预防和应急处理对策，是为应对各种可能发生的事故所需的应急行动而制定的指导性文件。一般要针对具体设备、设施、场所或环境，在安全评价的基础上，根据可能的事故形式、发展过程、危害范围和破坏区域等，为降低事故损失，就事故发生后的应急救援机构、人员，救援的设施、设备、行动步骤和纲领等，预先作出的计划和安排，并编制事故应急救援预案文稿。

1. 地方政府的应急救援预案

生产安全事故具有突发性和破坏性。大部分事故发生前会显露出一定的征兆和苗头，如果不事先做好充分的应急准备工作，很难在短时间内组织起有效的抢救。为此，《中华人民共和国安全生产法》（以下简称《安全生产法》）第八十条规定，县级以上地方各级人民政府应当组织有关部门制定本行政区域内生产安全事故应急救援预案，建立应急救援体系。《中华人民共和国突发事件应对法》（以下简称《突发事件应对法》）第十八条规定，应急预案应当根据本法和其他有关法律、法规的规定，针对突发事件的性质、特点和可能造成的社会危害，具体规定突发事件应急管理工作的组织指挥体系与职责和突发事件的预防与预警机制、处置程序、应急保障措施以及事后恢复与重建措施等内容。

生产安全事故应急救援预案是指根据法律、法规、规章和标准的规定，事先制订的关于生产安全事故发生时进行紧急救援的组织、程序、措施、责任以及协调等方面的方案和计划。生产安全事故应急救援预案编制一般包括建立编制队伍、开展危险源和应急资源分析、预案编制、预案评审与发布、预案实施等过程。生产安全事故应急救援预案应当包括下列要点：

（1）明确预案的定位、指导思想、基本原则、依据、适用范围、体系的构成等。

（2）明确组织指挥体系与指挥关系。

（3）应急值守和信息报告。

（4）风险监测和及时预警，风险评估。

（5）先期处置、部门协同。

（6）指挥处置、分级响应、社会动员。

（7）第二战场，主动应战，媒体应对。

（8）综合保障、措施有力。

（9）善后处置、总结评估。

（10）附件和附则。

县级以上地方各级人民政府组织制订应急救援预案时，应当结合本行政区域内生产安全实际情况，确定容易发生重大生产安全事故的地区、行业和单位，在分析可能导致事故发生的原因的基础上，有针对性地确定应急措施。应急救援预案程序要简单，步聚要明确，保证在突发事故时应急救援预案能及时启动，并紧张有序地实施，应急救援预案中政府、部门、生产经营单位等各方的责任要明确，便于统一指挥实施。

2. 地方政府的应急救援体系

应急救援体系是指保证应急救援预案的具体落实所需要的组织、人力、物力等各种要素及其调配关系的总和，包括应急救援指挥系统、应急救援日常值班系统、应急救援信息系统、应急救援技术支持系统、应急救援组织和经费保障等。应急救援体系是一个统一指挥、分工明确、协调配合，在发生生产安全事故时能迅速启动的体系。

考虑到县级以上地方各级人民政府在应急资源方面的优势，以及在整合应急救援队伍和培训演练方面的便利条件，《安全生产法》规定这项工作必须由政府牵头，建立应急救援体系。《突发事件应对法》

第二十六条规定，县级以上人民政府应当整合应急资源，建立或者确定综合性应急救援队伍。人民政府有关部门可以根据实际需要设立专业应急救援队伍。县级以上人民政府及其有关部门可以建立由成年志愿者组成的应急救援队伍。单位应当建立由本单位职工组成的专职或者兼职应急救援队伍。县级以上人民政府应当加强专业应急救援队伍与非专业应急救援队伍的合作，联合培训、联合演练，提高合成应急、协同应急的能力。

因此，县级以上地方各级人民政府应当结合本地区实际，建立完善包括生产安全事故应急救援预案在内的应急救援体系，加强应急值班，强化应急管理人员的培训，加强物资储备和管理，切实提高生产安全事故应急能力。

二、生产经营单位的应急救援预案

生产经营单位是安全生产责任主体。一旦发生生产安全事故，生产经营单位首先开展事故救援工作。《安全生产法》第八十一条规定，生产经营单位应当制订本单位生产安全事故应急救援预案，与所在地县级以上地方人民政府组织制订的生产安全事故应急救援预案相衔接，并定期组织演练。

1. 生产经营单位应当制订本单位生产安全事故应急救援预案

根据《生产安全事故应急条例》的规定，生产经营单位应当针对本单位可能发生的生产安全事故的特点和危害，进行风险辨识和评估，制订相应的生产安全事故应急救援预案，并向本单位从业人员公布。生产安全事故应急救援预案应当符合有关法律、法规、规章和标准的规定，具有科学性、针对性和可操作性，明确规定应急组织体系、职责分工以及应急救援程序和措施。

1）应急预案体系组成

生产经营单位应结合本单位安全风险的特点，编制生产安全事故综合应急预案、专项应急预案、现场处置方案。现行国家标准《生产经营单位生产安全事故应急预案编制导则》（GB/T 29639）对综合应急预案、专项应急预案、现场处置方案进行了定义。

（1）综合应急预案是指生产经营单位为应对各种生产安全事故而制订的综合性工作方案，是本单位应对生产安全事故的总体工作程序、措施和应急预案体系的总纲。

（2）专项应急预案是指生产经营单位为应对某一种或者多种类型生产安全事故，或者针对重要生产设施、重大危险源、重大活动防止生产安全事故而制订的专项工作方案。

（3）现场处置方案是指生产经营单位根据不同生产安全事故类型针对具体场所、装置或者设施所制订的应急处置措施。

2）应急预案体系的编制

（1）成立预案编制小组。企业相关负责人担任预案编制小组的负责人，确定预案编制小组成员，成员应来自企业管理、安全、生产操作、保卫、设备、卫生、环境、抢修、物资等应急救援相关部门。也可以包括地方政府应急救援机构的代表（如消防、公安、医疗、交通等），可消除企业应急预案与地方应急预案的不一致性，明确事故影响到企业外部时涉及的单位和职责。

（2）资料收集。全面、详细地收集、整理资料，主要包括以下内容：①燃气设施周围环境条件，包括地质、地形、周围环境、气象条件（风向、气温）、交通条件；②燃气管网、场站布局和用户分布；③生产设备状况等。

（3）危险源与风险分析。进行危险因素分析及事故隐患排查、治理，确定本单位可能发生事故的危险源、事故的类型和后果，指出事故可能产生的次生、衍生事故，形成分析报告。危险辨识与风险评价应包括以下内容：①气源的种类、压力级别及特性；②场站种类及分布；③气体运输路线分布；④可能发生事故的类型、性质；⑤可能造成的事故后果；⑥事故可能影响的区域。

（4）应急资源与能力评估。包含以下内容：①企业内部应急力量的组成、各自的应急能力及分布情况；②各种重要应急设施（备）、物资的准备、布置情况；③当地政府救援机构或相邻企业可用的应急资源。

（5）应急预案编写。应急预案编制，应注重全体人员的参与和培训，使所有与事故有关人员均掌握危险源的危险性、应急处置方案和技能。应急预案应充分利用社会应急资源，与地方政府预案、上级主管单位以及相关部门的预案相衔接。

（6）应急预案评审与发布。应急预案编制完成后，应进行评审。评审由本单位主要负责人组织有关部门和人员进行，外部评审由上级主管部门或地方政府负责安全管理的部门组织。评审后，按规定报有关部门备案，并经生产经营单位主要负责人签署发布。

2. 城镇燃气企业应急预案管理

1）应急预案培训

燃气经营企业应当组织开展本单位的应急预案、应急知识、自救互救和避险逃生技能的培训活动，使有关人员了解应急预案内容，熟悉应急职责、应急处置程序和措施。应急培训的时间、地点、内容、师资、参加人员和考核结果等情况应当如实记入本单位的安全生产教育和培训档案。如果应急预案涉及社区和居民，要做好宣传教育和告知等工作。

2）应急预案演练

城镇燃气经营企业应建立应急救援预案演练制度，制订年度应急救援预案演练计划，结合本单位安全风险的特点，定期开展相应的综合应急救援演练、专项应急救援演练或者现场处置方案演练。根据《生产安全事故应急条例》的规定，易燃易爆物品、危险化学品等危险物品的生产、经营、储存、运输单位，矿山、金属冶炼、城市轨道交通运营、建筑施工单位，以及宾馆、商场、娱乐场所、旅游景区等人员密集场所经营单位，应当至少每半年组织 1 次生产安全事故应急救援预案演练，并将演练情况报送所在地县级以上地方人民政府负有安全生产监督管理职责的部门。县级以上地方人民政府负有安全生产监督管理职责的部门，应当对本行政区域内前款规定的重点生产经营单位的生产安全事故应急救援预案演练进行抽查；发现演练不符合要求的，应当责令限期改正。

应急预案演练是评估企业对不同事故发生时所发挥的效能，目的包括：测试应急预案的整体效能及兼容性；评估各方面在沟通及信息互传的水平；通过演练吸取相关知识及经验，改善应变措施的管理及效率；通过定期演练提高成员在执行应急预案时的自信心及专业性；从演练中确认及分析现有措施的不足，作出改善；保证有能力应付任何突发性的重大危机，并将可能导致的损失减至最低。

应急预案的演练应根据不同类型确定演练的形式、范围、频次和内容。应急预案的责任部门应制订书面的演习方案，并报送企业安全管理部门进行审批。在完成紧急应变演练后，有关部门须填写一份紧急应变演练记录，交回安全管理部门作为监察及分析用。在完成紧急应变演练后，演练责任部门应进行书面演练总结，并抄送安全管理部门。

3）应急预案修订

《生产安全事故应急条例》规定有下列情形之一的，生产安全事故应急救援预案制订单位应当及时修订相关预案：①制定预案所依据的法律、法规、规章、标准发生重大变化；②应急指挥机构及其职责发生调整；③安全生产面临的风险发生重大变化；④重要应急资源发生重大变化；⑤在预案演练或者应急救援中发现需要修订预案的重大问题；⑥其他应当修订的情形。

4）应急预案备案

根据《国务院关于坚持科学发展安全发展促进安全生产形势持续稳定好转的意见》，要完善企业与政府应急预案衔接机制，建立省、市、县三级安全生产应急预案报备制度。《生产安全事故应急预案管理办法》第二十六条规定，易燃易爆物品、危险化学品等危险物品的生产、经营、储存、运输单位，矿山、金属冶炼、城市轨道交通运营、建筑施工单位，以及宾馆、商场、娱乐场所、旅游景区等人员密集场所经营单位，应当在应急预案公布之日起20个工作日内，按照分级属地原则，向县级以上人民政府应急管理部门和其他负有安全生产监督管理职责的部门进行备案，并依法向社会公布。前款所列单位属于中央企业的，其总部（上市公司）的应急预案，报国务院主管的负有安全生产监督管理职责的部门备案，并抄送应急管理部；其所属单位的应急预案报所在地的省、自治区、直辖市或者社区的市级人民政府主管的负有安全生产监督管理职责的部门备案，并抄送同级人民政府应急管理部门。本条第一款所列单位不属于中央企业的，其中，非煤矿山、金属冶炼和危险化学品生产、经营、储存、运输企业，以及使用危险化学品达到国家规定数量的化工企业、烟花爆竹生产、批发经营企业的应急预案，按照隶属关系报所在地县级以上地方人民政府应急管理部门备案；本款前述单位以外的其他生产经营单位应急预案的备案，由省、自治区、直辖市人民政府负有安全生产监督管理职责的部门确定。油气输送管道运营单位的应急预案，除按照本条第一款、第二款的规定备案外，还应当抄送所经行政区域的县级人民政府应急管理部门。海洋石油开采企业的应急预案，除按照本条第一款、第二款的规定备案外，还应当抄送所经行政区域的县级人民政府应急管理部门和海洋石油安全监管机构。煤矿企业的应急预案除按照本条第一款、第二款的规定备案外，还应当抄送所在地的煤矿安全监察机构。

燃气经营企业申报应急预案备案，应当提交下列材料：①应急预案备案申报表；②应当提供应急预案评审意见；③应急预案电子文档；④风险评估结果和应急资源调查清单；⑤应急预案实施。

燃气经营企业应急预案一般由安全管理部门组织制订和解释，应急预案由公司总经理签署批准，并在批准之日起实施。

三、高危行业生产经营单位建立应急救援组织和物资配备

《安全生产法》第八十二条规定，危险物品的生产、经营、储存单位以及矿山、金属冶炼、城市轨道交通运营、建筑施工单位应当建立应急救援组织；生产经营规模较小的，可以不建立应急救援组织，但应当指定兼职的应急救援人员。危险物品的生产、经营、储存、运输单位以及矿山、金属冶炼、城市轨道交通运营、建筑施工单位应当配备必要的应急救援器材、设备和物资，并进行经常性维护、保养，保证正常运转。

1. 高危行业生产经营单位应当建立应急救援组织

一般情况下，危险物品的生产、经营、储存单位以及矿山、金属冶炼、城市轨道交通运营、建筑施工单位应当建立应急救援组织。应急救援组织是单位内部专门从事应急救援工作的独立机构。一旦发生生产安全事故，应急救援组织就能够迅速、有效地投入抢救工作，防止事故进一步扩大，最大限度地减少人员伤亡和财产损失。为了保证应急救援组织能够适应救援工作需要，应急救援组织应当对应急救援人员进行培训和必要的演练，使其了解本行业安全生产方针、政策，

有关法律、法规以及安全救护规程；熟悉应急救援组织的任务和职责；掌握救援行动的方法、技能和注意事项；熟悉本单位安全生产情况；掌握应急救援器材、设备的性能、使用方法、常见故障处理和维护保养的要求。如果生产经营规模较小、从业人员较少，发生事故时应急救援任务相对较轻，可以不建立应急救援组织，但是由于其所从事的工作具有危险性，必须指定兼职应急救援人员。兼职应急救援人员应具有与专业应急救援人员相同的素质，在发生安全事故时能够承担应急救援任务。兼职应急救援人员平时参加生产经营活动，也应安排适当的应急救援培训和演练，在发生安全事故时能够立即投入到应急救援工作中去。

专职或兼职的应急救援人员应当进行专门的应急救援培训，具备相关的应急救援知识，适应应急救援工作的需要，熟练掌握应急救援器材和设备的使用并持证上岗。

2. 高危生产经营单位应当配备必要的应急物资

根据《突发事件应对法》的规定，应对突发事件应当坚持以预防为主、预防与应急相结合的原则。没有充分的物资保障，就不可能具备应对生产安全事故的能力，更不可能及时控制、减轻和消除生产安全事故的严重危害。危险物品的生产、经营、储存、运输单位，以及矿山、金属冶炼、城市轨道交通运营、建筑施工单位由于其所从事生产经营活动的特殊性，必须配备必要的应急救援器材、设备。应急救援器材、设备的配备和维护、保养，是进行事故应急救援不可缺少的工具和手段。器材、设备必须平时予以维护、保养。

四、燃气应急储备体系建设和企业在体系中的地位

燃气经营企业应当根据供气规模建设燃气应急储备体系，用于突

发情况下急需，通常燃气企业称之为“燃气调峰”，这仅仅是功能之一。现在的管道天然气来自中石油，一旦上游出现险情、检修、减量等异常情况，下游就会出现用气紧张的局面，只有燃气企业储备充裕，就不会出现用气紧张的局面。企业获取了应有的社会效益、政治效益、市场效益、经济效益，其诚信度、地位得到了提高。

1. 我国燃气应急储备体系建设现状

近年来，我国天然气工业迅猛发展，天然气供需矛盾突出，特别是国家实施了北方地区“清洁取暖”“煤改气”，大幅提高了天然气的消费量，供暖季天然气调峰保供压力较大。如何缓解供暖季调峰压力，确保天然气供应是当前必须面对的问题。研究结果表明：①中国天然气储运设施受制于地下储气库建库地质条件复杂、气田放大压差式调峰影响气田开采寿命、LNG 调峰成本和安全风险较高、进口管道气存在中断风险等影响因素，天然气调峰设施建设进度落后于市场发展速度，难以满足天然气调峰需求量的快速增长；②多种类型储气设施并存、多渠道资源供气是未来我国天然气调峰保供的常态，需要建立天然气需求淡季重储存、旺季强优化的调峰保供体系，以满足北方供暖区天然气需求量季节性峰谷差巨大的市场。

在分析我国天然气储运设施调峰保供主要影响因素的基础上，从资源、市场需求及国家能源改革政策等方面构建中国特色综合调峰保供体系非常必要。具体应从以下几个方面持续推进：①加快推进全国天然气输配管线建设，实现互联互通；②因地制宜地发展适合我国国情的天然气调峰设施；③大力发展地下储气库，使其成为天然气调峰的首要方式；④充分发挥 LNG 的调峰优势，适度发展 LNG 调峰设施，提升海陆四大能源通道的综合利用水平；⑤加大天然气供给侧保障力度，确保国产天然气的供应主体地位；⑥积极利用经济杠杆，采取不同的定价机制，确保供气安全。

2. 燃气应急储备体系建设要求

《城镇燃气管理条例》第十二条第一款明确提出“县级以上地方人民政府应当建立健全燃气应急储备制度，组织编制燃气应急预案，采取综合措施提高燃气应急保障能力”。第三款提出“县级以上地方人民政府燃气管理部门应当会同有关部门对燃气供求状况实施监测、预测和预警”。第十三条提出“燃气供应严重短缺、供应中断等突发事件发生后，县级以上地方人民政府应当及时采取动用储备、紧急调度等应急措施，燃气经营者以及其他有关单位和个人应当予以配合，承担相关应急任务”。为缓解燃气调峰压力，各级政府持续发力，从加强日常运行调度、应急保供协调等方面持续发力，逐步研究解决，保障管网安全、平稳、高效运行。具体做法主要体现在以下方面：

（1）县级以上地方人民政府应当建立健全燃气应急储备制度，组织编制应急保供预案，采取综合措施提高应急保障能力，至少形成不低于保障本行政区域平均 3 天需求量的应急储气能力，在发生应急状况时必须保证与居民生活密切相关的民生用气供应安全可靠。

（2）供气方应当按照国家相关规定建立天然气应急储备，形成不低于其年合同销售量 10%的储气能力，承担因天然气资源突然大幅减量而产生的应急保供责任，制订应急保供供气增量方案和销售压减预案。

（3）城镇燃气企业应当按照国家相关规定建立天然气应急储备，形成不低于其年用气量 5%的储气能力，承担相应的应急保供责任，并制订用气压减预案。不可中断大用户结合购销合同和自身实际需求统筹供气安全，鼓励大用户自建自备储气设施和配套其他应急措施。

（4）为保障应急调度有序开展，调度系统各方应制订有序用气方案和应急预案，并定期开展演练。同时，相关方应将影响管网输送的生产参数和应急储备信息定期上报或实时上传至调控中心。

（5）出现下列紧急情况之一的，管网调度实行应急保供调度。一是供气方设备设施故障或天然气供应短缺或中断；二是管网设备设施故障或发生事故，严重影响管网运行；三是管网进出气严重失衡，达到应急保供预警等级；四是其他因自然灾害、社会异常事件、突发事件等不可抗力无法正常供应天然气的紧急情况。

（6）按照天然气供需缺口占当期最大用气需求比例，预警信号分为3个等级。

Ⅰ级：特别严重（红色、30%以上）；

Ⅱ级：严重（黄色、20%～30%）；

Ⅲ级：一般（蓝色、10%～20%）。

（7）应急状况下，确需压减部分用气时，根据“先安全后生产，先民用后工业，先重点后一般，局部利益服从整体利益”的原则，在受影响区域范围内具体按以下先后顺序安排有序用气：①居民炊事、生活、热水等用气；②医院、学校、福利院、养老院、政府机关等公共服务设施用户用气；③商业性公建用户用气；④天然气汽车用气；⑤不可中断的工业用户用气；⑥分布式热电联产、热电冷联产用户用气；⑦燃煤锅（窑）炉淘汰改造企业、集中供热企业用气；⑧一般工业用户生产用气；⑨燃机发电用气。

（8）当天然气进供平衡、管网系统恢复正常后，终止应急保供预警。

第二节　事故的报告与处置

一、燃气事故的类型

目前，根据燃气事故发生的性质可分为火灾爆炸事故、燃气泄漏事故、燃气中毒事故等；根据事故发生的责任不同可分为燃气责任事故和燃气非责任事故；按照事故发生的位置可分为室内燃气事故和室外燃气事故；按照事故承担责任方的不同可分为燃气安全生产事故和居民户内燃气事故。按照法规的规定和事故的危害程度大小，燃气生产安全事故可分为特别重大事故、重大事故、较大事故、一般事故等。《生产安全事故报告和调查处理条例》（国务院令 第493号）第三条规定："根据生产安全事故（以下简称事故）造成的人员伤亡或者直接经济损失，事故一般分为以下等级：（一）特别重大事故，是指造成30人以上死亡，或者100人以上重伤（包括急性工业中毒，下同），或者1亿元以上直接经济损失的事故；（二）重大事故，是指造成10人以上30人以下死亡，或者50人以上100人以下重伤，或者5 000万元以上1亿元以下直接经济损失的事故；（三）较大事故，是指造成3人以上10人以下死亡，或者10人以上50人以下重伤，或者1 000万元以上5 000万元以下直接经济损失的事故；（四）一般事故，是指造成3人以下死亡，或者10人以下重伤，或者1 000万元以下直接经济损失的事故。"

二、燃气事故的报告

燃气事故的报告对及时启动事故预案，迅速实施事故抢险抢修和救援，最大限度地降低事故的危害和损失具有十分重要的作用。

（1）安全事故发生后，现场有关人员应当立即报告本单位负责人。这是一项法定义务。事故现场，指事故具体发生的地点、事故能够影响和波及的区域，以及该区域内的物品、痕迹所处的状态。有关人员，主要指事故发生单位在事故现场的有关工作人员，既可以是事故受害者，也可以是事故现场其他人员，如班组长、安全生产管理人员等。在发生人员死亡或者重伤人员无法报告且事故现场又无其他工作人员时，任何先期发现事故的人都属于有关人员，都负有报告的义务。

立即报告，是指在事故发生后的第一时间以最快捷的方式报告，不拘于任何形式。单位负责人，可以是事故发生单位的主要负责人，也可以是事故发生单位的分管负责人。根据生产经营单位的性质、形式不同，单位负责人的范围也不同。有些生产经营单位设有指挥中心（包括调度室或调度中心等），现场有关人员只要将事故报告到单位指挥中心，由指挥中心启动应急程序，就视为向本单位负责人报告。《城镇燃气管理条例》规定，任何单位和个人发现燃气安全事故或者燃气安全事故隐患等情况，应当立即告知燃气经营者，或者向燃气管理部门、公安机关消防机构等有关部门和单位报告。

（2）单位负责人接到事故报告后，应当按照规定向政府主管部门报告，不得隐瞒不报、谎报或者迟报。《生产安全事故报告和调查处理条例》规定，发生生产安全事故的生产经营单位应当按照下列程序报告：①发生生产安全事故后，事故现场有关人员，包括有关管理人员以及从业人员，应当立即向本单位负责人报告；②单位负责人接到报告后，应当于 1 h 内向事故发生地县级以上人民政府安全生产监督管理部门和负有安全生产监督管理职责的有关部门报告；③情况紧急时，事故现场有关人员可以直接向事故发生地县级以上人民政府安全生产监督管理部门和负有安全生产监督管理职责的有关部门报告。事故报告后出现新情况的，应当及时补报。生产经营单位负责人向县级以上人民政府应急管理部门和负有安全生产监督管理职责的有关部门报告生产安全事故情况时，不得隐瞒不报、谎报或者迟报；否则，将承担相应法律责任。

（3）安全生产监督管理部门和负有安全生产监督管理职责的有关部门接到事故报告后，应当依照下列规定上报事故情况，并通知公安机关、劳动保障行政部门、工会和人民检察院：①特别重大事故、重大事故逐级上报至国务院安全生产监督管理部门和负有安全生产监督管理职责的有关部门；②较大事故逐级上报至省、自治区、直辖市人民政府安全生产监督管理部门和负有安全生产监督管理职责的有关部门；③一般事故上报至设区的市级人民政府安全生产监督管理部门和负有安全生产监督管理职责的有关部门。安全生产监督管理部门和负有安全生产监督管理职责的有关部门依照前款规定上报事故情况，应当同时报告本级人民政府。国务院安全生产监督管理部门和负有安全生产监督管理职责的有关部门，以及省级人民政府接到发生特别重大事故、重大事故的报告后，应当立即报告国务院。必要时，安全生产监督管理部门和负有安全生产监督管理职责的有关部门可以越级上报事故情况。安全生产监督管理部门和负有安全生产监督管理职责的有关部门逐级上报事故情况，每级上报的时间不得超过 2 h。事故报告后出现新情况的，应当及时补报。自事故发生之日起 30 日内，事故造成的伤亡人数发生变化的，应当及时补报。道路交通事故、火灾事故自发生之日起 7 日内，事故造成的伤亡人数发生变化的，应当及时补报。

（4）事故报告的内容：事故发生单位概况；事故发生的时间、地点以及事故现场情况；事故的简要经过；事故已经造成或者可能造成的伤亡人数（包括下落不明的人数）和初步估计的直接经济损失；已经采取的措施；其他应当报告的情况。

三、燃气安全事故应急预案实施

1. 燃气安全事故应急处理原则

（1）分级管理，先期处置的原则。燃气事故按事故响应级别成立不同层次的指挥体系。先期处置原则是指对特定的紧急事故，第一批到达现场的应急人员根据现场事态，在上报主管部门领导给予指示前，按照先期处置的有关规定先期处置，最大限度地控制事态扩展、降低损失。

（2）降低风险，挽救生命的原则。抢险、抢修方案的确定尽量减少操作安全风险；应急人员进入事故现场要做好自我防护，没有上级的指令不允许擅自进入危险区；在事故应急处理现场，若发生人员伤亡，应组织力量全力抢救伤员，就近及时送入医院抢救。

（3）制止事态扩大的原则。在事故应急处置中，若现场事态有恶化的可能，应组织人员、设备和物资，采取有效措施，防止事态进一步恶化扩大。燃气企业与相关部门密切协作，强调协调配合，分工协作，充分调动各方面的积极性，避免事故因组织拖延、调控不当造成更大的危害和损失。

（4）统一指挥，严格指令的原则。事故应急处理实行总指挥负责制，一切行动听总指挥的命令，任何应急处置人员，接到指令，立即执行命令。

（5）信息口径统一的原则。燃气安全事故信息发布应当遵循依法、及时、准确、客观、有序的原则。事故发生地区（市）政府、市专项应急指挥部要在燃气安全事故发生后及时通过报纸、电视、广播、网络等向社会发布基本情况，随后发布初步核实情况、事态进展、政府应对措施和公众安全防范措施等，根据事故处置情况做好后续发布工作，及时回应群众关切问题。应急处理的进度和信息的发布由指挥部统一口径对外公开发布。事故信息的上报应由总指挥或总指挥指定的部门（或个人）向上级主管部门报告。

2. 燃气安全事故应急预案实施程序

1）先期处置工作

（1）发生燃气安全事故后，城镇燃气企业应当按照本单位制订的应急预案，采取有效措施，组织抢救，防止事故扩大，降低燃气事故产生的影响，减少人员伤亡和财产损失，并立即将事故上报。

（2）事故发生地区（市）燃气安全事故应急机构和安全生产监督

管理部门接到事故报告后，应当立即赶赴事故现场，摸清事故的基本情况、事故类型及事故原因，对潜在危险性作出评估。按照分级响应原则由属地政府作出响应，启动燃气安全事故应急预案进行处置。应及时向市专项应急指挥部办公室报告，市专项应急指挥部根据事故情况决定是否启动本应急预案或请求省政府给予支援，并依照事故的危害程度、紧急程度和发展趋势，确定事故等级和发布预警信息。

（3）启动预案后，市专项应急指挥部立即组织相关人员赶赴事故现场，配合当地政府开展抢险救援工作。当燃气安全事故所在地区（市）应急力量不足时，可根据现场处置的要求，请求市专项应急指挥部给予支持，市专项应急指挥部要及时调配全市燃气抢险救援队伍赶赴现场进行处置，同时确定是否调集社会力量和请求驻地部队的支援。

（4）事故发生后，有关单位和人员应当妥善保护事故现场以及相关证据，任何单位和个人不得破坏事故现场、毁灭相关证据。因抢救人员、防止事故扩大以及疏通交通等原因，需要移动事故现场物件的，应当做出标志，绘制现场简图并做书面记录，妥善保存现场重要痕迹、物证。

2）中期处置工作

（1）安全警戒。设置警戒线，部署警戒力量，对影响区域实行交通管制，防止无关人员、车辆进入危险区域，影响救援工作。

（2）疏散人员。将居住在事故波及区域的群众及时疏散到安全区域，并做好事故波及区域的物资尤其是易燃易爆物品的转移工作。

（3）抢险救援。现场抢险人员进入事故中心区，应按标准进行安全防护，根据救援方案和事故处理措施要求，充分利用各种抢救设备，实施切断泄漏源、抢救伤员、保护或转移设备、封闭现场等工作，迅速排除险情。应密切注意各种危险征兆，若发现爆炸征兆时，应立即报告，并迅速撤离至安全地带。

（4）医疗抢救。应迅速在安全区域设立临时医疗救护点，对受伤人员进行紧急救治，并及时将重伤人员送至医院治疗。

（5）气源应急供应。及时切换气源或采用其他应急措施、设备，对重点区域、人群进行应急保障，避免更大损失。

（6）环境监测。立即组织对事故波及区域的大气环境进行监测，及时掌握气体浓度动态情况。

（7）后勤保障。及时组织抢险抢修物资，确保抢险工作顺利进行。

3）后期处置工作

（1）解除命令。事故处置工作基本完成，次生、衍生等危害完全消除后，市专项应急指挥部根据现场情况，决定终止应急响应，宣布解除命令。

（2）现场清理。采取各种措施，清理事故现场，对事故造成的环境影响进行评估，制订环境修复方案并组织实施。

（3）善后处置。各级政府和有关部门要积极稳妥、深入细致地做好善后处置工作。有关部门按照规定及时调拨救助资金和物资，并做好疫病防治和环境污染消除工作。对应急处置中的伤亡人员、工作人员，以及紧急调集、征用有关单位和个人的物资，要依法依规给予抚恤、补助或补偿。保险机构要及时做好有关单位和个人损失的理赔工作。

（4）调查与评估。燃气安全事故调查处理应严格遵守相关规定。一般事故由区（市）政府组织调查组进行调查；较大事故由市专项应急指挥部组织调查组进行调查，并向市政府和上级业务主管部门书面报告。对重大、特别重大安全事故，市指挥部要配合上级有关部门做好事故调查工作。

（5）恢复重建。恢复重建工作按照属地管理的原则，由事发地政府负责制订灾后重建和恢复生产、生活的计划，并组织实施。

四、事故应急处置基本知识

1. 应急事故管道抢修

抢修是指燃气管道发生爆裂、堵塞，或大面积泄漏等事故被迫全部或部分停气进行的紧急维修工程。特点是没有事先计划，必须针对发生的情况，采取及时、快速、安全、有效的措施，力求在最短的时间内完成。

燃气企业应制定抢修责任规章制度，完善各种抢修方案和应急抢险救援预案，并定期开展应急演练，保证在抢修现场及时、快速地排除事故和隐患。抢修应由经过专门训练、配备成套专用设备的专业队伍施行。燃气企业要加强抢修队伍建设，提高抢修队伍整体水平，除掌握自身的专业知识外，还应掌握燃气灭火技术、防爆技术，以及简易的人身救护技术等；要加强抢修硬件建设，配备成套的抢修专用设备、通信设备、必要的探管及检漏仪器。

事故发生后，应尽可能保护好现场，并采取必要的抢险措施，防止事故扩大蔓延。同时将事故的地点、具体情况及时向上级负责人报告。需要向“119”“110”求助的，由负责人决定。

抢修作业现场执行以下规定：

（1）根据燃气泄漏程度确定警戒区，进入警戒区的抢修人员应按规定着装，设立警示标志和防护装置；在警戒区内严禁明火，管制交通，严禁无关人员入内。

（2）当燃气发生泄漏时应立即控制气源，再实施抢修。

（3）当泄漏的燃气未发生燃烧时，应消除现场火种，防止发生火灾、爆炸事故；在调压箱、柜处切断气源，抢修时，应在调压箱、柜上悬挂“正在抢修　严禁通气”的警示牌。

（4）要做好紧急情况的人员疏散工作和及时救护伤员工作。

（5）在警戒区内不得使用非防爆型机电设备及仪器、仪表、手机、传呼机，严禁使用能产生火花的铁器等工具进行敲击。

（6）严格按规范进行现场施工作业，施工作业时应有专人监护，严禁单独作业。

（7）供气管道和设备修复后，应做全面检查，防止燃气窜入通信电缆沟、电力电缆沟、排水管道、窑井、烟道等不易察觉的场所。

（8）供气管道、设备抢修完毕，应按规定进行现场清理、检查，确认不存在安全隐患，并有效置换后方可恢复供气，通气后 30 min 抢修人员方可撤离现场；重大的抢修施工现场 2 天内应安排复查，抢险完毕，应按规定填写抢险登记表；严禁夜间施工及停气后恢复供气。

（9）当事故隐患未消除时不得撤离现场，应采取安全措施，直至查清事故原因并消除安全隐患为止。

（10）抢修完毕，现场负责人应把抢修情况及时向所属调度值班员和单位领导报告。基层调度部门应向本公司燃气调度中心汇报，重大事故按预案规定办理。

2. 抢修现场燃气中毒、爆燃事故的防范处理

1）燃气泄漏现场处置方法

（1）抢修人员进入泄漏现场后，立即控制气源，驱散积聚燃气。严禁启用非防爆型电器（如电灯、电话、排风扇、对讲机、电子照相机等），在室内应开启门窗加强自然通风。地下燃气管泄漏时，可挖坑或钻孔，散发聚积在地下的燃气，必要时可采用防爆风机强制排风。

（2）地下室和地下燃气设备泄漏时，抢修人员进入前，应打开门、窗通风或用防爆风机强制通风，排除积存混合气体；检测泄漏燃气浓度，确认其浓度在爆炸下限的 20%以下及混合气体中一氧化碳浓度小于 0.05%时，方可进入。

（3）当泄漏燃气渗入地下管沟（如电力管沟、通信管沟、下水道等）时，首先应揭开数块（个）沟盖板或井盖，散发聚积的燃气，禁止四周烟火，严禁接打手机，尽快疏散无关人员。

（4）在燃气泄漏现场探管时，严禁进行直接法或充电法作业。

2）燃气火灾与爆炸现场处置方法

（1）发生燃气火灾、爆炸等事故，危及燃气管道和设备安全时，抢修人员应会同消防部门共同抢险；

（2）燃气火灾抢险，应切断气源或降低压力控制火势，并防止燃气管道内产生负压；

（3）火势得到控制后，迅速扑灭火焰，加强现场通风，再对泄漏点、段进行抢修；

（4）燃气管道及设备发生爆炸后，抢修人员应迅速控制气源，防止次生灾害，保护事故现场。

3. 客户事故应急处理方法

（1）到达事故现场，了解事故经过及原因。若原因明确，则有针对性地排险修复；若事故原因不明，则按下列程序操作。

（2）在安全区域关闭电源总开关。严禁携带手机及其他火种进入事故现场，严禁改变任何电器开关状态。

（3）进入事故现场，首先嗅闻气味，若有天然气气味，应小心关闭表前阀、打开窗户，空气置换后进行检查。

（4）首先检查表前阀之前接管与连接部是否泄漏，若无泄漏或微小泄漏，关闭表后阀（灶前阀）及灶具开关，打开表前阀，依次对燃气表、表后阀和中间接管、管件和所有连接部位仔细检查是否泄漏；然后打开表后阀，对灶前胶管、胶管两端连接部位、灶具开关仔细检查是否泄漏。

（5）若表前阀之后发现某器件、接头泄漏，关闭表前阀，采取针对性措施，或更换器件，或更换密封胶垫，或拆卸清理后重新安装予以修复。

（6）若表前阀或之前至立管三通的接管泄漏，须关闭立管总阀，待立管压力排放后更换损坏部件，若无法关闭立管总阀，允许带气更换表前阀及之前接管（注意室外邻近不得有明火）。

（7）若抢修须停气，应告示停气影响区域内的用户关闭阀门；抢修结束恢复通气前也应告示区域内用户。

（8）户内故障抢修后，应进行置换、查漏，合格后再做点火试验。

（9）抢修登高作业应注意踩垫、扶梯稳固，未经用户许可不得踩踏灶台、橱柜；窗户外作业或户外登高作业时应系安全带，并有人监护。

（10）若已闪爆或发生火灾，抢修人员到现场后首先应检查户内设施是否漏气，若有泄漏，先关闭表前阀，若表前阀有外漏、内漏现象，应切断立管气源，以防二次事故发生；待事故原因调查清楚后再恢复供气。

（11）认真做好检查、维修、事故调查等记录，并经用户签字确认。

第三节 燃气安全事故的调查处理和责任追究

一、燃气安全事故调查处理

《城镇燃气管理条例》第四十三条明确规定："燃气安全事故经调查确定为责任事故的，应当查明原因、明确责任，并依法予以追究。对燃气生产安全事故，依照有关生产安全事故报告和调查处理的法律、行政法规的规定报告和调查处理。"燃气的生产安全事故主要是指发生在由燃气经营企业或者单位燃气用户直接负责管辖的燃气设施在运行时发生的事故，不包括居民家庭的户内设施和器具设备发生的事故。燃气的生产安全事故的调查处理适用于《生产安全事故报告和调查处理条例》，而居民家庭室内燃气事故的调查处理国家尚无专门规定，一般燃气泄漏事故由燃气主管部门依据有关法规调查处理，火灾爆炸事故由消防部门会同燃气行政主管部门、安全监管部门进行依法调查处理。

燃气生产安全事故依据生产安全事故的规定调查处理。

1. 事故调查处理的原则和要求

事故调查处理应当坚持实事求是、尊重科学的原则，及时、准确地查清事故经过、事故原因和事故损失，查明事故性质，认定事故责任，总结事故教训，提出整改措施，并对事故责任者依法追究责任。

2. 事故调查处理的责任分工

特别重大事故由国务院或者国务院授权有关部门组织事故调查组进行调查。

重大事故、较大事故、一般事故分别由事故发生地省级人民政府、设区的市级人民政府、县级人民政府负责调查。省级人民政府、设区的市级人民政府、县级人民政府可以直接组织事故调查组进行调查，也可以授权或者委托有关部门组织事故调查组进行调查。

未造成人员伤亡的一般事故，县级人民政府也可以委托事故发生单位组织事故调查组进行调查。

上级人民政府认为必要时，可以调查由下级人民政府负责调查的事故。

自事故发生之日起30日内（道路交通事故、火灾事故自发生之日起7日内），因事故伤亡人数变化导致事故等级发生变化，依照《生产安全事故报告和调查处理条例》规定应当由上级人民政府负责调查的，上级人民政府可以另行组织事故调查组进行调查。

特别重大事故以下等级事故，事故发生地与事故发生单位不在同一个县级以上行政区域的，由事故发生地人民政府负责调查，事故发生单位所在地人民政府应当派人参加。

3. 事故调查

事故调查组的组成应当遵循精简、效能的原则。

根据事故的具体情况，事故调查组由有关人民政府、安全生产监督管理部门、负有安全生产监督管理职责的有关部门、监察机关、公安机关及工会派人组成，并应当邀请人民检察院派人参加。

事故调查组可以聘请有关专家参与调查。

事故调查组成员应当具有事故调查所需要的知识和专长，并与所调查的事故没有直接利害关系。

事故调查组组长由负责事故调查的人民政府指定。事故调查组组长主持事故调查组的工作。

事故调查组应履行下列职责：

（1）查明事故发生的经过、原因、人员伤亡情况及直接经济损失；

（2）认定事故的性质和事故责任；

（3）提出对事故责任人的处理建议；

（4）总结事故教训，提出防范和整改措施；

（5）提交事故调查报告。

事故调查组有权向有关单位和个人了解与事故有关的情况，并要求其提供相关文件、资料，有关单位和个人不得拒绝。事故发生单位的负责人和有关人员在事故调查期间不得擅离职守，并应当随时接受事故调查组的询问，如实提供有关情况。事故调查中发现涉嫌犯罪的，事故调查组应当及时将有关材料或者其复印件移交司法机关处理。

事故调查中需要进行技术鉴定的，事故调查组应当委托具有国家规定资质的单位进行技术鉴定。必要时，事故调查组可以直接组织专家进行技术鉴定。技术鉴定所需时间不计入事故调查期限。

事故调查组成员在事故调查工作中应当诚信公正、恪尽职守，遵守事故调查组的纪律，保守事故调查的秘密。

未经事故调查组组长允许，事故调查组成员不得擅自发布有关事故的信息。

4. 事故调查报告

事故调查组应当自事故发生之日起60日内提交事故调查报告；特殊情况下，经负责事故调查的人民政府批准，提交事故调查报告的期限可以适当延长，但延长的期限最长不超过60日。

事故调查报告应包括以下内容：

（1）事故发生单位概况；

（2）事故发生经过和事故救援情况；

（3）事故造成的人员伤亡和直接经济损失；

（4）事故发生的原因和事故性质；

（5）事故责任的认定以及对事故责任者的处理建议；

（6）事故防范和整改措施。

事故调查报告应当附具有关证据材料。事故调查组成员应当在事故调查报告上签名。

事故调查报告报送负责事故调查的人民政府后，事故调查工作即宣告结束。事故调查的有关资料应当归档保存。

5. 事故处理

重大事故、较大事故、一般事故，负责事故调查的人民政府应当自收到事故调查报告之日起15日内作出批复；特别重大事故，30日内作出批复，特殊情况下，批复时间可以适当延长，但延长的时间最长不超过30日。有关机关应当按照人民政府的批复，依照法律、行政法规规定的权限和程序，对事故发生单位和有关人员进行行政处罚，对负有事故责任的国家工作人员进行处分。事故发生单位应当按照负责事故调查的人民政府的批复，对本单位负有事故责任的人员进行处理。负有事故责任的人员涉嫌犯罪的，依法追究刑事责任。

事故发生单位应当认真吸取事故教训，落实防范和整改措施，防止事故再次发生。防范和整改措施的落实情况应当接受工会和职工的监督。安全生产监督管理部门和负有安全生产监督管理职责的有关部门应当对事故发生单位落实防范和整改措施的情况进行监督检查。

事故处理的情况由负责事故调查的人民政府或者其授权的有关部门、机构向社会公布，依法应当保密的除外。

6. 事故结案归档

事故结案后，应归档的资料包括：职工伤亡事故登记表；事故调查报告书及批复；现场调查记录、图纸、照片；技术鉴定和试验报告；人证、物证材料及直接、间接经济损失材料；事故责任者的自述材料；医疗部门对伤亡人员的诊断书；发生事故的工艺条件、操作情况和设计资料；处分决定和受处分人员的检查材料；有关事故通报、简报及文件；安全教育记录及防范措施；注明参加调查组的人员姓名、职务、单位等。

二、燃气事故的责任追究

1. 生产安全事故责任追究制度

生产安全事故责任追究制度，是根据责任性质和大小，依照《安全生产法》及相关法律、法规，追究安全事故责任人员法律责任的制度。安全事故责任追究制度是安全生产责任制的深化，是加强安全生产，防止特大、恶性事故的重要保障，从制度上保证各级领导干部对安全生产负起领导责任的重要举措，能够增强责任主体危机感和责任感，确保安全生产责任制的有效落实。

《安全生产法》第十六条明确规定“国家实行生产安全事故责任追究制度，依照本法和有关法律、法规的规定，追究生产安全事故责任单位和责任人员的法律责任”。

国务院《关于特大安全事故行政责任追究的规定》（国务院令 第302号）第二条规定，地方人民政府主要领导人和政府有关部门正职负责人对所规定特大安全事故的防范、发生，依照法律、行政法规和本规定的规定有失职、渎职情形或者负有领导责任的，依照本规定给予行政处分；构成玩忽职守罪或者其他罪的，依法追究刑事责任。地方人民政府和政府有关部门对特大安全事故的防范、发生直接负责的主管人员和其他直接责任人员，比照本规定给予行政处分；构成玩忽职守罪或者其他罪的，依法追究刑事责任。特大安全事故肇事单位和个人的刑事处罚、行政处罚和民事责任，依照有关法律、法规和规章的规定执行。

《城镇燃气管理条例》第四十三条规定：“燃气安全事故经调查确定为责任事故的，应当查明原因、明确责任，并依法予以追究。对燃气生产安全事故，依照有关生产安全事故报告和调查处理的法律、行政法规的规定报告和调查处理。”生产安全事故对国家、群众的生命财产安全造成损失，对因人为原因造成的责任事故，必须依法追究责任者的法律责任。

2. 生产安全事故责任者法律责任追究

《安全生产法》及相关法律法规规定，对生产安全事故责任者，由有关主管机关依法追究其行政责任；构成犯罪的，由司法机关依法追究其刑事责任。

1）行政责任

行政责任是指有违反有关行政管理的法律、法规的规定，但尚未构成犯罪的行为所依法应当承担的法律后果。行政责任主要有行政处罚和行政处分两种方式。

（1）行政处罚，是指行政机关或其他行政主体依法定职权和程序对违反行政法规尚未构成犯罪的行政管理相对人给予行政制裁的具体行政行为。《中华人民共和国行政处罚法》第四条明确规定“公民、法人或者其他组织违反行政管理秩序的行为，应当给予行政处罚的，依照本法由法律、法规、规章规定，并由行政机关依照本法规定的程序实施”。第八条规定“公民、法人或者其他组织因违法行为受到行政处罚，其违法行为对他人造成损害的，应当依法承担民事责任。违法行为构成犯罪，应当依法追究刑事责任的，不得以行政处罚代替刑事处罚”。第九条规定“行政处罚的种类包括警告、通报批评；罚款、没收违法所得、没收非法财物；暂扣许可证件、降低资质等级、吊销许可证件；限制开展生产经营活动、责令停产停业、责令关闭、限制从业；行政拘留；法律、行政法规规定的其他行政处罚”。

《安全生产法》第八十七条规定“生产经营单位发生生产安全事故，经调查确定为责任事故的，除了应当查明事故单位的责任并依法予以追究外，还应当查明对安全生产的有关事项负有审查批准和监督职责的行政部门的责任，对有失职、渎职行为的，依照本法第九十条的规定追究法律责任”。第九十条规定“负有安全生产监督管理职责的部门的工作人员，有下列行为之一的，给予降级或者撤职的处分；构成犯罪的，依照刑法有关规定追究刑事责任：（一）对不符合法定安全生产条件的涉及安全生产的事项予以批准或者验收通过的；（二）发现未依法取得批准、验收的单位擅自从事有关活动或者接到举报后不予取缔或者不依法予以处理的；（三）对已经依法取得批准的单位不履行监督管理职责，发现其不再具备安全生产条件而不撤销原批准或者发现安全生产违法行为不予查处的；（四）在监督检查中发现重大事故隐患，不依法及时处理的。负有安全生产监督管理职责的部门的工作人员有前款规定以外的滥用职权、玩忽职守、徇私舞弊行为的，依法给予处分；构成犯罪的，依照刑法有关规定追究刑事责任”。

（2）行政处分，国家行政机关依照行政隶属关系给予有违法失职行为的国家机关公务人员的一种惩罚措施，包括警告、记过、记大过、降级、撤职、开除。

对国家公职人员政务处分的依据是《中华人民共和国公务员法》（2019）、《中华人民共和国公职人员政务处分法》（2020）。《公职人员政务处分法》第三条明确规定“监察机关应当按照管理权限，加强对公职人员的监督，依法给予违法的公职人员政务处分。公职人员任免机关、单位应当按照管理权限，加强对公职人员的教育、管理、监督，依法给予违法的公职人员处分”。第二十一条明确规定“国有企业管理人员在政务处分期内，不得晋升职务、岗位等级和职称；其中，被记过、记大过、降级、撤职的，不得晋升薪酬待遇等级。被撤职的，降低职务或者岗位等级，同时降低薪酬待遇”。

2）刑事责任

刑事责任是指犯罪人因实施犯罪行为应当承担的法律责任，按刑事法律的规定追究其法律责任，包括主刑和附加刑两种刑事责任。主刑，是对犯罪分子适用的主要刑罚，它只能独立使用，不能相互附加适用。主刑分为管制、拘役、有期徒刑、无期徒刑和死刑。附加刑分为罚金、剥夺政治权利、没收财产。刑事责任是最严厉的法律责任。

《刑法》提出“放火、决水、爆炸以及投放毒害性、放射性、传染病病原体等物质或者以其他危险方法危害公共安全，尚未造成严重后果的，处三年以上十年以下有期徒刑。放火、决水、爆炸以及投放毒害性、放射性、传染病病原体等物质或者以其他危险方法致人重伤、死亡或者使公私财产遭受重大损失的，处十年以上有期徒刑、无期徒刑或者死刑。过失犯前款罪的，处三年以上七年以下有期徒刑；情节较轻的，处三年以下有期徒刑或者拘役。破坏电力、燃气或者其他易燃易爆设备，危害公共安全，尚未造成严重后果的，处三年以上十年以下有期徒刑。破坏交通工具、交通设施、电力设备、燃气设备、易燃易爆设备，造成严重后果的，处十年以上有期徒刑、无期徒刑或者死刑”。《安全生产法》《城镇燃气管理条例》“法律责任”有关条款及《关于特大安全事故行政责任追究的规定》对造成严重事故后果的违法行为，规定要依法追究刑事责任，按照《刑法》的有关规定追究刑事责任。

3. 生产安全事故责任落实

通常按“谁主管，谁负责”的原则设定：

（1）行政首长负责制。政府部门、企事业单位的行政首长是安全生产总负责人，对安全生产事故预防负领导责任，要采取措施预防事故发生。

（2）分级责任制。按照“谁主管，谁负责”的原则，将安全生产责任层层落实。

（3）岗位责任制。将安全生产事故责任落实到岗位、到人员。

（4）技术责任制。预防安全事故的技术把关，具体体现是审批制、隐患整改制和“三同时”制度等。

4. 燃气行政管理部门法定管理责任

《关于特大安全事故行政责任追究的规定》规定的下列事项赋予从事燃气管理工作的人员的管理责任，必须认真执行：

（1）依法对涉及安全生产事项负责行政审批（包括批准、核准、许可、注册、认证、颁发证照、竣工验收等，下同）的政府部门或者机构，必须严格依照法律、法规和规章规定的安全条件和程序进行审查；不符合法律、法规和规章规定的安全条件的，不得批准；不符合法律、法规和规章规定的安全条件，弄虚作假，骗取批准或者勾结串通行政审批工作人员取得批准的，负责行政审批的政府部门或者机构除必须立即撤销原批准外，应当对弄虚作假骗取批准或者勾结串通行政审批工作人员的当事人依法给予行政处罚；构成行贿罪或者其他罪的，依法追究刑事责任。负责行政审批的政府部门或者机构违反前款规定，对不符合法律、法规和规章规定的安全条件予以批准的，对部门或者机构的正职负责人，根据情节轻重，给予降级、撤职直至开除公职的行政处分；与当事人勾结串通的，应当开除公职；构成受贿罪、玩忽职守罪或者其他罪的，依法追究刑事责任。

（2）对依法取得批准的单位和个人，负责行政审批的政府部门或者机构必须对其实施严格监督检查；发现其不再具备安全条件的，必须立即撤销原批准。负责行政审批的政府部门或者机构违反法规规定，不对取得批准的单位和个人实施严格监督检查，或者发现其不再具备安全条件而不立即撤销原批准的，对部门或者机构的正职负责人，根据情节轻重，给予降级或者撤职的行政处分；构成受贿罪、玩忽职守罪或者其他罪的，依法追究刑事责任。

（3）对未依法取得批准，擅自从事有关活动的，负责行政审批的政府部门或者机构发现或者接到举报后，应当立即予以查封、取缔，并依法给予行政处罚；属于经营单位的，由工商行政管理部门依法相应吊销营业执照。负责行政审批的政府部门或者机构违反法规规定，对发现或者举报的未依法取得批准而擅自从事有关活动的，不予查封、取缔、不依法给予行政处罚，工商行政管理部门不予吊销营业执照的，对部门或者机构的正职负责人，根据情节轻重，给予降级或者撤职的行政处分；构成受贿罪、玩忽职守罪或者其他罪的，依法追究刑事责任。

（4）负责行政审批的政府部门或者机构、负责安全监督管理的政府有关部门，未依照本规定履行职责，发生特大安全事故的，对部门或者机构的正职负责人，根据情节轻重，给予撤职或者开除公职的行政处分；构成玩忽职守罪或者其他罪的，依法追究刑事责任。

（5）特大安全事故发生后，有关县（市、区）、市（地、州）和省、自治区、直辖市人民政府及政府有关部门应当按照国家规定的程序和时限立即上报，不得隐瞒不报、谎报或者拖延报告，并应当配合、协助事故调查，不得以任何方式阻碍、干涉事故调查。特大安全事故发生后，有关地方人民政府及政府有关部门违反规定的，对政府主要领导人和政府部门正职负责人给予降级的行政处分。

第四节　燃气事故预防和管理

燃气事故预防和管理是燃气安全管理的一项重要工作，具有严谨的技术性、严密的科学性和严格的政策性。搞好事故预防和管理，对掌握事故信息，认识系统中潜在的危险及隐患，提高安全管理水平，采取有效的防范措施，防止类似事故的重复发生，具有非常重要的作用。《城镇燃气管理条例》规定，燃气经营者应当建立健全燃气安全评估和风险管理体系，发现燃气安全事故隐患的，应当及时采取措施消除隐患。燃气管理部门以及其他有关部门和单位应当根据各自职责，对燃气经营、燃气使用的安全状况等进行监督检查，发现燃气安全事故隐患的，应当通知燃气经营者、燃气用户及时采取措施消除隐患；不及时消除隐患可能严重威胁公共安全的，燃气管理部门以及其他有关部门和单位应当依法采取措施，及时组织消除隐患，有关单位和个人应当予以配合。

一、安全隐患识别

为规范公用管道定期检验工作，国家质检总局组织编写了现行行业标准《压力管道定期检验规则——公用管道》（TSG D7004）。

（1）按照定期检验方式和要求，GB1 级管道依据设计压力（P，单位为 MPa）划分为以下级别：GB1-Ⅰ级（$2.5<P\leqslant4.0$）、GB1-Ⅱ级高压燃气管道（$1.6<P\leqslant2.5$）；GB1-Ⅲ级（$0.8<P\leqslant1.6$）、GB1-Ⅳ级次高压燃气管道（$0.4<P\leqslant0.8$）；GB1-Ⅴ级（$0.2<P\leqslant0.4$）、GB1-Ⅵ级中压燃气管道（$0.1<P\leqslant0.2$）。

（2）GB1 管道定期检验的基本方式和要求：

①GB1-Ⅰ级、GB1-Ⅱ级高压燃气管道，定期检验包括年度检查、全面检验与合于使用评价，定期检验要求（包括报告格式）参照现行行业标准《压力管道定期检验规则——长输管道》（TSG D7003），其地区级别按照现行国家标准《城镇燃气设计规范》（GB 50028）划分；

②GB1-Ⅲ级次高压燃气管道，定期检验包括年度检查、全面检验与合于使用评价，定期检验要求按照本规则执行；

③GB1-Ⅳ级次高压燃气管道、GB1-Ⅴ级和 GB1-Ⅵ级中压燃气管道，定期检验包括年度检查和全面检验，定期检验要求按照本规则执行。

城镇燃气输配系统中的门站、调压站（器）管道及其安全保护装置、附属设施的定期检验参照工业管道、压力容器定期检验有关要求执行。

（3）GB2 级管道，如果为管沟敷设或者架空敷设，管道本身、附属设施与安全保护装置定期检验参照工业管道、压力容器定期检验有关要求执行；如果为直埋敷设，定期检验按照本规则中压燃气管道的要求进行。

（4）年度检查，是指在运行过程中的常规性检查。年度检查至少每年 1 次，进行全面检验的年度可以不进行年度检查。年度检查通常由管道使用单位管道作业人员进行，也可以委托国家质检总局核准的具有资质的检验检测机构进行。

全面检验，是指按一定的检验周期对在用管道进行的基于风险的检验。新建管道的首次全面检验时间不能超过本规则第二十九条表 1

的规定，首次全面检验之后的检验周期按照本规则第三十条确定。

承担管道全面检验的检验机构，应当经国家质检总局核准，其中高压燃气管道的全面检验应当由具有长输（油气）管道全面检验资质的检验机构进行。

合于使用评价，在全面检验之后进行。合于使用评价包括对管道进行的应力分析计算，对危害管道结构完整性的缺陷进行的剩余强度评估与超标缺陷安全评定，对危害管道安全的主要潜在危险因素进行的管道剩余寿命预测，以及在一定条件下开展的材料适用性评价。

承担管道合于使用评价的机构由国家质检总局核准。

（5）属于下列情况之一的管道，全面检验周期应当适当缩短：

①新建 GB1-Ⅲ级次高压燃气管道、GB1-Ⅰ级和 GB1-Ⅱ级高压燃气管道首次进行全面检验的；

②1 年内发生两次影响管道安全运行的泄漏事故的；

③发现严重局部腐蚀或者全面腐蚀的；

④承受交变载荷，可能导致疲劳失效的；

⑤防腐（保温）层损坏严重的；

⑥风险评估发现风险值较高的；

⑦年度检查中发现除本条前几项以外的严重问题的；

⑧检验人员和使用单位认为应该缩短全面检验周期的。

（6）属于下列情况之一的管道，如果超出风险可接受程度，应当立即进行全面检验，GB1-Ⅲ级次高压燃气管道还应当在全面检验基础上进行合于使用评价：

①运行工况发生显著改变从而导致运行风险提高的；

②GB1 级管道输送介质种类发生变化，改变为更危险介质的；

③GB1 级管道停用超过 1 年后再启用的；

④年度检查结论要求进行全面检验的；

⑤所在地发生滑坡、泥石流等重大地质灾害的；

⑥有重大改造维修的。

二、事故统计分析制度

燃气事故统计分析制度是一项法定制度，《城镇燃气管理条例》第三十九条规定：燃气管理部门应当会同有关部门制定燃气安全事故应急预案，建立燃气事故统计分析制度，定期通报事故处理结果。事故管理包括对事故的调查、分析、研究、报告、处理、统计和归档等一系列工作。通过对城镇燃气事故的科学管理，可以掌握事故的发生原因，找出系统中人、物、环境及管理等方面的薄弱环节，揭示事故发生的规律；可以有的放矢地提出避免事故发生的技术对策，编制事故应急预案，并为制定相关的安全法规、标准提供科学依据；可以及时、准确地掌握燃气行业安全生产和用气的情况，促进事故防范和安全管理的技术进步。

在分析事故原因时，先要认真整理和研究调查材料，并从直接原因入手，即从机械、物质或环境的不安全状态和人的不安全行为入手，确定导致事故的直接原因（指直接导致事故发生的原因）后，逐步深入到间接原因（指直接原因得以产生和存在的原因，一般可以理解为管理上的原因）进行分析，找出事故主要原因，从而掌握事故的全部原因。分清主次，进行事故责任分析。

事故间接原因主要按以下方面进行分析：技术上和设计上是否有缺陷，如建（构）筑物、设备、构件、仪器仪表、工艺过程、操作方法、检修检验等的设计、施工和材料使用存在的问题；未经教育培训或培训教育不够，不懂或缺乏操作知识；劳动组织不合理；对现场工作缺乏检查监督或指挥失策；没有操作规程或不健全；没有或不认真实施防范措施，对事故隐患整改不力等。

对事故责任分析，必须以严肃认真态度对待，要根据事故调查所确认的事实，通过对直接原因和间接原因的分析，确定事故的直接责任者和领导责任者，然后在此基础上，根据事故发生过程中的作用，确定事故的主要责任者。最后，根据事故后果和责任者应负的责任提出处理意见。

三、燃气经营企业的风险管理体系、安全生产条件、安全风险评价

《生产安全事故应急预案管理办法》第十条规定，编制应急预案前，编制单位应当进行事故风险辨识、评估和应急资源调查。事故风险辨识、评估，是指针对不同事故种类及特点，识别存在的危险危害因素，分析事故可能产生的直接后果以及次生、衍生后果，评估各种后果的危害程度和影响范围，提出防范和控制事故风险措施的过程。应急资源调查，是指全面调查本地区、本单位第一时间可以调用的应急资源状况和合作区域内可以请求援助的应急资源状况，并结合事故风险辨识评估结论制订应急措施的过程。

1. 风险管理体系

风险管理体系是指燃气企业识别风险、衡量风险、分析风险，从而有效控制风险，通过最经济的办法处理风险，实现最佳安全供气的科学管理方法。风险管理与安全管理不同，内容比安全管理广泛，不仅包括预测、预防事故和灾害发生，而且包括保险、投资等风险领域，主要目标是尽可能减少风险的经济损失。安全管理强调的是减少、消除事故。风险管理目标是鉴别风险、控制风险，预防事故，事故发生后尽可能地提供补偿，减少损失危害，保障企业安全生产和各项活动顺利进行。

风险管理的理论体系包括风险分析、风险评价和风险控制 3 个方

面。风险分析是指在特定的系统中进行危险辨识、频率分析、后果分析的全过程，研究风险发生的可能性及其他所产生的后果和损失。风险评价是指在风险分析的基础上，研究风险的标准以及可接受的准则，以及如何处理对待风险。风险控制是在现有技术和管理水平上，根据风险评价的原则和标准，提出风险解决方案，选择最优方案并予以实施的过程。

2. 安全生产条件

《安全生产许可证条例》(2014 修订）第六条规定企业取得安全生产许可证，应当具备下列安全生产条件：①建立、健全安全生产责任制，制定完备的安全生产规章制度和操作规程；②安全投入符合安全生产要求；③设置安全生产管理机构，配备专职安全生产管理人员；④主要负责人和安全生产管理人员经考核合格；⑤特种作业人员经有关业务主管部门考核合格，取得特种作业操作资格证书；⑥从业人员经安全生产教育和培训合格；⑦依法参加工伤保险，为从业人员缴纳保险费；⑧厂房、作业场所和安全设施、设备、工艺符合有关安全生产法律、法规、标准和规程的要求；⑨有职业危害防治措施，并为从业人员配备符合国家标准或者行业标准的劳动防护用品；⑩依法进行安全评价；⑪有重大危险源检测、评估、监控措施和应急预案；⑫有生产安全事故应急救援预案、应急救援组织或者应急救援人员，配备必要的应急救援器材、设备；⑬法律、法规规定的其他条件。

3. 安全评价和风险评价

安全评价是对事故发生的可能性和严重程度进行定性或定量评价，在此基础上按照事故风险的大小进行等级划分，以确定安全管理的重点。安全评价与风险评价本质相同，风险评价从不安全的角度评价安全的程度，安全评价、风险评价方法及程序基本相同。评价要尽可能地把各种危险有害因素的影响范围及程度都表达出来。定性评价方法可以及时判断各类危险有害因素，并给予相应的等级，方法简单易行。定性评价方法的等级划分标准相对宽松，在评价过程中易掺杂较多的主观因素。定量评价方法虽然可以较准确地给出危险有害因素的影响范围和程度，但是操作复杂，需要采集大量的原始及历史数据、资料。只有对大量事故资料进行统计、分析，才能得到基础数据，作为进行定量评价的基础。目前，在城镇燃气系统开展的安全评价中多采用定性评价方法。

城市燃气系统是一个可维修的、复杂的、网络化的综合设施，在进行燃气系统的风险评价时，首先应确定评价的范围，不仅包括物理范围，也应包括时间范围。燃气系统在设计、施工建设、投产、运行、置换、维修、废弃过程中均存在风险，燃气系统的技术风险评价的范围通常有以下几个方面：一是新建、扩建、改建项目及新技术、新设备、新材料的风险预评价，在可行性研究阶段采用科学的定性和定量风险评价方法对项目的风险进行分析和评价，识别出潜在的危害因素，并提出预防措施，初步设计阶段使系统风险得到削减或控制。二是燃气工程施工中的坍塌、管道搬运作业、施焊作业等带来的安全风险，在施工作业前应做全面的风险评价。三是管道及设备的抢险抢修、置换作业的风险评价，主要来自泄漏燃气发生燃烧、爆炸，从而造成对作业人员的危害的可能性。四是在役管道、装置设备、场站的风险评价。五是管道、装置设备废弃的风险评价。燃气管道、装置及设备废弃时，如果处理不善，内部残留燃气可能会带来危害。

四、燃气安全事故防范措施

1. 制订发展规划

燃气管理部门依法制订切实可行的燃气发展专项规划，抓好落实，新建、改建、扩建工程同步进行燃气配套工程的设计、施工、验收，避免重复施工以及重复施工造成的破坏。燃气经营企业及时将燃气管网资料报城建档案部门备案。

2. 加强燃气工程监管

严格选材，完善燃气工程监管制度，加强燃气工程设计、施工、监理、验收等全过程管理。燃气经营企业或者建设单位对各类设备、设施、材料、配件认真采购，尤其是高压管道严格筛选，确保质量。设计、施工、监理单位资质齐备，按图施工，严格按标准验收，确保工程质量符合标准。

3. 建立健全规章制度

燃气经营企业要高度重视各项规章制度的制定工作，包括岗位操作规程、岗位责任制、应急救援预案、消防组织机构、内部巡查巡检记录、设备运行记录、设备检定记录、各种台账档案、设施设备维护规程等。通过培训、学习、桌面演练、实际演习等多种形式贯彻落实，从根源上消除事故隐患，增强事故预防救援能力。

4. 大力宣传燃气安全使用常识

将燃气安全宣传作为一项长期的、连续性工作来抓。燃气管理部门和燃气企业充分利用广播、电视、报纸等新闻媒介，采取文艺宣传、科普教育、知识竞赛、发放安全手册等方式宣传燃气安全常识，与用户建立良好的沟通渠道，公布报警、报修电话，设立联系信箱，制定24 h值班制度。

5. 加大燃气安全投入

燃气经营企业要依法加大燃气设施安全投入，及时接受和引进新技术、新产品，更新改造老旧设备设施，确保运行安全。提高燃气供应系统的可靠性，创造更加安全的燃气运行环境，如推广带熄火保护的燃气灶具，推广使用可燃气体报警器及其报警切断装置等。

6. 加强燃气行业管理部门的监管职责

燃气行业管理部门要制定燃气安全管理体系，层层落实燃气安全责任制，培养和树立安全观念和安全意识，切实做好燃气行业的安全管理工作。

五、重大危险源的管理和事故控制

1. 重大危险源

1）“重大危险源”的定义

《中华人民共和国安全生产法》定义“重大危险源”为长期地或者临时地生产、搬运、使用或者储存危险物品，且危险物品的数量等于或者超过临界量的单元（包括场所和设施）。危险化学品是指具有毒害、腐蚀、爆炸、燃烧、助燃等性质，对人体、设施、环境具有危害的剧毒化学品和其他化学品。单元是指涉及危险化学品的生产、储存装置、设施或场所，分为生产单元和储存单元。CNG 加气站、燃气储配站、LNG 液化工厂和气化站、LPG 储配站和灌瓶站等均属于重大危险源。

2）重大危险源辨识

根据现行国家标准《危险化学品重大危险源辨识》（GB 18218）和《安全生产法》的规定，生产单元、储存单元内存在危险化学品的数量等于或超过临界量，即被评为重大危险源。危险化学品储罐区以及其他容器、设备或仓储区的危险化学品的实际存在量按设计最大量确定。

燃气经营企业应当对本单位的重大危险源进行登记建档，报当地政府主管部门。

3）重大危险源评估

燃气经营企业应当对本单位重大危险源进行安全评估并确定重大危险源等级。安全评估报告包括重大危险源的基本情况，危险、有害因素辨识与分析，可能发生的事故类型、严重程度，重大危险源等级，安全对策措施，应急救援措施和评估结论等。安全评估报告应报当地政府主管部门。重大危险源安全评估可以与本单位的安全评价一起进行，以安全评价报告代替安全评估报告，也可以单独进行重大危险源安全评估。

重大危险源的生产过程以及材料、工艺、设备、防护措施和环境等因素发生重大变化，或者国家有关法规、标准发生变化时，燃气经营企业应当对重大危险源重新进行安全评估，并将有关情况报当地政府主管部门。

2. 重大危险源安全管理

《中华人民共和国安全生产法》第四十条规定："生产经营单位对重大危险源应当登记建档，进行定期检测、评估、监控，并制定应急预案，告知从业人员和相关人员在紧急情况下应当采取的应急措施。生产经营单位应当按照国家有关规定将本单位重大危险源及有关安全措施、应急措施报有关地方人民政府应急管理部门和有关部门备案。有关地方人民政府应急管理部门和有关部门应当通过相关信息系统实现信息共享。"

（1）燃气经营企业应建立健全完善重大危险源安全管理规章制度和安全操作规程，并保证执行。燃气经营企业应根据构成重大危险源的危险化学品种类、数量、生产、使用工艺（方式）或者相关设备、设施等实际情况，建立健全安全监测监控体系，完善控制措施。

（2）燃气经营企业应定期对重大危险源的安全设施和安全监测监控系统进行检测、检验，并经常性维护、保养，保证重大危险源的安全设施和安全监测监控系统有效、可靠运行。维护、保养、检测应做好记录，并由有关人员签字。

（3）燃气经营企业应当明确重大危险源中关键装置、重点部位的责任人或者责任机构，并对重大危险源的安全生产状况定期检查，及时消除事故隐患。事故隐患难以立即排除的，应当及时制订治理方案，落实整改措施、责任、资金、时限和预案。

（4）燃气经营企业应当对重大危险源的管理和操作岗位人员进行安全操作技能培训，使其了解重大危险源的危险特性，熟悉重大危险源安全管理规章制度和安全操作规程，掌握本岗位的安全操作技能和应急措施。

（5）燃气经营企业应当在重大危险源所在场所设置明显的安全警示标志，写明紧急情况下的应急处置办法。重大危险源风险提示主要内容包括重大危险源名称、具体位置、危险物质及储存数量、风险及控制措施、紧急情况下的应急措施等。

（6）燃气经营企业应当将重大危险源可能发生的事故后果和应急措施等信息，以适当方式告知可能受影响的单位、区域及人员。

（7）燃气经营企业应当依法制订重大危险源事故应急预案，建立应急救援组织或者配备应急救援人员，配备必要的防护装备级应急救援器材、设备、物资，并保障其完好和方便使用。燃气经营企业应当制订重大危险源事故应急预案演练计划，并按照要求进行演练：重大危险源专项应急预案每年演练 1 次；对重大危险源现场处置方案，每半年至少进行 1 次。演练结束后，燃气经营企业评估演练效果，撰写演练评估报告，提出修订意见，并及时修订完善。

（8）燃气经营企业应当对辨识确认的重大危险源及时、逐项进行登记建档。重大危险源档案应当包括下列文件、资料：辨识、分级记录；重大危险源基本特征表；涉及的所有化学品安全技术说明书；区域位置图、平面布置图、工艺流程图和主要设备一览表；重大危险源安全管理规章制度及安全操作规程；安全监测监控系统、措施说明、检测、检验结果；重大危险源事故应急预案、评审意见、演练计划和评估报告；安全评估报告或者安全评价报告；重大危险源关键装置、重点部位的责任人、责任机构名称；重大危险源场所安全警示标志的设置情况；其他文件、资料。

（9）燃气经营企业在完成重大危险源安全评估报告或者安全评价报告后15日内，应当填写重大危险源备案申请表，连同重大危险源档案材料，报送本地政府主管部门备案。重大危险源出现变化，燃气经营企业应当及时更新档案，并向本地县级人民政府主管部门重新备案。

（10）燃气经营企业新建、改建和扩建燃气建设项目，应当在建设项目竣工验收前完成重大危险源的辨识、安全评估和分级、登记建档工作，并向本地县级人民政府主管部门备案。

3. 危险源的事故控制

控制、消除、预防和减弱危险、危害因素的技术措施、管理措施，是事故预防对策中非常重要的一个环节，可以采取如下对策：一是机械化、自动化施工、维护机具，不停气施工技术。二是能完整地安全联锁控制、紧急切断、止回、放散、监控、隔离、防腐、防雷、防火、防爆等装置。三是严格各项性能试验、检验，如强度、气密、计量调压器具、管材、管件、容器等。四是安全可靠的电气、电子、通信系统、计算机系统。五是先进、完好的储存、输配、充装、使用设施设备；按规定维护、保养、检修和计划维修。六是遵循人机关系，优化燃气场站工作环境，配备个人防护用品。

危险源的控制是利用工程技术手段和管理手段消除、控制危险源，防止危险源导致事故、造成人员伤亡和财物损失的工作。危险源的控制可从 3 个方面进行，即技术控制、人的行为控制和管理控制。

（1）技术控制。控制危险源主要通过技术手段来实现。危险源控制技术包括防止事故发生的安全技术和减少或避免事故损失的安全技术。危险源控制主要技术有消除、控制、防护、隔离、监控、保留和转移等。

（2）人的行为控制。即控制人为失误，减少人的不正确的行为对危险源的触发作用。人为失误形式有操作失误、指挥错误、不正确的判断或缺乏判断、粗心大意、厌烦、懒散、疲劳、紧张、疾病或生理缺陷、错误地使用防护用品和防护装置等。人的行为控制首先是加强教育培训，做到人的安全化；其次是应做到操作安全化。

（3）管理控制。通过一系列有计划、有组织的安全管理活动，达到对危险源控制的目的。

①建立健全危险源管理规章制度。

②明确责任、定期检查。根据危险源等级，确定各级负责人，明确具体责任，明确各级定期检查责任。检查要逐条逐项、按规定的方法和标准检查，并做记录。若发现隐患则应按信息反馈制度及时反馈，促使其及时得到消除。凡未按要求履行检查职责而导致事故者，要依法追究其责任。专职安检人员要对各级人员实行检查的情况定期检查、监督并严格考评。

③加强日常管理。执行危险源日常管理规章制度。搞好安全值班、交接班，按安全检查表进行日常安全检查，危险作业经过审批等。做好活动记录。

④抓好信息反馈、及时整改隐患。建立健全危险源信息反馈系统，制定信息反馈制度并严格贯彻实施。对于事故隐患，按照规定分级实行信息反馈和整改，重大隐患立即向安全管理部门和行政第一领导报告。

⑤搞好危险源控制管理基础建设。建立健全危险源安全档案，指定专人保管。在危险源的显著位置悬挂安全标志牌，标明危险等级，注明负责人员，标明主要危险，简要注明防范措施。

⑥做好危险源控制管理考核评价和奖惩。制定考核标准，量化划分等级。定期严格考核评价，给予奖惩并与班组升级和评先进相结合。

第五章

燃气法律法规及相关政策

与城镇燃气相关的法律法规及政策规定非常多，从调整范围来说，有综合性的，如《城镇燃气管理条例》；有专门对某一范畴进行规定的，如《中华人民共和国安全生产法》。从调整内容来说，大致可以分为调整燃气经营企业投资建设与经营管理方面和安全生产与事故管理方面的法律法规及政策规定。本章主要介绍相关的法律、法规知识。

第一节　燃气法规体系

燃气法规是调整人们在燃气规划、燃气建设、燃气生产、燃气供应、燃气使用和行业管理活动过程中发生的社会经济关系的法律规范的总称，是国家市政建设和能源政策的具体体现，是燃气的整体规划、工程建设、使用管理等诸多方面活动的法律规则，是燃气事业健康、有序发展的保证，也是广大燃气经营者和燃气用户维护自身合法权益的法律依据。本节对我国城镇燃气法规体系进行概述。

一、燃气相关法律

所谓法律，是全国人民代表大会及其常务委员会依照立法程序制定的规范性文件。当前，涉及燃气管理的相关法律有《中华人民共和国建筑法》（以下简称《建筑法》）、《中华人民共和国安全生产法》（以下简称《安全生产法》）、《中华人民共和国物权法》（以下简称《物权法》）、《中华人民共和国石油天然气管道保护法》（以下简称《石油天然气管道保护法》）、《中华人民共和国突发事件应对法》（以下简称《突发事件应对法》）、《中华人民共和国刑法》（以下简称《刑法》）、《中华人民共和国行政许可法》（以下简称《行政许可法》）、《中华人民共和国环境保护法》（以下简称《环境保护法》）、《中华人民共和国土地管理法》（以下简称《土地管理法》）、《中华人民共和国合同法》（以下简称《合同法》）、《中华人民共和国价格法》（以下简称《价格法》）、《中华人民共和国治安处罚法》（以下简称《治安处罚法》）等。目前，我国还没有制定燃气专项法律。

二、燃气行政法规

行政法规是国务院根据宪法和法律，按照《行政法规制定程序条例》的规定而制定的政治、经济、教育、科技、文化、外事等各类法规的总称。《城镇燃气管理条例》（国务院令　第583号）是我国第一部专门的燃气行政法规，自2011年3月1日起施行，2016年2月6日，《国务院关于修改部分行政法规的决定》（国务院令　第666号）对该条例进行了修改。《危险化学品安全管理条例》（国务院令　第591号）、《建设工程安全生产管理条例》（国务院令　第393号）、《建设工程质量管理条例》（国务院令　第279号）和《生产安全事故报告和调查处理条例》（国务院令　第 493 号）等行政法规也有涉及燃气管理方面的条文。

三、燃气行政规章

行政规章是指国务院各部委及各省、自治区、直辖市的人民政府和省、自治区的人民政府所在地的市，以及国务院批准的较大的市的人民政府根据《宪法》、法律和行政法规等制定和发布的规范性文件。国务院各部委制定的称为部门行政规章，其余的称为地方行政规章。燃气行政规章包括住房和城乡建设部颁布的规章和省、自治区、直辖市，以及国务院批准的较大的市的人民政府制定的规章，依法制定的燃气规章是燃气法规体系中的重要组成部分。

原建设部颁布实施的规章主要有《城市燃气管理办法》（建设部令　第 62 号）（2011 年 9 月 7 日废止）、《城市燃气安全管理规定》（建设部、劳动部、公安部令　第 10 号）（2011 年 9 月 7 日废止）、《燃气燃烧器具安装维修管理规定》（建设部令　第 73 号）（2019 年 9 月 6 日废止）和《城市地下管线工程档案管理办法》（建设部令　第 136 号）（2019 年 3 月 13 日修订）、《市政公用事业特许经营管理办法》（建设部令　第 126 号）等。

四、燃气规范性文件

1. 规范性文件的含义

一般是指法律范畴以外的其他具有约束力的非立法性文件。目前这类非立法性文件的制定主体很多，如各级党组织、各级人民政府及其所属工作部门等。

燃气规范性文件是燃气行政主管部门为落实燃气法规制定的，

对燃气行业行为具有普遍约束力，也是燃气行业普遍遵循的行为准则。住房和城乡建设部颁发的规范性文件主要有《燃气燃烧器具安装维修管理规定》（建设部令　第73号）、《市政公用事业特许经营管理办法》（建设部令　第126号），原建设部、国家安全生产监督管理局《关于加强城镇燃气安全管理工作的通知》（建城〔2004〕105号）。

2. 规范性文件的法律效力

规范性文件在行政管理中大量存在，被广泛运用，从拾遗补阙处理社会新生问题来看，其具有积极性和合理性。但受立法者与执法者不能统一的理念影响，《行政诉讼法》第五十二条第一款和第五十三条第一款分别规定："人民法院审理行政案件，以法律和行政法规、地方性法规为依据"；"人民法院审理行政案件，参照国务院部、委根据法律和国务院的行政法规、决定、命令制定、发布的规章，以及省、自治区、直辖市和省、自治区的人民政府所在地的市和经国务院批准的较大的市的人民政府根据法律和国务院的行政法规制定、发布的规章"。因此，在行政管理领域中，根据行政权的既定力原则，规范性文件虽具有普遍的约束力，但在行政诉讼领域中，规范性文件对人民法院审理案件却不具有法律意义上的约束力。然而在当前行政立法较滞后的情况下，在行政诉讼中，如果对依据规范性文件作出的具体行政行为一概认为无"法律依据"，则不符合我国当前法制建设的客观实际。为解决这一冲突，最高人民法院《关于执行〈中华人民共和国行政诉讼法〉若干问题的解释》第六十二条第二款规定"人民法院审理行改案件，可以在裁判文书中引用合法有效的规章及其他规范性文件"。该规定表明，人民法院作为诉讼活动中的法律适用机关，实际上是有条件地承认了规范性文件在行政诉讼中的"法律依据"地位，但前提是该规范性文件必须具有合法性。

五、燃气地方性法规、规章

由省、自治区、直辖市的国家权力机关及其常设机关和省、自治区的人民政府所在地的市，以及经国务院批准的较大的市的国家权力机关及其常设机关，在法定权限内制定、发布的规范性文件，通常用条例、规则、实施细则等称谓。其法律地位低于《宪法》、法律和行政法规，只在本辖区内有效。

地方性法规大部分称作条例，有的为法律在地方的实施细则，有的为具有法规属性的文件，如决议、决定等。地方性法规是除《宪法》、法律、行政法规外，在地方具有最高法律属性和国家约束力的行为规范。《中华人民共和国立法法》（以下简称《立法法》）第六十三条规定："省、自治区、直辖市的人民代表大会及其常务委员会根据本行政区域的具体情况和实际需要，在不与《宪法》、法律、行政法规相抵触的前提下，可以制定地方性法规。较大的市的人民代表大会及其常务委员会根据本市的具体情况和实际需要，在不与《宪法》、法律、行政法规和本省、自治区的地方性法规相抵触的前提下，可以制定地方性法规，报省、自治区的人民代表大会常务委员会批准后施行。省、自治区的人民代表大会常务委员会对报请批准的地方性法规，应当对其合法性进行审查，与《宪法》、法律、行政法规和本省、自治区的地方性法规不抵触的，应当在四个月内予以批准。省、自治区的人民代表大会常务委员会在对报请批准的较大的市的地方性法规进行审查时，发现其与本省、自治区的人民政府的规章相抵触的，应当作出处理决定。"

《立法法》中所称较大的市是指省、自治区的人民政府所在地的市，经济特区所在地的市和经国务院批准的较大的市。《立法法》第六十五条规定："经济特区所在地的省、市的人民代表大会及其常务委员会根据全国人民代表大会的授权决定，制定法规，在经济特区范围内实施。”《湖南省燃气管理条例》《湖南省安全生产管理条例》涉及一些燃气规划建设和安全管理的相关内容。湖南省长沙市为具有立法权的市，由当地人大颁布实施了《长沙市燃气管理条例》。

第二节 《中华人民共和国安全生产法》解读

一、安全生产法律体系框架

安全生产法律体系是指我国全部现行的、不同的安全生产法律规范形成的有机联系的统一整体。构成安全生产法律体系的法律规范处在不同的法律层级。法的层级不同，其法律地位和效力也不同，法的层级可以分为上位法与下位法。

上位法是指法律地位、法律效力高于其他相关法的立法。下位法相较于上位法而言，是指法律地位、法律效力低于相关上位法的立法。不同的安全生产立法对同一类或者同一个安全生产行为作出不同的法律规定的，以上位法的规定为准，适用上位法的规定。上位法没有规定的，可以适用下位法。下位法的数量一般要多于上位法。安全生产法律体系具体可以分为以下层级。

1. 法律

法律是安全生产法律体系中的上位法，居于整个体系的最高层级，其法律地位和效力高于行政法规、地方性法规、部门规章、地方政府规章等下位法。

国家现行的有关安全生产的专门法律有《安全生产法》《消防法》《道路交通安全法》《海上交通安全法》《矿山安全法》等，与安全生产相关的法律主要有《劳动法》《工会法》《矿产资源法》《铁路法》《公路法》《民用航空法》《港口法》《建筑法》《煤炭法》《电力法》（这里均为法律简称）等。

2. 法规

安全生产法规分为行政法规和地方性法规。

1）行政法规

安全生产行政法规的法律地位和法律效力低于有关安全生产的法律，高于地方性安全生产法规、地方政府安全生产规章等下位法。

2）地方性法规

地方性安全生产法规的法律地位和法律效力低于有关安全生产的法律、行政法规，高于地方政府安全生产规章。经济特区安全生产法规和民族自治地方安全生产法规的法律地位和法律效力与地方性安全生产法规相同。

3. 规章

安全生产行政规章分为部门规章和地方政府规章。

1）部门规章

国务院有关部门依照安全生产法律、行政法规的授权制定发布的安全生产规章的法律地位和法律效力低于法律、行政法规，高于地方政府规章。

2）地方政府规章

地方政府安全生产规章是最低层级的安全生产立法，其法律地位和法律效力低于其他上位法，不得与上位法相抵触。

4. 法定安全生产标准

法定安全生产标准分为国家标准和行业标准，安全生产行业标准是指国务院有关部门和直属机构依照《中华人民共和国标准化法》制定的、在安全生产领域内适用的安全生产技术规范。安全生产行业标准对同一安全生产事项的技术要求，可以高于安全生产国家标准但不得与其相抵触。

我国没有技术法规的正式用语且未将其纳入法律体系的范畴，但是国家制定的许多安全生产立法却将安全生产标准作为生产经营单位必须执行的技术规范而载入法律，安全生产标准法律化是我国安全生产立法的重要趋势。安全生产标准一旦成为法律规定必须执行的技术规范，它就具有了法律上的地位和效力。执行安全生产标准是生产经营单位的法定义务，违反法定安全生产标准的要求，同样要承担法律责任。因此，将法定安全生产标准纳入安全生产法律体系范畴来认识，有助于构建完善的安全生产法律体系。法定安全生产标准主要是指强制性安全生产标准，对生产经营单位的安全生产具有约束力。

二、新安全生产法要点及亮点

《安全生产法》于 2002 年公布施行，2009 年和 2014 年进行了两次修正，对预防和减少生产安全事故、保障人民群众生命财产安全发挥了重要作用，但新发展阶段、新发展理念、新发展格局对安全生产提出了更高的要求，需要对《安全生产法》进行修改完善。2021 年 6 月 10 日，十三届全国人大常委会第二十九次会议表决通过了关于修改《安全生产法》的决定，修改后的《安全生产法》自 2021 年 9 月 1 日起施行。

2021 年的修改主要是补短板、强弱项，把习近平总书记的重要指示批示和党中央、国务院决策部署上升到法律层面；对以往法律法规没有作出规定，或者有原则规定的，进行补充完善；对以往措施不力，或者处罚手段低的，进行强化，重点要解决屡禁不止、屡罚不改的问题，加大关闭力度，实施联合惩戒。

1. 新安全生产法的修订要点

1）进一步完善安全生产工作的原则要求

为加强党对安全生产工作的领导，对有关内容作了修改完善，规定安全生产工作应当坚持中国共产党的领导，以人为本，坚持人民至上、生命至上，把保护人民生命安全摆在首位，树牢安全发展理念，坚持安全第一、预防为主、综合治理的方针，从源头上防范和化解重大安全风险，实行管行业必须管安全、管业务必须管安全、管生产必须管安全。

2）进一步强化和落实生产经营单位的主体责任

（1）确保生产经营单位的安全生产责任制落实到位，规定生产经营单位应当建立健全全员安全生产责任制和安全生产规章制度，加大投入保障力度，改善安全生产条件，加强标准化建设，构建安全风险分级管控和隐患排查治理双重预防体系，健全风险防范化解机制，明确生产经营单位的主要负责人是本单位安全生产第一责任人，对本单位的安全生产工作全面负责，其他负责人对职责范围内的安全生产工作负责。

（2）强化预防措施，规定生产经营单位应当建立安全风险分级管控制度，按照安全风险分级采取相应的管控措施；重大事故隐患排查治理情况应当及时向负有安全生产监督管理职责的部门和职工大会或者职工代表大会报告。

（3）加大对从业人员心理疏导、精神慰藉等人文关怀和保护力度，防范行为异常导致事故发生。

（4）发挥市场机制的推动作用，要求属于国家规定的高危行业、领域的生产经营单位应当投保安全生产责任保险。

3）进一步明确地方政府和有关部门的安全生产监督管理职责

（1）强化领导责任，规定各级人民政府应当加强安全生产基础设施和能力建设，所需经费列入本级预算；乡镇人民政府和街道办事处，以及开发区、工业园区等应当明确负责安全生产监管的机构及其职责，加强监管力量建设，建立完善安全风险评估与论证机制，实施重大安全风险联防联控。

（2）厘清有关部门在安全生产强制性国家标准方面的职责，规定国务院有关部门分工负责安全生产强制性标准的有关工作，依据法定职责对强制性国家标准的事实进行监督检查。

（3）提升安全生产监管的信息化、智能化水平，监管部门之间应当对重大危险源及有关安全和应急措施备案信息实现信息共享。有关部门应当将重大事故隐患纳入相关信息系统，建立健全治理督办制度，督促消除重大事故隐患。国务院应急管理部门牵头建立全国统一的生产安全事故应急救援信息系统，有关部门和县级以上地方人民政府建立健全相关行业、领域、地区的事故应急救援信息系统，实现互联互通、信息共享，提升监管的精准化、智能化水平。

4）进一步加大对生产经营单位及其负责人安全生产违法行为的处罚力度

（1）在现行《安全生产法》规定的基础上，普遍提高了对违法行为的罚款数额。

（2）增加生产经营单位被责令改正且受到罚款处罚，拒不改正的，监管部门可以按日连续处罚。

（3）针对安全生产领域“屡禁不止、屡罚不改”等问题，加大对违法行为恶劣的生产经营单位关闭力度，依法吊销有关证照，对主要负责人实施职业禁入。

（4）加大对违法失信行为联合惩戒和公开力度，规定监管部门发现生产经营单位未按规定履行公示义务的，予以联合惩戒；对存在失信行为的单位及人员采取联合惩戒措施，并向社会公示。

2. 新安全生产法的亮点

新安全生产法拟重点建立完善的制度措施，主要体现在 4 个方面：一是明确安全生产工作的总要求，着力解决安全监管体制机制不完善、不适应的问题；二是完善安全风险管控和重大事故隐患排查治理制度，加大违法行为处罚力度，着力解决企业主体责任落实不到位的问题；三是完善安全生产责任保险制度，规范中介服务活动，落实安全生产诚信机制，着力解决市场机制作用发挥不够的问题；四是建立安全生产执法人员依法履行法定职责制度，明晰安全监管部门权力和责任清单，激励保证监管执法人员履职尽责，依法解决科学合理问责的问题。主要修改内容如下。

1）进一步完善安全生产工作的原则要求

安全生产工作坚持中国共产党的领导。安全生产工作应当以人为本，坚持人民至上、生命至上，把保护人民生命安全摆在首位，树牢安全发展理念，坚持安全第一、预防为主、综合治理的方针，从源头上防范化解重大安全风险。安全生产工作实行管行业必须管安全、管业务必须管安全、管生产经营必须管安全，强化和落实生产经营单位主体责任与政府监管责任，建立生产经营单位负责、职工参与、政府监管、行业自律和社会监督的机制。（第三条）

2）强化生产经营单位全员安全生产责任制

一是规定生产经营单位要建立健全全员安全生产责任制和安全生产规章制度，改善安全生产条件，加强安全生产标准化、信息化建设，构建安全风险分级管控和隐患排查治理双重预防机制，健全风险防范化解机制。二是规定生产经营单位的主要负责人是本单位安全生产第一责任人，对本单位的安全生产工作全面负责。其他负责人对职责范围内的安全生产工作负责。三是生产经营单位的全员安全生产责任制应当明确各岗位的责任人员、责任范围和考核标准等内容。生产经营单位应当建立相应的机制，加强对全员安全生产责任制落实情况的监督考核，保证全员安全生产责任制的落实。四是生产经营单位可以设置专职安全生产分管负责人，协助本单位负责人履行安全生产管理职责。（第四条、第五条、第二十二条、第二十五条）

3）增加了平台经济等新兴行业、领域的生产经营单位的义务

增加了平台经济等新兴行业、领域的生产经营单位的义务，并规定对新兴行业、领域的安全生产监督管理职责不明确的，由县级以上地方人民政府按照业务相近的原则确定监督管理部门。（第四条、第十条）

4）增加餐饮等行业的生产经营单位使用燃气的规定

餐饮等行业的生产经营单位使用燃气的，应当安装可燃气体报警装置，并保障其正常使用。（第三十六条）

5）增加矿山、金属冶炼建设项目和用于生产、储存、装卸危险物品的建设项目施工单位不得非法转包等规定

矿山、金属冶炼建设项目和用于生产、储存、装卸危险物品的建设项目的施工单位应当加强对施工项目的安全管理，不得倒卖、出租、出借、挂靠或者以其他形式非法转让施工资质，不得将其承包的全部建设工程转包给第三人或者将其承包的全部建设工程支解以后以分包的名义分别转包给第三人，不得将工程分包给不具备相应资质条件的单位。（第四十九条）

6）构建安全风险分级管控和事故隐患排查双重预防机制

一是规定生产经营单位要建立健全全员安全生产责任制和安全生产规章制度，改善安全生产条件，加强安全生产标准化、信息化建设，构建安全风险分级管控和隐患排查治理双重预防机制，健全风险防范化解机制。（第四条）

二是规定生产经营单位应当按照国家有关规定将本单位重大危险源及有关安全措施、应急措施报有关地方人民政府应急管理部门和

有关部门备案；有关地方人民政府应急管理部门和有关部门应当通过相关信息系统实现信息共享。（第四十条）

三是事故隐患排查治理情况应当如实记录，并通过职工大会或者职工代表大会、信息公示栏等方式向从业人员通报。其中，重大事故隐患排查治理情况应当及时向负有安全生产监督管理职责的部门和职工大会或者职工代表大会报告。县级以上地方各级人民政府负有安全生产监督管理职责的部门应当将重大事故隐患纳入相关信息系统，建立健全重大事故隐患治理督办制度，督促生产经营单位消除重大事故隐患。（第四十一条）

7）增加对从业人员人文关怀的规定

生产经营单位应当关注从业人员的身体、心理状况和行为习惯，加强对从业人员的心理疏导、精神慰藉，严格落实岗位安全生产责任，防范从业人员行为异常导致事故发生。（第四十四条）

8）加大对从业人员的保护力度

生产经营单位发生生产安全事故后，应当及时采取措施救治有关人员。因生产安全事故受到损害的从业人员，除依法享有工伤保险外，依照有关民事法律尚有获得赔偿的权利的，有权提出赔偿要求。（第五十六条）

9）建立高危行业安全生产责任保险制度

国家鼓励生产经营单位投保安全生产责任保险；属于国家规定的高危行业、领域的生产经营单位，应当投保安全生产责任保险。具体范围和实施办法由国务院应急管理部门会同国务院财政部门、国务院保险监督管理机构和相关行业主管部门制定。同时，明确了相应的法律责任。（第五十一条、第一百零九条）

10）明确功能区安全监管职责

乡镇人民政府和街道办事处，以及开发区、工业园区、港区、风景区等应当明确负责安全生产监督管理的有关工作机构及其职责，加强安全生产监管力量建设，按照职责对本行政区域或者管理区域内生产经营单位安全生产状况进行监督检查，协助人民政府有关部门或者按照授权依法履行安全生产监督管理职责。（第九条）

11）建立地方政府安全风险评估机制

县级以上地方各级人民政府应当组织有关部门建立完善安全风险评估与论证机制，按照安全风险管控要求，进行产业规划和空间布局，并对位置相邻、行业相近、业态相似的生产经营单位实施重大安全风险联防联控。（第八条）

12）明确强制性国家标准统筹职责

国务院有关部门按照职责分工负责安全生产强制性国家标准的项目提出、组织起草、征求意见、技术审查。国务院应急管理部门统筹提出安全生产强制性国家标准的立项计划。国务院标准化行政主管部门负责安全生产强制性国家标准的立项、编号、对外通报和授权批准发布工作。国务院标准化行政主管部门、有关部门依据法定职责对安全生产强制性国家标准的实施进行监督检查。（第十二条）

13）规范安全监管责任追究，保证安全监管执法人员履职尽责

法律规定，县级以上各级人民政府应当组织负有安全生产监督管理职责的部门依法编制安全生产权力和责任清单，公开并接受社会监督。（第十七条）

14）健全安全生产社会化服务体系，规范社会服务机构从业行为

承担安全评价、认证、检测、检验职责的机构应当具备国家规定的资质条件，并对其作出的安全评价、认证、检测、检验结果的合法性、真实性负责。资质条件由国务院应急管理部门会同国务院有关部门制定。承担安全评价、认证、检测、检验职责的机构应当建立并实施服务公开和报告公开制度，不得租借资质、挂靠、出具虚假报告。（第七十二条）

15）强化生产安全事故应急救援信息化建设的规定

国务院应急管理部门牵头建立全国统一的生产安全事故应急救援信息系统，国务院交通运输、住房和城乡建设、水利、民航等有关部门和县级以上地方人民政府建立健全相关行业、领域、地区的生产安全事故应急救援信息系统，实现互联互通、信息共享，通过推行网上安全信息采集、安全监管和监测预警，提升监管的精准化、智能化水平。（第七十九条）

16）完善事故调查工作机制

负责事故调查处理的国务院有关部门和地方人民政府应当在批复事故调查报告后一年内，组织有关部门对事故整改和防范措施落实情况进行评估，并及时向社会公开评估结果；对不履行职责导致事故整改和防范措施没有落实的有关单位和人员，应当按照有关规定追究责任。（第八十六条）

17）强化行政处罚力度

法律修正案从多方面进行了强化。

一是加大了对事故的处罚力度。其中，对单位的事故罚款数额，按照事故等级由原来的20万～2 000万元提高至30万～1亿元；对事故单位主要负责人的事故罚款数额由上一年年收入的30%～80%提高至40%～100%。

二是加大了对违法行为的处罚力度。第一，增加了罚款的数额，提高至现行法律规定的2～5倍；第二，完善了处罚方式，一律调整为首次发现违法行为即给罚款处罚；第三，扩大了应受处罚的对象，将生产经营单位其他负责人等人员明确为处罚对象；第四，对生产经营单位未采取措施消除事故隐患的，增加了按日连续处以罚款的规定。

三是补充完善了注册安全工程师、安全评价机构的处罚。增加了行业和职业禁入的处罚种类，对承担安全评价及其人员租借资质、挂靠、出具虚假报告等违法行为且情节严重的，实行终身行业或者职业禁入。

四是补充完善安全分级管控、安全生产责任保险等违法行业的处罚。

此外，在现行《安全生产法》规定基础上，加大了对生产经营单位及其负责人安全生产违法行为的处罚力度。（第九十四条至第一百一十四条）

18）增加对违法失信行为的联合惩戒规定

负有安全生产监督管理职责的部门应当建立安全生产违法行为信息库，如实记录生产经营单位及其有关从业人员的安全生产违法行为信息；对违法行为情节严重的生产经营单位及其有关从业人员，应当及时向社会公告，并通报行业主管部门、投资主管部门、自然资源主管部门、生态环境主管部门、证券监督管理机构以及有关金融机构。有关部门和机构应当对存在失信行为的生产经营单位及其有关从业人员采取加大执法检查频次、暂停项目审批、上调有关保险费率、行业或者职业禁入等联合惩戒措施，并向社会公示。负有安全生产监督管理职责的部门应当加强对生产经营单位行政处罚信息的及时归集、共享、应用和公开，对生产经营单位作出处罚决定后 7 个工作日内在监督管理部门公示系统予以公开曝光，强化对违法失信生产经营单位及其有关从业人员的社会监督，提高全社会安全生产诚信水平。（第七十八条）

19）增加安全生产公益诉讼的规定

因安全生产违法行为造成重大事故隐患或者导致重大事故，致使国家利益或者社会公共利益受到侵害的，人民检察院可以根据民事诉讼法、行政诉讼法的相关规定提起公益诉讼。（第七十四条）

20）完善乡镇等基层组织制订应急预案的规定

乡镇人民政府和街道办事处，以及开发区、工业园区、港区、风景区等应当制订相应的生产安全事故应急救援预案，协助人民政府有关部门或者按照授权依法履行生产安全事故应急救援工作职责。（第

八十条）

21）增加了对严重违法企业关闭的规定

生产经营单位存在下列情形之一的，负有安全生产监督管理职责的部门应当提请地方人民政府予以关闭，有关部门应当依法吊销其有关证照。生产经营单位主要负责人5年内不得担任任何生产经营单位的主要负责人；情节严重的，终身不得担任本行业生产经营单位的主要负责人：①存在重大事故隐患，180日内3次或者一年内4次受到本法规定的行政处罚的；②经停产停业整顿，仍不具备法律、行政法规和国家标准或者行业标准规定的安全生产条件的；③不具备法律、行政法规和国家标准或者行业标准规定的安全生产条件，导致发生重大、特别重大生产安全事故的；④拒不执行负有安全生产监督管理职责的部门作出的停产停业整顿决定的。（第一百一十三条）

三、《安全生产法》（节选）相关条文解读

《安全生产法》的立法目的在于加强安全生产监督管理，防止和减少生产安全事故，保障人民群众生命和财产安全，促进经济社会持续健康发展，《安全生产法》包括七章，共119条。

第三条："安全生产工作坚持中国共产党的领导。安全生产工作应当以人为本，坚持人民至上、生命至上，把保护人民生命安全摆在首位，树牢安全发展理念，坚持安全第一、预防为主、综合治理的方针，从源头上防范化解重大安全风险。"

"安全生产工作实行管行业必须管安全、管业务必须管安全、管生产经营必须管安全，强化和落实生产经营单位主体责任与政府监管责任，建立生产经营单位负责、职工参与、政府监管、行业自律和社会监督的机制。"

【解读】本条是对《安全生产法》工作原则和机制的规定。

与2014版的《安全生产法》相比，主要有五处修改：一是增加“安全生产工作坚持中国共产党的领导”；二是将“安全生产工作应当以人为本，坚持安全发展”修改为“安全生产工作应当以人为本，坚持人民至上、生命至上，把保护人民生命安全摆在首位，树牢安全发展理念”；三是将“坚持安全第一、预防为主、综合治理的方针”修改为“坚持安全第一、预防为主、综合治理的方针，从源头上防范化解重大安全风险”；四是增加“安全生产工作实行管行业必须管安全、管业务必须管安全、管生产经营必须管安全”；五是将“强化和落实生产经营单位主体责任”修改为“强化和落实生产经营单位主体责任与政府监管责任”。

（1）加强党对安全生产工作的领导，是搞好安全生产工作的重要保障。

党的十八大以来，习近平总书记对安全生产工作多次作出重要指示批示，强调“党政同责、一岗双责、齐抓共管、失职追责”。党委要管大事，发展是大事，安全生产也是大事。党政“一把手”必须亲力亲为、亲自动手抓。2016年12月中共中央、国务院印发的《关于推进安全生产领域改革发展的意见》（以下简称《意见》）明确地方各级党委和政府要始终把安全生产摆在重要位置，加强组织领导。党政主要负责人是本地区安全生产第一责任人，班子其他成员对分管范围内的安全生产工作负领导责任。地方各级党委要认真贯彻执行党的安全生产方针，在统揽本地区经济社会发展全局中同步推进安全生产工作，定期研究决定安全生产重大问题。加强安全生产监管机构领导班子、干部队伍建设。严格安全生产履职绩效考核和失职责任追究。强化安全生产宣传教育和舆论引导。发挥人大对安全生产工作的监督促进作用、政协对安全生产工作的民主监督作用。推动组织、宣传、政法、机构编制等单位支持保障安全生产工作。动员社会各界积极参与、支持、监督安全生产工作。目前，不少地方的安全生产委员会主任由党委和政府主要负责人共同担任。我们党的政策和国家法律都是人民根本意志的反映，在本质上是一致的。党的政策是国家法律的先导和指引，是立法的依据和执法司法的重要指导。通过法定程序使党的主张成为国家意志、形成法律，通过法律保障党的政策有效实施，确保党发挥总揽全局、协调各方的领导核心作用。党的政策成为法律后，实施法律就是贯彻党的意志，依法办事就是执行党的政策。党领导人民制定宪法法律，也领导人民执行宪法法律，党自身必须在宪法法律范围内活动，做到党领导立法、保证执法、带头守法。这次在法律中明确党对安全生产工作的领导，把党的意志通过法律形式固定下来，是习近平法治思想在安全生产领域的重要体现。通过实施法律，更加有利于各级党委依法履职、依法尽责，切实抓好安全生产。

（2）把“安全生产工作应当以人为本，坚持安全发展”修改为“安全生产工作应当以人为本，坚持人民至上、生命至上，把保护人民生命安全摆在首位，树牢安全发展理念”，进一步明确安全生产工作应当坚持以人为本、人民至上、生命至上的理念，树立安全发展的思想，正确处理好发展与安全的关系。

一是以人为本，坚持人民至上、生命至上，是安全生产工作的根本。安全生产涉及经济社会发展、人的生命安全等多种因素，但人的生命安全是第一位的。安全生产工作必须把人的生命安全放在首位。

二是人民至上是我们一切工作的出发点。江山就是人民，人民就是江山，打江山、守江山，守的是人民的心，为的是让人民过上好日子。无论是战争年代，还是和平年代，时刻不忘一切工作的出发点，是为了人民过上好日子。发展为了人民，发展依靠人民，发展成果由人民共享。

三是树牢正确的安全发展思想。发展是第一要务，是安全发展的基础。人命关天，发展绝不能以牺牲人的生命为代价。这必须作为一条不可逾越的红线。正确处理好发展与安全的关系，绝不能以牺牲安全追求盲目的发展。

（3）搞好安全生产工作，强化源头治理是基础。

法律将“坚持安全第一、预防为主、综合治理的方针”修改为“坚持安全第一、预防为主、综合治理的方针，从源头上防范化解重大安全风险”，进一步明确了安全生产治理的方向。

“安全第一”是安全生产的理念，意思是把安全放在首位，不安全不生产，在保证安全的条件下进行生产。“预防为主”是安全生产的措施，一切事故都是可以预防的，因此，搞好安全生产工作，要从预防措施着手。“综合治理”是机制，搞好安全生产工作有多种措施和手段，法律的、经济的、政策的等，意思是采取综合措施。这次加上“从源头上防范化解重大安全风险”，意义更加明确，安全生产要从源头治理。一是要把好入口关，或者准入关。建设项目建成前，要保证不留尾巴，不存在先天不足。习近平总书记强调，各地区各部门、各类企业都要坚持安全生产高标准、严要求，招商引资、上项目要严把安全生产关，加大安全生产指标考核权重，实行安全生产和重大安全生产事故风险“一票否决”。这就是要严把入口关，从源头上杜绝各类事故隐患。二是对已经存在的各类生产经营单位，要做好风险管控和隐患排查，从源头上防范化解重大安全风险。习近平总书记指出，“安全生产，要坚持防患于未然”。强调安全生产是民生大事，一丝一毫不能放松，要以对人民极端负责的精神抓好安全生产工作，站在人民群众的角度想问题，把重大风险隐患当成事故来对待，守土有责，敢于担当，完善体制，严格监管，让人民群众安心放心。要开展各类风险辨识，进行风险评价，在安全评价的基础上，根据结果有针对性地采取分级管控措施，建立完善相关制度，预防管控失效而演变成隐患。要健全风险防范化解机制，坚持从源头上防范化解重大安全风险，真正把问题解决在萌芽之时、成灾之前。对危险化学品、矿山、道路交通等易发生重、特大事故的行业领域要采取风险分级管控、隐患排查治理双重预防性工作机制，推动安全生产关口前移。第一，把风险分级管控挺在前面，避免风险管控失效演变成隐患；第二，把隐患挺在事故前面，避免隐患不除最终酿成事故，形成两道防线，实施双重预防机制。

（4）建立安全生产“三管三必须”机制。

法律增加“安全生产工作实行管行业必须管安全、管业务必须管安全、管生产经营必须管安全”的规定，进一步明确了安全生产工作机制，实现了安全与生产的共治。这里的“管”是广义的概念，既包括政府及部门的监管，也包括生产经营单位内部讲的管理。从政府层面来讲，安全生产监管不是应急管理部门一家的事，住房和城乡建设、交通运输、水利等部门按照职责都有对其行业、领域的安全生产工作进行监管的职责。同时，领导干部按照规定实行“一岗双责”，既要管好职责范围内的业务事，也要管好安全生产的事。从生产经营单位来讲，安全生产管理工作不是主要负责人、安全生产管理机构及其安全生产管理人员的事，生产经营单位成立了安全生产管理机构，安全生产工作就由这个机构专门管理。这次法律更加明确，谁管生产，谁就管其生产过程中的安全生产；谁管业务，谁就管其业务范围内的安全生产；谁管经营，谁就管其经营活动内的安全生产。所以说，安全生产“三管三必须”，实现了安全与生产的共治，每个岗位、每个人员都是“一岗双责”，都要管。

（5）法律将“强化和落实生产经营单位的主体责任”修改为“强化和落实生产经营单位主体责任与政府监管责任”，进一步强化主体责任和监管责任，就像一辆车的前后双轮，有力推动安全生产的双轮驱动。

安全生产是一个系统工程，涉及多方面因素，需要进行社会治理。从各种因素来讲，主要有以下几个方面：第一，涉及生产经营单位本身的问题，如从业人员的安全意识和素质高低（安全教育培训程度）、是否保证必要的安全投入、是否设有安全管理机构及配备安全生产管理人员、设备设施是否安全可靠、风险管理和隐患排查治理等安全管理措施是否到位等，这是本质的因素，哲学上讲是内因，是动力，因此，生产经营单位是安全生产的主体责任；第二，涉及政府的许可准入、监管执法等，这是外因；第三，涉及社会方面，如安全中介服务等，生产经营单位不会做，就得请外人从技术、管理等方面提供帮助，也就是第三方服务；第四，还涉及外面的监督，如新闻媒体的监督、社会组织和个人的举报等。在这些因素中，生产经营单位是内因、主因，也是根本；其次是政府监管，这也是最强大的、最有力的外因。

安全生产是公共安全的重要组成部分，涉及广大群众的生命安全，抓好安全生产工作是政府的职责。事实证明，强化安全生产的政府监管责任，加大对生产经营单位的许可准入、执法检查、行政处罚、行政强制等措施，通过外因的作用，有利于推动生产经营单位落实安全生产主体责任。哪个地方政府监管职责明确、监管力度大，生产经营单位的主体责任落实得就好，整体安全生产工作就好，生产安全事故就少。所以说，法律明确生产经营单位的主体责任与政府监管责任，将由过去强调一方面责任转变为强调两方面责任，既体现了立足新发展阶段政府治理的新特点，也体现了以人民为中心的理念，政府对安全生产工作的担当作为，这正如一辆车的双轮驱动，共同发力，将有利于极大地推进安全生产工作。

第五条："生产经营单位的主要负责人是本单位安全生产第一责任人，对本单位的安全生产工作全面负责。其他负责人对职责范围内的安全生产工作负责。"

【解读】本条是《安全生产法》对生产经营单位负责人安全生产职责的规定，与 2014 版的《安全生产法》相比，主要有两处修改：一是增加了"生产经营单位的主要负责人是本单位安全生产第一责任人”的规定；二是增加了“其他负责人对职责范围内的安全生产工作负责”的规定。

（1）法律规定生产经营单位的主要负责人是本单位安全生产第一责任人，使主要负责人的安全生产责任更加清晰。

在实际工作中，部分生产经营单位为了逃避法律责任，将施工人员或者从业人员登记为法定代表人，作为名义上法定的主要负责人，实际根本不负责生产单位的活动。所以，法律上用了主要负责人的广义概念，主要负责人是指对生产经营单位的生产经营活动负有组织、决策、指挥的人，这里的主要负责人可以是法定代表人、董事长、总经理等多种形式。不要将个人承担的民事法律责任和刑事法律责任混淆。依据《中华人民共和国民法典》的规定，依照法律或者法人章程，代表法人从事民事活动的负责人，为法人的法定代表人。法定代表人以法人名义从事的民事活动，其法律后果由法人承担。根据刑法及两高司法解释，生产作业中违法导致事故的，除了追究名义上的法定代表人、董事长、总经理的法律责任外，还可以对发生事故负有责任的幕后人员（如实际控制人）等追究相应的法律责任。因此，法律增加“生产经营单位的主要负责人是本单位安全生产第一责任人”的规定，其目的一是将中共中央、国务院印发的《意见》中“企业实行全员安全生产责任制度，法定代表人和实际控制人同为安全生产第一责任人”的要求，通过法律的形式固定下来；二是进一步明确主要负责人不仅是对本单位的安全生产全面负责，更是本单位安全生产第一责任人，一旦发生事故将承担相应的法律责任。

（2）法律增加“其他负责人对职责范围内的安全生产工作负责”的规定，将强化安全生产齐抓共管，落实“一岗双责”安全生产责任制。

习近平总书记指出，要把安全责任落实到岗位、落实到人头，坚持管行业必须管安全、管业务必须管安全。只要存在生产经营活动，就有安全生产问题。主要负责人各自承担相应的工作，有的分管生产，有的分管经营，有的分管安全，有的分管工程建设施工等。各个领域都有安全生产的问题，这些安全生产问题都由分管安全的领导全部承担，难以落实。为了强化各方责任，落实习近平总书记的指示，法律明确规定其他负责人对职责范围内安全生产工作负责，即其他负责人既要做好本职责范围内的工作，也要做好职责范围内的安全生产工作，人人履行"一岗双责"，实现安全生产齐抓共管。

第十条："国务院应急管理部门依照本法，对全国安全生产工作实施综合监督管理；县级以上地方各级人民政府应急管理部门依照本法，对本行政区域内安全生产工作实施综合监督管理。

国务院交通运输、住房和城乡建设、水利、民航等有关部门依照本法和其他有关法律、行政法规的规定，在各自的职责范围内对有关行业、领域的安全生产工作实施监督管理；县级以上地方各级人民政府有关部门依照本法和其他有关法律、法规的规定，在各自的职责范围内对有关行业、领域的安全生产工作实施监督管理。对新兴行业、领域的安全生产监督管理职责不明确的，由县级以上地方各级人民政府按照业务相近的原则确定监督管理部门。

应急管理部门和对有关行业、领域的安全生产工作实施监督管理的部门，统称负有安全生产监督管理职责的部门。负有安全生产监督管理职责的部门应当相互配合、齐抓共管、信息共享、资源共用，依法加强安全生产监督管理工作。"

【解读】本条是《安全生产法》对各级人民政府应急管理部门和交通运输、住房和城乡建设、水利、民航等有关部门安全生产监督管理职责的规定，与2014版的《安全生产法》相比，主要有五处修改：一是将"安全生产监督管理部门"修改为"应急管理部门"；二是将"国务院有关部门"修改为"国务院交通运输、住房和城乡建设、水利、民航等有关部门"；三是增加了"对新兴行业、领域的安全生产监督管理职责不明确的，由县级以上地方各级人民政府按照业务相近的原则确定监督管理部门”的规定；四是将“安全生产监督管理部门和对有关行业、领域的安全生产工作实施监督管理的部门，统称负有安全生产监督管理职责的部门”修改为“应急管理部门和对有关行业、领域的安全生产工作实施监督管理的部门，统称负有安全生产监督管理职责的部门”；五是增加了“负有安全生产监督管理职责的部门应当相互配合、齐抓共管、信息共享、资源共用，依法加强安全生产监督管理工作”的规定。

（1）法律将“国务院有关部门”修改为“国务院交通运输、住房和城乡建设、水利、民航等有关部门”，有利于部门履行法定职责。

在安全生产行业、领域中，发生生产安全事故较多的是道路交通、矿山、建筑施工、危险化学品、烟花爆竹等。水利、民航安全生产与人民群众生命安全密切相关，虽然事故较少，但事故影响大，特别是民航事故。还有交通运输、住房和城乡建设、水利、民航等行业领域点多面广，企业数量多、从业人员多，特别是交通运输、建筑施工涉及大量农民工，安全生产教育培训任务十分重。因此，法律将这些涉及安全生产任务的政府部门予以明确，有利于交通运输、住房和城乡建设、水利、民航等主要部门严格落实习近平总书记“管行业必须管安全、管业务必须管安全”的指示精神和安全生产工作原则，依法履行安全生产监督管理职责。也是落实 2020 年 11 月 26 日国务院常务会议审议《安全生产法》有关修改意见，增加国务院交通运输、住房和城乡建设、水利、民航等部门。

（2）法律对平台经济等新兴行业、领域的生产经营单位的安全生产监督管理职责予以明确。

平台经济等新兴行业、领域的生产经营单位，不同于传统的生产经营单位，难以分清其主管部门。按照“管行业必须管安全、管业务必须管安全、管生产经营必须管安全”的原则，法律通过授权方式明确对新兴行业、领域的安全生产监督管理职责不明确的，由县级以上地方各级人民政府按照业务相近的原则确定监督管理部门，解决了对这类市场经济主体实施安全生产监督管理缺失的问题。

（3）增加了“负有安全生产监督管理职责的部门应当相互配合、齐抓共管、信息共享、资源共用，依法加强安全生产监督管理工作”的规定，是十分必要的。

安全生产工作涉及多个方面，生产经营单位的安全生产主体责任是根本，政府部门监管是关键。事实证明，加强政府部门安全监管力度，极大地推动生产经营单位落实安全生产主体责任，搞好安全生产工作。但也带来另一个问题，有关政府部门为了加强安全生产监管工作，避免自身被追责，频繁对生产经营单位进行检查，据反映，有的生产经营单位每年接受各类政府部门、各种形式的安全生产检查多达150次以上，生产经营单位不堪重负。为此，法律增加“负有安全生产监督管理职责的部门应当相互配合、齐抓共管、信息共享、资源共用，依法加强安全生产监督管理工作”的规定。同时，在本法的第四章“安全生产的监督管理”中明确负有安全生产监督管理职责的部门在监督检查中，应当互相配合，实行联合检查；确需分别进行检查的，应当互通情况，发现存在的安全问题应当由其他有关部门进行处理的，及时移送其他有关部门并形成记录备查，接受移送的部门及时进行处理。现在，国务院正在推进“互联网＋政务”和“互联网＋监管”两项建设，地方各级人民政府正在推进此项工作。其中，“互联网＋政务”，主要是利用互联网推进行政许可等政务服务，提高政务服务水平。“互联网＋监管”主要是利用互联网推进监管工作，结合“放管服”改革，该放的坚决放下，该管的坚决管住，提高服务水平。利用互联网实现各负有安全生产监督管理职责的部门信息共享，实行全国一张网。政府部门之间资源共用也是十分必要的，特别是应急救援方面。目前，应急管理部门、交通运输部门、水利部门等都建立了相应的应急救援队伍，配备相应的物资。一旦发生重大、特别重大生产安全事故，应当充分调动各政府的队伍和物资。此外，各政府部门根据各自的职责都建有相应的安全生产方面的检测、检验等机构，这些都可以资源共享。

第二十一条：“生产经营单位的主要负责人对本单位安全生产工作负有下列职责：

（一）建立健全并落实本单位全员安全生产责任制，加强安全生产标准化建设；

（二）组织制定并实施本单位安全生产规章制度和操作规程；

（三）组织制定并实施本单位安全生产教育和培训计划；

（四）保证本单位安全生产投入的有效实施；

（五）组织建立并落实安全风险分级管控和隐患排查治理双重预防工作机制，督促、检查本单位的安全生产工作，及时消除生产安全事故隐患；

（六）组织制定并实施本单位的生产安全事故应急救援预案；

（七）及时、如实报告生产安全事故。”

【解读】本条是《安全生产法》对生产经营单位主要负责人安全生产职责的规定，与2014版的《安全生产法》相比，主要有三处修改：一是将“建立、健全本单位安全生产责任制”修改为“建立健全并落实本单位全员安全生产责任制，加强安全生产标准化建设”；二是将“组织制定本单位安全生产规章制度和操作规程”修改为“组织制定并实施本单位安全生产规章制度和操作规程”；三是将“督促、检查本单位的安全生产工作，及时消除生产安全事故隐患”修改为“组织建立并落实安全风险分级管控和隐患排查治理双重预防工作机制，督促、检查本单位的安全生产工作，及时消除生产安全事故隐患”。

（1）全员安全生产责任制是保障生产经营单位安全生产的基本制度。安全生产规章制度和操作规程是生产经营单位根据法律、法规和有关规定，结合本单位实际制定的保障本单位安全生产的具体规定。生产经营单位主要负责人不仅负有建立、健全本单位全员安全生产责任制、安全生产规章制度和操作规程的职责，更重要的是负有保障其实施的职责。

（2）安全生产标准化建设以及安全风险分级管控和隐患排查治理双重预防工作机制是加强安全生产工作的重要措施，涉及人、财、物等多个因素，包括需要资金投入、安排有关人员进行管理等，这项工作必须由主要负责人来负责。为此，《安全生产法》作出了这样规定。

第二十五条："生产经营单位的安全生产管理机构以及安全生产管理人员履行下列职责：

（一）组织或者参与拟订本单位安全生产规章制度、操作规程和生产安全事故应急救援预案；

（二）组织或者参与本单位安全生产教育和培训，如实记录安全生产教育和培训情况；

（三）组织开展危险源辨识和评估，督促落实本单位重大危险源的安全管理措施；

（四）组织或者参与本单位应急救援演练；

（五）检查本单位的安全生产状况，及时排查生产安全事故隐患，提出改进安全生产管理的建议；

（六）制止和纠正违章指挥、强令冒险作业、违反操作规程的行为；

（七）督促落实本单位安全生产整改措施。

生产经营单位可以设置专职安全生产分管负责人，协助本单位主要负责人履行安全生产管理职责。"

【解读】本条是《安全生产法》对生产经营单位安全生产管理机构以及安全生产管理人员职责的规定，与 2014 版的《安全生产法》相比，主要有两处修改：一是将"督促落实本单位重大危险源的安全管理措施”修改为“组织开展危险源辨识和评估，督促落实本单位重大危险源的安全管理措施”；二是增加了“生产经营单位可以设置专职安全生产分管负责人，协助本单位主要负责人履行安全生产管理职责”的规定。

（1）生产经营单位安全风险管控是搞好安全生产源头防范的重要措施，其整体工作由生产经营单位主要负责人来负责。组织开展危险源辨识和评估是进行安全风险分级管控的基础。考虑到安全生产管理机构以及安全管理人员是具体负责本单位安全生产工作的执行者，由其负责组织开展危险源辨识和评估是合适的，为此，《安全生产法》作出了明确规定。

（2）在实践中，矿山、危险化学品生产等高危生产经营单位，由于其生产作业的特点，安全风险极大。为了强化这类高危生产经营单位的安全生产，《安全生产法》规定，生产经营单位可以设置专职安全生产分管负责人，协助本单位主要负责人履行安全生产管理职责。具体哪些生产经营单位可以设置专职安全生产分管负责人，由生产经营单位根据本单位的安全生产实际情况决定。

第三十六条：“生产经营单位不得关闭、破坏直接关系生产安全的监控、报警、防护、救生设备、设施，或者篡改、隐瞒、销毁其相关数据、信息。

餐饮等行业的生产经营单位使用燃气的，应当安装可燃气体报警装置，并保障其正常使用。”

【解读】本条是《安全生产法》对安全设备的管理规定，与2014版的《安全生产法》相比，主要有两处修改：一是增加了“生产经营单位不得关闭、破坏直接关系生产安全的监控、报警、防护、救生设备、设施，或者篡改、隐瞒、销毁其相关数据、信息”的规定；二是增加了“餐饮等行业的生产经营单位使用燃气的，应当安装可燃气体报警装置，并保障其正常使用”的规定。

（1）在实践中，很多生产经营单位及有关人员故意关闭、破坏安全生产监控、报警等设备、设施，存在重大事故隐患，有导致生产安全事故发生的现实危险。为此，《中华人民共和国刑法修正案（十一）》专门增加了危险作业罪，将重大违法行为入刑，明确规定，在生产、作业中违反有关安全管理的规定，有下列情形之一，具有导致重大伤亡事故或者其他严重后果的现实危险的，处一年以下有期徒刑、拘役或者管制；关闭、破坏直接关系生产安全的监控、报警、防护、救生设备、设施，或者篡改、隐瞒其相关数据、信息的。为与《刑法》相衔接，《安全生产法》对生产经营单位作出了禁止性规定，明确生产经营单位不得关闭、破坏直接关系生产安全的监控、报警、防护、救生设备、设施，或者篡改、隐瞒、销毁其相关数据、信息。

（2）现实中，餐饮等行业的生产经营单位使用燃气，因缺失相应报警装置，导致燃气泄漏，多次发生重大爆炸事故，给人民群众造成重大伤亡和财产损失。如 2019 年 10 月 13 日，无锡市某小吃店因液化石油气泄漏引起爆炸事故，造成 9 人死亡、10 人受伤。为此，《安全生产法》规定餐饮等行业的生产经营单位使用燃气的，应当安装可燃气体报警装置，并保障其正常使用。

第四十条："生产经营单位应当按照国家有关规定将本单位重大危险源及有关安全措施、应急措施报有关地方人民政府应急管理部门和有关部门备案。有关地方人民政府应急管理部门和有关部门应当通过相关信息系统实现信息共享。"

【解读】本条是《安全生产法》对生产经营单位重大危险源管理的规定，与 2014 版的《安全生产法》相比，主要有两处修改：一是将"安全生产监督管理部门"修改为"应急管理部门"；二是增加了"有关地方人民政府应急管理部门和有关部门应当通过相关信息系统实现信息共享"的规定。

通过信息化手段加强安全监管是今后的方向。目前，国务院牵头推进建设的有“互联网＋政务”和“互联网＋监管”，地方各级政府也积极推进，已基本形成。另外，市场监管部门建有企业信用系统，与所有企业的信用挂钩；应急管理部门建有应急管理信息网，已将危险化学品企业一至四级重大危险源、煤矿、尾矿库的信息纳入网络；其他部门也建有相应的网络。各部门之间实现信息共享，可以大大提高监管效率。例如，地方各级应急管理部门与市场监管实现企业登记基础信息实时共享，筛选有实际生产经营场所和生产经营行为的执法对象，全面掌握辖区内企业类型和数量变化。为此，《安全生产法》增加了“有关地方人民政府应急管理部门和有关部门应当通过相关信息系统实现信息共享”的规定，其目的是应急管理部门和有关部门实现重大危险源的信息共享，达到安全共治。

第四十一条：“生产经营单位应当建立安全风险分级管控制度，按照安全风险分级采取相应的管控措施。

生产经营单位应当建立健全并落实生产安全事故隐患排查治理制度，采取技术、管理措施，及时发现并消除事故隐患。事故隐患排查治理情况应当如实记录，并通过职工大会或者职工代表大会、信息公示栏等方式向从业人员通报。其中，重大事故隐患排查治理情况应当及时向负有安全生产监督管理职责的部门和职工大会或者职工代表大会报告。

县级以上地方各级人民政府负有安全生产监督管理职责的部门应当将重大事故隐患纳入相关信息系统，建立健全重大事故隐患治理督办制度，督促生产经营单位消除重大事故隐患。”

【解读】本条是《安全生产法》对生产经营单位建立安全风险管控和隐患排查治理双重预防机制的规定，与2014版的《安全生产法》相比，主要有四处修改：一是增加了“生产经营单位应当建立安全风险分级管控制度，按照安全风险分级采取相应的管控措施”的规定。

二是将“生产经营单位应当建立健全生产安全事故隐患排查治理制度”修改为“生产经营单位应当建立健全并落实生产安全事故隐患排查治理制度”。三是将“事故隐患排查治理情况应当如实记录，并向从业人员通报”修改为“事故隐患排查治理情况应当如实记录，并通过职工大会或者职工代表大会、信息公示栏等方式向从业人员通报。其中，重大事故隐患排查治理情况应当及时向负有安全生产监督管理职责的部门和职工大会或者职工代表大会报告”。四是增加了“县级以上地方各级人民政府负有安全生产监督管理职责的部门应当将重大事故隐患纳入相关信息系统”的规定。

（1）风险评估和分级管控是国内外企业管理的先进经验和成功做法。在实践中，一些企业忽视风险辨识和防控、忽视苗头性问题的及时处理，导致重特大生产安全事故，给人民生命财产安全造成重大损失。此外，为严格落实中共中央、国务院印发的《意见》，《安全生产法》增加了“生产经营单位应当建立安全风险分级管控制度，按照安全风险分级采取相应的管控措施”的规定，把制度法定化，推进这项制度的严格落实。

（2）建立健全隐患排查治理制度、重大隐患治理情况“双报告”制度，是强化隐患排查治理的重要措施。重特大生产安全事故的发生，都是不同程度上由于事故隐患排查治理不到位、不彻底造成的。因此，遏制重、特大生产安全事故，关键在于消除各类隐患，特别是消除重大事故隐患。习近平总书记强调，重特大突发事件，无论是自然灾害还是责任事故，其中都不同程度地存在主体责任不落实、隐患排查治理不彻底、法规标准不健全、安全监管执法不严格、监管体制机制不完善、安全基础薄弱、应急救援能力不强等问题。中共中央、国务院印发的《意见》规定，树立隐患就是事故的观念，建立健全隐患排查治理制度、重大隐患治理情况向负有安全生产监督管理职责的部门和企业职代会“双报告”制度，实行自查、自改、自报闭环管理。为了加强隐患排查治理工作，落实职工对本单位安全生产的知情权和监督权，强化政府部门对隐患排查治理的执法监督，《安全生产法》作出了相应的调整。根据《安全生产法》的规定，生产经营单位要建立健全事故隐患排查治理制度，实行对事故隐患自查自改自报闭环管理，对重大事故隐患排查治理的有关情况，既要在内部向职工大会或者职工代表大会通报，又要按照属地管理原则，向负有安全生产监督管理职责的部门报告。在相关政府部门和生产经营单位职工的双重监督下，确保重大事故隐患治理到位。

（3）发挥大数据、互联网、云计算、5G等现代信息手段，加强政府与生产经营单位之间的网络连接、部门与部门之间的信息共享。利用网络监管，是提高安全生产监管能力的重要措施。

中共中央、国务院印发的《意见》规定，负有安全生产监督管理职责的部门要建立与企业隐患排查治理系统联网的信息平台，完善线上线下配套监管制度。为了实现安全生产共管共治，《安全生产法》增加了“县级以上地方各级人民政府负有安全生产监督管理职责的部门应当将重大事故隐患纳入相关信息系统”的规定，其目的是实现重大事故隐患的信息共享，达到安全共治。负有安全生产监督管理职责的部门要建立与生产经营单位隐患排查治理系统联网的信息平台，完善线上线下配套监管制度，既要加强线下现场执法，又要紧盯平台信息变化，督促生产经营单位消除重大事故隐患。各负有安全生产监督管理职责的部门要通过相关信息系统，实现互联互通、信息共享。这里的相关信息系统，包括各级政府建立的“互联网＋监管”网络、企业信用信息网络等。

第四十四条第二款：“生产经营单位应当关注从业人员的身体、心理状况和行为习惯，加强对从业人员的心理疏导、精神慰藉，严格落实岗位安全生产责任，防范从业人员行为异常导致事故发生。”

【解读】本条是《安全生产法》有关生产经营单位对从业人员教

育督促和人文关怀的义务规定，与2014版的《安全生产法》相比，主要有一处修改：增加“生产经营单位应当关注从业人员的身体、心理状况和行为习惯，加强对从业人员的心理疏导、精神慰藉，严格落实岗位安全生产责任，防范从业人员行为异常导致事故发生”的规定。

在实践中，因从业人员患疾病等身体原因，或者心理状况的扭曲，或者坏的行为习惯，在生产经营活动过程中导致不合常规的举动，多次发生生产安全事故。为了保障从业人员的生命安全和身体健康，防范此类事故的发生，《安全生产法》对生产经营单位作出了义务性规定。生产经营单位必须依法履行相应义务。

第四十九条第三款：“矿山、金属冶炼建设项目和用于生产、储存、装卸危险物品的建设项目施工单位应当加强对施工项目的安全管理，不得倒卖、出租、出借、挂靠或者以其他形式非法转让施工资质，不得将其承包的全部建设工程转包给第三人或者将其承包的全部建设工程支解以后以分包的名义分别转包给第三人，不得将工程分包给不具备相应资质条件的单位。”

【解读】本条是《安全生产法》对有关生产经营单位发包或者出租生产经营项目、场所、设备的相关规定，与2014版的《安全生产法》相比，主要有一处修改：增加了“矿山、金属冶炼建设项目和用于生产、储存、装卸危险物品的建设项目施工单位应当加强对施工项目的安全管理，不得倒卖、出租、出借、挂靠或者以其他形式非法转让施工资质，不得将其承包的全部建设工程转包给第三人或者将其承包的全部建设工程支解以后以分包的名义分别转包给第三人，不得将工程分包给不具备相应资质条件的单位”的规定。

矿山、金属冶炼建设项目和用于生产、储存、装卸危险物品的建设项目的安全风险大、专业性强，承接高危建设项目的施工单位都必须取得相应资质，具备相应的资质条件，包括专业、设备设施等。实践中，施工单位任意倒卖、出租、出借、挂靠施工资质，或者将承担的建设工程随意转包给第三人或者支解分包给第三人，或者任意将工程分包给不具备相应资质条件的单位，导致建设工程事数多发。例如，2021 年 4 月，山东发生两起因矿山建设工程违规转包分包引起的生产安全事故。为此，《安全生产法》作出了这项禁止性规定。

第五十一条第二款："国家鼓励生产经营单位投保安全生产责任保险；属于国家规定的高危行业、领域的生产经营单位，应当投保安全生产责任保险。具体范围和实施办法由国务院应急管理部门会同国务院财政部门、国务院保险监督管理机构和相关行业主管部门制定。"

【解读】本条是《安全生产法》对生产经营单位参加工伤保险和高危生产经营单位投保安全生产责任保险的规定，与 2014 版的《安全生产法》相比，主要有一处修改：增加了"属于国家规定的高危行业、领域的生产经营单位，应当投保安全生产责任保险。具体范围和实施办法由国务院应急管理部门会同国务院财政部门、国务院保险监督管理机构和相关行业主管部门制定"的规定。

在生产经营领域，保险是预防事故的重要手段。德国等西方国家都规定了保险的要求。2016 年，中共中央、国务院印发的《意见》规定，取消安全生产风险抵押金制度，建立健全安全生产责任保险制度，在矿山、危险化学品、烟花爆竹、交通运输、建筑施工、民用爆炸物品、金属冶炼、渔业生产等高危行业领域强制实施，切实发挥保险机构参与风险评估管控和事故预防功能。2017 年，国家安全生产监督管理总局、保监会、财政部印发了《安全生产责任保险实施办法》。在此基础上，国家安全生产监督管理总局、应急管理部相继制定了有关配套制度。经过多年的实践，湖南、山西等地相继推行了安全生产责任保险，对预防和减少生产安全事故起到了很好的作用。为此，《安全生产法》规定，国家鼓励生产经营单位投保安全生产责任保险；属于国家规定的高危行业、领域的生产经营单位，应当投保安全生产责任保险。具体范围和实施办法由国务院应急管理部门会同国务院财政部门、国务院保险监督管理机构和相关行业主管部门制定。

将第五十三条改为第五十六条，修改为："生产经营单位发生生产安全事故后，应当及时采取措施救治有关人员。

因生产安全事故受到损害的从业人员，除依法享有工伤保险外，依照有关民事法律尚有获得赔偿的权利的，有权提出赔偿要求。"

【解读】本条是《安全生产法》对从业人员救治和赔偿的规定，与2014版的《安全生产法》相比，主要有两处修改：一是增加了"生产经营单位发生生产安全事故后，应当及时采取措施救治有关人员"的规定；二是将"有权向本单位提出赔偿要求"修改为"有权提出赔偿要求"。

生产经营单位发生生产安全事故后，本应立即对受伤人员进行救治。在实践中，根据《工伤保险条例》的规定，生产经营单位都依法参加了工伤保险，为从业人员缴纳保险费。工伤保险包括治疗、康复等费用。因此，个别生产经营单位，特别是中小生产经营单位，故意不对受伤人员进行施救治疗，由受伤人员自行去医院进行治疗，所需医疗费用到工伤保险机构进行报销，生产经营单位不负任何责任。更有甚者，生产经营单位对受伤人员连必要的交通工具都不提供。因这种原因，往往导致受伤人员延误治疗，有的病情加重，有的落下终身残疾。为此，《安全生产法》规定，生产经营单位发生生产安全事故后，应当及时采取措施救治有关人员。

将第五十四条改为第五十七条，修改为："从业人员在作业过程中，应当严格落实岗位安全责任，遵守本单位的安全生产规章制度和操作规程，服从管理，正确佩戴和使用劳动防护用品。"

【解读】本条是《安全生产法》对从业人员遵章守纪和正确佩戴与使用劳动防护用品的规定，与2014版的《安全生产法》相比，主要有一处修改：增加了"落实岗位安全责任"的规定。

《安全生产法》增加这一规定，是强化现场管理、落实全员安全生产责任制的具体措施。从业人员是安全生产工作的参与者，也是贯彻落实法律、法规、规章、标准和本单位安全生产规章和安全操作规程的最终执行者，也是抓好安全生产工作的“最后一公里”。从业人员对工作的认真负责与否，直接影响本单位的安全生产。在实践中，很多事故的发生，往往都是从业人员违章作业、违章冒险作业所导致。按照“管行业必须管安全、管业务必须管安全、管生产经营必须管安全”和“一岗双责”的要求，每位从业人员都必须履行本岗位的分内职责和本岗位的安全职责。为了强化现场管理，落实全员安全生产责任制，切实把安全生产责任落实到岗位、落实到人头，《安全生产法》增加规定，从业人员在作业过程中，除了做好分内工作外，还必须严格落实本岗位的安全责任。

将第七十条改为第七十三条，修改为：“负有安全生产监督管理职责的部门应当建立举报制度，公开举报电话、信箱或者电子邮件地址等网络举报平台，受理有关安全生产的举报；受理的举报事项经调查核实后，应当形成书面材料；需要落实整改措施的，报经有关负责人签字并督促落实。对不属于本部门职责，需要由其他有关部门进行调查处理的，转交其他有关部门处理。

涉及人员死亡的举报事项，应当由县级以上人民政府组织核查处理。”

【解读】本条是《安全生产法》对安全生产事故举报及查处的规定，与2014版的《安全生产法》相比，有三处修改：一是将“公开举报电话、信箱或者电子邮件地址”修改为“公开举报电话、信箱或者电子邮件地址等网络举报平台”；二是增加了“对不属于本部门职责，需要由其他有关部门进行调查处理的，转交其他有关部门处理”的规定；三是增加了“涉及人员死亡的举报事项，应当由县级以上人民政府组织核查处理”的规定。

在实践中，发生造成人员死亡的生产安全事故后，由于多种原因，事故发生单位为了逃避法律责任，故意隐瞒不报；事故伤害者的家属为了多得利益，希望私了，帮助事故发生单位隐瞒；有关政府及相关人员害怕追责或者影响各类评比、奖励，也不希望上报事故。有关人员对这类事故举报后，负有安全生产监督管理职责的部门接到举报后，因涉及各方利益，又没有相应的手段，查处十分困难，往往查来查去没有结果。对于这类事故的举报查处，因政府能够组织各方合力，故《安全生产法》作出相关规定是十分必要的。

将第七十一条改为第七十四条，增加一款，作为第二款："因安全生产违法行为造成重大事故隐患或者导致重大事故，致使国家利益或者社会公共利益受到侵害的，人民检察院可以根据民事诉讼法、行政诉讼法的相关规定提起公益诉讼。"

【解读】本条是《安全生产法》对安全生产公益诉讼的规定，与2014版的《安全生产法》相比，新增第二款。

本条第二款明确规定，因安全生产违法行为造成重大事故隐患或者导致重大事故，致使国家利益或者社会公共利益受到侵害的，人民检察院可以根据《中华人民共和国民事诉讼法》、《中华人民共和国行政诉讼法》的相关规定提起公益诉讼。

在实践中，因安全生产违法行为造成重大事故隐患或者导致重大事故，有些重大事故隐患因资金投入大或者技术措施复杂等多种原因迟迟没有消除，致使国家利益或者社会利益受到侵害；有些是重大事故引发次生灾害或者污染水源、土壤等环境灾害，致使社会利益受到侵害，有关地方政府及主管部门迟迟没有履责解决。为此，借鉴环保等现有公益诉讼的做法，对安全生产公益诉讼作出规定是必要的。

将第七十五条改为第七十八条，修改为："负有安全生产监督管理职责的部门应当建立安全生产违法行为信息库，如实记录生产经营单位及其有关从业人员的安全生产违法行为信息；对违法行为情节严重的生产经营单位及其有关从业人员，应当及时向社会公告，并通报行业主管部门、投资主管部门、自然资源主管部门、生态环境主管部门、证券监督管理机构以及有关金融机构。有关部门和机构应当对存在失信行为的生产经营单位及其有关从业人员采取加大执法检查频次、暂停项目审批、上调有关保险费率、行业或者职业禁入等联合惩戒措施，并向社会公示。

负有安全生产监督管理职责的部门应当加强对生产经营单位行政处罚信息的及时归集、共享、应用和公开，对生产经营单位作出处罚决定后七个工作日内在监督管理部门公示系统予以公开曝光，强化对违法失信生产经营单位及其有关从业人员的社会监督，提高全社会安全生产诚信水平。”

【解读】本条是《安全生产法》对安全生产违法行为公示的规定，与 2014 版的《安全生产法》相比，有三处修改：一是将“如实记录生产经营单位的安全生产违法行为信息；对违法行为情节严重的生产经营单位，应当向社会公告，并通报行业主管部门、投资主管部门、国土资源主管部门、证券监督管理机构以及有关金融机构”修改为“如实记录生产经营单位及其有关从业人员的安全生产违法行为信息；对违法行为情节严重的生产经营单位及其有关从业人员，应当及时向社会公告，并通报行业主管部门、投资主管部门、自然资源主管部门、生态环境主管部门、证券监督管理机构以及有关金融机构”；二是增加了“有关部门和机构应当对存在失信行为的生产经营单位及其有关从业人员采取加大执法检查频次、暂停项目审批、上调有关保险费率、行业或者职业禁入等联合惩戒措施，并向社会公示”的规定；三是增加了“负有安全生产监督管理职责的部门应当加强对生产经营单位行政处罚信息的及时归集、共享、应用和公开，对生产经营单位作出处罚决定后七个工作日内在监督管理部门公示系统予以公开曝光，强化对违法失信生产经营单位及其有关从业人员的社会监督，提高全社会安全生产诚信水平”的规定。

（1）安全生产违法行为不仅有单位违法，还有个人违法。将生产经营单位及其有关从业人员的安全生产违法行为信息纳入信息库，对违法行为情节严重的生产经营单位及其有关从业人员，及时向社会公告，并通报行业主管部门、投资主管部门、自然资源主管部门、生态环境主管部门、证券监督管理机构以及有关金融机构，有利于强化生产经营单位的主体责任，有利于落实全员安全生产责任制，督促生产经营单位积极整改违法行为，保证安全生产工作。

（2）行业主管部门、投资主管部门、自然资源主管部门、生态环境主管部门、证券监督管理机构以及有关金融机构掌握大量资源，对存在失信行为的生产经营单位及其有关从业人员采取加大执法检查频次、暂停项目审批、上调有关保险费率、行业或者职业禁入等联合惩戒措施，并向社会公示。通过这种方式，让违法生产经营单位和有关人员受到联合惩戒，并接受社会监督。

（3）按照各自职责，负有安全生产监督管理职责的部门应当对负责监管的生产经营单位的行政处罚信息进行及时归集；同时，通过各部门相关信息系统信息共享、应用和公开，可以达到一处受惩戒，处处受惩戒的目的。为了强化社会公开曝光，《安全生产法》对负有安全生产监督管理职责的部门公开行政处罚决定的程序作出了规定。

将第七十六条改为第七十九条，修改为："国家加强生产安全事故应急能力建设，在重点行业、领域建立应急救援基地和应急救援队伍，并由国家安全生产应急救援机构统一协调指挥；鼓励生产经营单位和其他社会力量建立应急救援队伍，配备相应的应急救援装备和物资，提高应急救援的专业化水平。

国务院应急管理部门牵头建立全国统一的生产安全事故应急救援信息系统，国务院交通运输、住房和城乡建设、水利、民航等有关部门和县级以上地方人民政府建立健全相关行业、领域、地区的生产安全事故应急救援信息系统，实现互联互通、信息共享，通过推行网上安全信息采集、安全监管和监测预警，提升监管的精准化、智能化水平。”

【解读】本条是《安全生产法》对国家应急救援力量建设和信息化管理的规定，与2014版的《安全生产法》相比，主要有两处修改：一是增加了“并由国家安全生产应急救援机构统一协调指挥”的规定；二是将“国务院安全生产监督管理部门建立全国统一的生产安全事故应急救援信息系统，国务院有关部门建立健全相关行业、领域的生产安全事故应急救援信息系统”修改为“国务院应急管理部门牵头建立全国统一的生产安全事故应急救援信息系统，国务院交通运输、住房和城乡建设、水利、民航等有关部门和县级以上地方人民政府建立健全相关行业、领域、地区的生产安全事故应急救援信息系统，实现互联互通、信息共享，通过推行网上安全信息采集、安全监管和监测预警，提升监管的精准化、智能化水平”。

（1）国家加强生产安全事故应急救援能力建设，由国家安全生产应急救援机构统一协调指挥。这里讲的国家安全生产应急救援机构，是指国家安全生产应急救援指挥中心。我国处在工业化、城镇化快速发展中，安全生产形势依然严峻，生产安全事故应急救援能力建设相对不足，安全生产应急救援工作存在资源分散、力量薄弱等问题。为此，国家加大应急救援能力建设，在重点行业、领域建立应急救援基地和应急救援队伍，推进应急救援专业化处置能力建设。重点行业、领域的应急救援基地是由国家统一规划，由国家、地方和重点行业、领域的生产经营单位共同投资建设的，能够承担规划服务区域内特别重大和复杂的生产安全事故处置任务的重要救援队伍，具备重点行业、领域的应急救援人才储备、技术储备、装备储备和救援人员培训与演习训练功能。这类应急救援基地和应急救援队伍有开滦、平顶山等7个矿山基地，还有依托中石化等中央企业建立的石化救援基地，水上救援也有专门的基地和队伍等。为了加强这类由国家规划的重点行业、领域的应急救援基地和应急救援队伍建设，避免重复建设、浪费资源，同时加强事故救援中对这类国家级应急救援队伍的统一调动，《安全生产法》明确由国家安全生产应急救援机构统一协调指挥是十分必要的。

（2）建立全国统一的生产安全事故应急救援信息系统，由国务院应急管理部门牵头组建。生产安全事故应急救援信息系统建设是安全生产应急管理的一项基础性工作，对建设更加高效的应急救援体系，有效预防和应对事故灾难具有重要意义。建立全国统一的生产安全事故应急救援信息系统是强化安全生产应急救援信息化建设、提高科学决策能力的需要。目前，因各类生产安全事故应急救援的需要，经过多年的努力，国务院应急管理、交通运输、住房和城乡建设、水利、民航等有关部门都建立了其分管行业、领域的应急管理信息系统；许多县级以上地方人民政府也建立了相关行业、领域、地区的生产安全事故应急救援信息系统，这些应急救援信息系统存在交叉重叠。为加强应急救援的统一管理，整合现有资源以适应新时代、新形势下我国生产安全事故应急救援工作需要，围绕“统一指挥、反应灵敏、协调有序、运转高效”的应急管理机制，建立全国统一的生产安全事故应急救援信息系统是必要的。

（3）全国统一的生产安全事故应急救援信息系统是多功能的，一方面，要集合国家、部门、地方和生产经营单位等应急救援预案管理信息，各类应急救援队伍建设、物资储备等各类应急救援信息。这个信息系统不是新建，而是在现有有关部门、地方政府等各类信息系统基础上进行重组，整合现有资源，实现各类系统的互联互通、各类资源信息共享。另一方面，这个信息系统要与政府正在建设的“互联网＋政务”和“互联网＋监管”进行衔接，实现政务服务和安全监管执法的信息化。通过推行网上安全信息采集、安全监管和监测预警，提升监管的精准化、智能化水平。这样就实现了把日常安全生产监管与事后生产安全事故应急救援工作联系起来，从而有效提高应急救援的能力。

将第七十七条改为第八十条，增加一款，作为第二款："乡镇人民政府和街道办事处，以及开发区、工业园区、港区、风景区等应当制定相应的生产安全事故应急救援预案，协助人民政府有关部门或者按照授权依法履行生产安全事故应急救援工作职责。"

【解读】本条是《安全生产法》对地方人民政府制定生产安全事故应急救援预案和体系的规定，与2014版的《安全生产法》相比，主要有一处修改：增加了"乡镇人民政府和街道办事处，以及开发区、工业园区、港区、风景区等应当制定相应的生产安全事故应急救援预案，协助人民政府有关部门或者按照授权依法履行生产安全事故应急救援工作职责"的规定。

乡镇人民政府和街道办事处是基层人民政府，承担着协助上级人民政府有关部门或者按照授权的规定履行安全生产监管的职责。应急管理工作是安全生产工作的重要组成部分，为此，有必要对乡镇人民政府和街道办事处的应急管理职责作出规定。此外，开发区、工业园区、港区、风景区等功能区，是各类生产经营单位的聚集区和各类生产经营活动的集中区，安全风险叠加，极易发生生产安全事故。目前，这类功能区都有相应的管理机构负责安全生产工作。这类功能区制定专门的应急救援预案，对有效应对各类风险十分必要。

将第八十三条改为第八十六条，第一款修改为："事故调查处理应当按照科学严谨、依法依规、实事求是、注重实效的原则，及时、准确地查清事故原因，查明事故性质和责任，评估应急处置工作，总结事故教训，提出整改措施，并对事故责任单位和人员提出处理建议。事故调查报告应当依法及时向社会公布。事故调查和处理的具体办法由国务院制定。"

增加一款，作为第三款："负责事故调查处理的国务院有关部门和地方人民政府应当在批复事故调查报告后一年内，组织有关部门对事故整改和防范措施落实情况进行评估，并及时向社会公开评估结果；对不履行职责导致事故整改和防范措施没有落实的有关单位和人员，应当按照有关规定追究责任。”

【解读】本条是《安全生产法》对生产安全事故调查处理的规定，与2014版的《安全生产法》相比，有三处修改：一是增加“评估应急处置工作”；二是将“对事故责任者提出处理意见”修改为“对事故责任单位和人员提出处理建议”；三是增加了“负责事故调查处理的国务院有关部门和地方人民政府应当在批复事故调查报告后一年内，组织有关部门对事故整改和防范措施落实情况进行评估，并及时向社会公开评估结果；对不履行职责导致事故整改和防范措施没有落实的有关单位和人员，应当按照有关规定追究责任”的规定。

（1）《生产安全事故应急条例》第二十四条规定，现场指挥部或者统一指挥生产安全事故应急救援的人民政府及其有关部门应当完整、准确地记录应急救援的重要事项，妥善保存相关原始资料和证据。第二十七条规定，按照国家有关规定成立的生产安全事故调查组应当对应急救援工作进行评估，并在事故调查报告中作出评估结论。为此，《安全生产法》与《生产安全事故应急条例》进行衔接，明确事故调查组应当评估应急处置工作。

（2）将“对事故责任者提出处理意见”修改为“对事故责任单位和人员提出处理建议”，使承担事故责任的对象更加明确。例如，瞒报生产安全事故，既有单位的责任，也有人员的责任，《安全生产法》《生产安全事故报告和调查处理条例》对责任单位和责任人员规定了相应的法律责任。

（3）事故调查处理结束后，对事故整改和防范措施落实情况进行评估，是吸取事故教训、加强事故预防的重要举措。对生产安全事故整改和防范措施落实情况进行评估，主要目的是为了深刻汲取事故教训，切实落实整改和防范措施建议，防范同类事故再次发生。中共中央、国务院印发的《意见》明确要求，要建立事故暴露问题整改督办制度，事故结案后一年内，负责事故调查的地方政府和国务院有关部门要组织开展评估，及时向社会公开，对履职不力、整改措施不落实的，依法依规严肃追究有关单位和人员责任。为此，《安全生产法》增加了相应的内容。

将第九十一条改为第九十四条，第一款修改为："生产经营单位的主要负责人未履行本法规定的安全生产管理职责的，责令限期改正，处二万元以上五万元以下的罚款；逾期未改正的，处五万元以上十万元以下的罚款，责令生产经营单位停产停业整顿。"

将第九十二条改为第九十五条，修改为："生产经营单位的主要负责人未履行本法规定的安全生产管理职责，导致发生生产安全事故的，由应急管理部门依照下列规定处以罚款：

（一）发生一般事故的，处上一年年收入百分之四十的罚款；

（二）发生较大事故的，处上一年年收入百分之六十的罚款；

（三）发生重大事故的，处上一年年收入百分之八十的罚款；

（四）发生特别重大事故的，处上一年年收入百分之一百的罚款。"

将第九十三条改为第九十六条，修改为："生产经营单位的其他负责人和安全生产管理人员未履行本法规定的安全生产管理职责的，责令限期改正，处一万元以上三万元以下的罚款；导致发生生产安全事故的，暂停或者吊销其与安全生产有关的资格，并处上一年年收入百分之二十以上百分之五十以下的罚款；构成犯罪的，依照刑法有关规定追究刑事责任。"

将第九十四条改为第九十七条，修改为："生产经营单位有下列行为之一的，责令限期改正，处十万元以下的罚款；逾期未改正的，责令停产停业整顿，并处十万元以上二十万元以下的罚款，对其直接负责的主管人员和其他直接责任人员处二万元以上五万元以下的罚款：

（一）未按照规定设置安全生产管理机构或者配备安全生产管理人员、注册安全工程师的；

（二）危险物品的生产、经营、储存、装卸单位以及矿山、金属冶炼、建筑施工、运输单位的主要负责人和安全生产管理人员未按照规定经考核合格的；

（三）未按照规定对从业人员、被派遣劳动者、实习学生进行安全生产教育和培训，或者未按照规定如实告知有关的安全生产事项的；

（四）未如实记录安全生产教育和培训情况的；

（五）未将事故隐患排查治理情况如实记录或者未向从业人员通报的；

（六）未按照规定制定生产安全事故应急救援预案或者未定期组织演练的；

（七）特种作业人员未按照规定经专门的安全作业培训并取得相应资格，上岗作业的。”

将第九十五条改为第九十八条，修改为：“生产经营单位有下列行为之一的，责令停止建设或者停产停业整顿，限期改正，并处十万元以上五十万元以下的罚款，对其直接负责的主管人员和其他直接责任人员处二万元以上五万元以下的罚款；逾期未改正的，处五十万元以上一百万元以下的罚款，对其直接负责的主管人员和其他直接责任人员处五万元以上十万元以下的罚款；构成犯罪的，依照刑法有关规定追究刑事责任：

（一）未按照规定对矿山、金属冶炼建设项目或者用于生产、储存、装卸危险物品的建设项目进行安全评价的；

（二）矿山、金属冶炼建设项目或者用于生产、储存、装卸危险物品的建设项目没有安全设施设计或者安全设施设计未按照规定报经有关部门审查同意的；

（三）矿山、金属冶炼建设项目或者用于生产、储存、装卸危险物品的建设项目的施工单位未按照批准的安全设施设计施工的；

（四）矿山、金属冶炼建设项目或者用于生产、储存、装卸危险物品的建设项目竣工投入生产或者使用前，安全设施未经验收合格的。”

将第九十六条改为第九十九条，增加两项，作为第四项、第八项：“（四）关闭、破坏直接关系生产安全的监控、报警、防护、救生设备、设施，或者篡改、隐瞒、销毁其相关数据、信息的；

（八）餐饮等行业的生产经营单位使用燃气未安装可燃气体报警装置的。”

将第九十八条改为第一百零一条，修改为：“生产经营单位有下列行为之一的，责令限期改正，处十万元以下的罚款；逾期未改正的，责令停产停业整顿，并处十万元以上二十万元以下的罚款，对其直接负责的主管人员和其他直接责任人员处二万元以上五万元以下的罚款；构成犯罪的，依照刑法有关规定追究刑事责任：

（一）生产、经营、运输、储存、使用危险物品或者处置废弃危险物品，未建立专门安全管理制度、未采取可靠的安全措施的；

（二）对重大危险源未登记建档，未进行定期检测、评估、监控，未制定应急预案，或者未告知应急措施的；

（三）进行爆破、吊装、动火、临时用电以及国务院应急管理部门会同国务院有关部门规定的其他危险作业，未安排专门人员进行现场安全管理的；

（四）未建立安全风险分级管控制度或者未按照安全风险分级采取相应管控措施的；

（五）未建立事故隐患排查治理制度，或者重大事故隐患排查治理情况未按照规定报告的。”

将第九十九条改为第一百零二条，修改为：“生产经营单位未采取措施消除事故隐患的，责令立即消除或者限期消除，处五万元以下的罚款；生产经营单位拒不执行的，责令停产停业整顿，对其直接负责的主管人员和其他直接责任人员处五万元以上十万元以下的罚款；构成犯罪的，依照刑法有关规定追究刑事责任。”

将第一百条改为第一百零三条，增加一款，作为第三款：“矿山、金属冶炼建设项目和用于生产、储存、装卸危险物品的建设项目的施工单位未按照规定对施工项目进行安全管理的，责令限期改正，处十万元以下的罚款，对其直接负责的主管人员和其他直接责任人员处二万元以下的罚款；逾期未改正的，责令停产停业整顿。以上施工单位倒卖、出租、出借、挂靠或者以其他形式非法转让施工资质的，责令停产停业整顿，吊销资质证书，没收违法所得；违法所得十万元以上的，并处违法所得二倍以上五倍以下的罚款，没有违法所得或者违法所得不足十万元的，单处或者并处十万元以上二十万元以下的罚款；对其直接负责的主管人员和其他直接责任人员处五万元以上十万元以下的罚款；构成犯罪的，依照刑法有关规定追究刑事责任。”

将第一百零四条改为第一百零七条，修改为：“生产经营单位的从业人员不落实岗位安全责任，不服从管理，违反安全生产规章制度或者操作规程的，由生产经营单位给予批评教育，依照有关规章制度给予处分；构成犯罪的，依照刑法有关规定追究刑事责任。”

增加一条，作为第一百零九条：“高危行业、领域的生产经营单位未按照国家规定投保安全生产责任保险的，责令限期改正，处五万元以上十万元以下的罚款；逾期未改正的，处十万元以上二十万元以下的罚款。”

增加一条，作为第一百一十二条：“生产经营单位违反本法规定，被责令改正且受到罚款处罚，拒不改正的，负有安全生产监督管理职责的部门可以自作出责令改正之日的次日起，按照原处罚数额按日连续处罚。”

将第一百零八条改为第一百一十三条，修改为：“生产经营单位存在下列情形之一的，负有安全生产监督管理职责的部门应当提请地方人民政府予以关闭，有关部门应当依法吊销其有关证照。生产经营单位主要负责人五年内不得担任任何生产经营单位的主要负责人；情节严重的，终身不得担任本行业生产经营单位的主要负责人：

（一）存在重大事故隐患，一百八十日内三次或者一年内四次受到本法规定的行政处罚的；

（二）经停产停业整顿，仍不具备法律、行政法规和国家标准或者行业标准规定的安全生产条件的；

（三）不具备法律、行政法规和国家标准或者行业标准规定的安全生产条件，导致发生重大、特别重大生产安全事故的；

（四）拒不执行负有安全生产监督管理职责的部门作出的停产停业整顿决定的。”

将第一百零九条改为第一百一十四条，修改为：“发生生产安全事故，对负有责任的生产经营单位除要求其依法承担相应的赔偿等责任外，由应急管理部门依照下列规定处以罚款：

（一）发生一般事故的，处三十万元以上一百万元以下的罚款；

（二）发生较大事故的，处一百万元以上二百万元以下的罚款；

（三）发生重大事故的，处二百万元以上一千万元以下的罚款；

（四）发生特别重大事故的，处一千万元以上二千万元以下的罚款。

发生生产安全事故，情节特别严重、影响特别恶劣的，应急管理部门可以按照前款罚款数额的二倍以上五倍以下对负有责任的生产经营单位处以罚款。”

【解读】《生产安全事故报告和调查处理条例》第三条 根据生产安全事故（以下简称事故）造成的人员伤亡或者直接经济损失，事故一般分为以下等级：

（一）特别重大事故，是指造成 30 人以上死亡，或者 100 人以上重伤（包括急性工业中毒，下同），或者 1 亿元以上直接经济损失的事故；

（二）重大事故，是指造成10人以上30人以下死亡，或者50人以上100人以下重伤，或者5 000万元以上1亿元以下直接经济损失的事故；

（三）较大事故，是指造成3人以上10人以下死亡，或者10人以上50人以下重伤，或者1 000万元以上5 000万元以下直接经济损失的事故；

（四）一般事故，是指造成3人以下死亡，或者10人以下重伤，或者1 000万元以下直接经济损失的事故。

第一百一十五条："本法规定的行政处罚，由应急管理部门和其他负有安全生产监督管理职责的部门按照职责分工决定。其中，根据本法第九十五条、第一百一十条、第一百一十四条的规定应当给予民航、铁路、电力行业的生产经营单位及其主要负责人行政处罚的，也可以由主管的负有安全生产监督管理职责的部门进行处罚。予以关闭的行政处罚，由负有安全生产监督管理职责的部门报请县级以上人民政府按照国务院规定的权限决定；给予拘留的行政处罚，由公安机关依照治安管理处罚的规定决定。"

第一百一十八条第二款："国务院应急管理部门和其他负有安全生产监督管理职责的部门应当根据各自的职责分工，制定相关行业、领域重大危险源的辨识标准和重大事故隐患的判定标准。"

第三节 《城镇燃气管理条例》解读

一、《条例》简述

《城镇燃气管理条例》（以下简称《条例》）于2010年10月19日

由国务院第 129 次常务会议通过，2010 年 11 月 19 日国务院第 583 号令公布，自 2011 年 3 月 1 日起施行。2016 年 1 月 13 日根据国务院第 119 次常务会议通过的《国务院关于修改部分行政法规的决定》，2016 年 2 月 6 日国务院发布第 666 号令公布修改了《城镇燃气管理条例》，自公布之日起施行。

1. 立法目的

首先，《条例》旨在加强城镇燃气管理。为了加强燃气管理，《条例》明确了政府及其有关部门的职责、履行职责的手段，规定了燃气经营者、燃气用户等管理相对人的义务，对政府及其部门、燃气经营者、燃气用户的违法行为，设定了相应的法律责任。

其次，《条例》旨在保障燃气供应，防止和减少燃气安全事故，保障公民生命、财产安全和公共安全。燃气供应涉及千家万户，供应不及时、供应中断会带来严重的问题。为此，《条例》第二章规定，燃气发展规划中应当明确燃气供应保障制度，并要求县级以上人民政府建立健全燃气应急储备制度，采取综合措施提高燃气应急保障能力，并规定燃气管理部门应当会同有关部门对燃气供求状况实施监测、预测和预警。在出现燃气供应短缺、供应中断等突发事件时，要求地方人民政府及时采取应急措施，确保燃气供应。安全是燃气管理中的核心问题。燃气是危险物品，发生燃气安全事故时，不仅危及个人生命、财产安全，而且危及公共安全。为了保障燃气安全，《条例》对燃气经营、使用、运输、储藏等均作了一系列规定。例如，《条例》规定，从事燃气经营活动的企业，应当具有完善的安全管理制度，其安全生产管理人员经过专业培训并考核合格；燃气经营者应当对燃气设施定期进行安全检查；燃气经营者、用户不得在不具备安全条件的场所储藏、使用燃气；在燃气设施保护范围内，禁止从事危及燃气设施安全的活动等。同时，《条例》设专章对燃气事故的预防与处理作了规定。

再次，《条例》旨在维护燃气经营者和燃气用户的合法权益。燃气经营者和燃气用户之间是供气、用气合同关系，双方的权利义务主要由合同约定。对于合同，《中华人民共和国合同法》（以下简称《合同法》）有专门规定。因此，《条例》并未对燃气经营者和燃气用户之间的合同关系作详细规定，而是从保障燃气安全、维护公共利益的角度出发，对燃气经营者的经营服务活动和燃气用户的用气行为作了规范。燃气经营者、燃气用户既要遵守供气、用气合同，履行约定义务，也应当遵守《条例》，履行法定义务。《条例》关于燃气经营者经营服务活动和燃气用户用气行为的规定，目的也在于平衡双方利益，维护双方的合法权益。

最后，《条例》旨在促进燃气事业的健康发展。当前，虽然燃气事业发展得很快，但也存在一些阻碍燃气事业健康发展的问题。制定修改《条例》，就是要解决燃气行业中存在的突出问题，建立有利于燃气事业发展的体制、机制、环境，促进燃气事业的健康发展。

2.《条例》适用范围

为了与相关法律、行政法规相衔接，划清燃气生产与燃气经营、服务、使用等上下游之间的关系，《条例》适用范围：从管理角度来说，城镇燃气发展规划与应急保障、燃气经营与服务、燃气使用、燃气设施保护、燃气安全事故预防与处理及相关管理活动，适用本条例。从气源角度来说，明确天然气、液化石油气的生产和进口，城市门站以外的天然气管道输送，燃气作为工业生产原料使用，沼气、秸秆气的生产和使用，不适用本条例。同时明确本条例所称燃气，是指作为燃料使用并符合一定要求的气体燃料，包括天然气（含煤层气）、液化石油气和人工煤气等。此外，《条例》结合燃气发展的需要规定，农村的燃气管理参照本条例的规定执行。

在本条例的气源适用范围方面，《条例》规定以城市门站为分界点，但现在很多城市出于地方利益考虑，实行区域内的天然气统购统销，城市从上游接气后通过区域高压管道向域内城镇燃气经营企业供气，此时存在以下几种情况，一是实施区域统购统销的燃气企业可能是管道输送企业，也可能本身就是城镇燃气企业；二是区域内的高压天然气管道可能按长输管道的标准设计施工，符合长输天然气管道的标准，也可能就是按城镇燃气管道的标准设计施工；三是该高压天然气管道的上游接气点是城市天然气门站，下游供给区域内城镇燃气经营企业供气时，下游城镇燃气又有城市门站。在这种情况下，两级门站之间的管道是以采用的设计规范为依据确定管道管理属性还是以管道门站为界确定管理属性？在实践中这方面在一些地区存在管理缺失的现象。长输天然气管道与城镇燃气管道在设计安全间距、设计施工规范、管道保护范围、政府职能管理部门等多个方面存在一定的区别，应当以管道的设计标准为依据进行管理，若出现城市建成区内部分长输天然气管道因特殊原因没有与长输管道整体验收移交等情况而没有纳入长输管道管理的，后期投入运营时仍应纳入整体管理，或者办理设计变更后经验收纳入城镇燃气管道管理。

3.《条例》相关规定

《条例》提出燃气发展规划是加强燃气管理工作的前提，明确了燃气发展规划组织编制主体和审批程序，还明确了燃气发展规划的内容；强调加强对燃气设施建设的监管，要求建设单位将燃气设施建设工程竣工验收情况报燃气管理部门备案；强调政府和燃气经营者应完善燃气应急保障制度。

对于燃气经营与服务，《条例》规定确立燃气经营许可证制度，明确取得燃气经营许可证的条件和审批程序，禁止个人从事管道燃气经营活动，同时规定个人从事瓶装燃气经营活动的，应当遵守省、自治区、直辖市的有关规定；明确燃气经营者的服务义务和禁止性行为；明确燃气经营者的责任；完善燃气定价机制。

对于燃气使用，《条例》规定对燃气用户的用气行为予以规范；明确燃气用户的权利；确立燃气燃烧器具的标识制度和安装、维修制度。

对于燃气设施的保护，《条例》规定明确燃气设施保护范围的划定以及在保护范围内的禁止性活动，并规定新建、扩建、改建建设工程不得影响燃气设施安全；明确有关单位从事可能影响燃气设施安全活动时应当采取安全保护措施；确立市政燃气设施改动审批制度，并明确对改动方案的要求。

对于燃气安全事故预防与处理，《条例》规定确立燃气安全事故应急预案制度；规定单位和个人发现燃气安全事故或者燃气安全事故隐患等情况的告知和报告义务；明确对燃气安全事故隐患的处置措施；明确燃气安全事故发生后的处置措施。同时还明确了相应的责任事故追究制度。

4. 其他地方性城市燃气管理条例与《条例》相冲突时的法律适用

在《条例》发布前后，不少省、市、区已出台或修改了各自地方的燃气管理条例，按照法律法规体系层次，国务院条例是上位法，各省、市、区条例是下位法，地方条例与国务院条例相冲突时，无论发布时间先后，应当执行国务院条例相关规定。

二、《条例》相关条文解读

《条例》包括八章，共55条。

第二条："城镇燃气发展规划与应急保障、燃气经营与服务、燃气使用、燃气设施保护、燃气安全事故预防与处理及相关管理活动，适用本条例。

天然气、液化石油气的生产和进口，城市门站以外的天然气管道输送，燃气作为工业生产原料的使用，沼气、秸秆气的生产和使用，不适用本条例。

本条例所称燃气，是指作为燃料使用并符合一定要求的气体燃料，包括天然气（含煤层气）、液化石油气和人工煤气等。”

【解读】

本条是关于《条例》适用范围的规定。

本条第一款对《条例》调整的行为作了规定。按照该款规定，《条例》主要调整下列活动：

一是燃气发展规划与应急保障活动。《条例》第二章对燃气发展规划与应急保障作了明确规定。确立了然气发展规划制度，明确了规划的组织编制、内容、审批程序，强化了规划的权威性。确立燃气应急保障制度，对县级以上地方人民政府及其燃气管理部门在燃气储备、供求状况监管、应急处置中的职责作了规定，要求提高应急保障能力，遇到突发事件要及时采取应急措施。

二是燃气经营和服务活动。《条例》第三章对燃气经营与服务作了明确规定。确立燃气经营许可制度，结合各地实践情况，对燃气经营许可的条件、程序、实施主体、禁止行为等作了明确规定。确立了燃气服务制度，明确了燃气经营者的服务义务和禁止性行为，强调了燃气经营者应当提供普遍服务，详细规定了燃气经营者应当履行的服务义务。明确了燃气经营者对相关燃气设施运行、维护、抢修和更新改造的责任，要求燃气经营者建立燃气质量检测制度等，对从事瓶装燃气送气服务的人员和车辆加强管理，从事瓶装燃气充装活动应当遵守有关规定。完善了燃气定价机制。明确了燃气管理部门等有关部门的监管职责。

三是燃气使用活动。《条例》第四章对燃气使用作了明确规定，确立了燃气使用制度，对燃气用户的用气行为予以规范，明确了燃气用户的权利和应当履行的义务，确立了燃气燃烧器具的标识制度和安装维修制度。

四是燃气设施保护活动。《条例》第五章对燃气设施保护作了明确规定，确立了燃气设施保护制度，明确了燃气设施保护范围的划定以及在保护范围内的禁止性活动，明确了有关单位从事可能影响燃气设施安全活动时应当采取安全保护措施，确立了市政燃气设施改动审批制度。

五是燃气安全事故预防与处理活动。《条例》第六章对燃气安全事故预防与处理作了明确规定，确立了燃气安全事故应急预案制度，规定了单位和个人发现燃气安全事故或隐患等情况的告知和报告义务，明确了对燃气安全事故隐患的处置措施，明确了燃气安全事故发生后的处置措施，规定了政府及其有关部门不依法进行燃气管理的法律责任等。

六是与前述五个方面相关的燃气管理活动。《条例》对燃气管理部门和有关部门对燃气经营服务、燃气使用、燃气安全等的监管职责、监管措施等作了明确规定。

本条第二款排除了不适用《条例》规定的情形。主要是其他法律、法规已有明确规定的事项，具体包括天然气、液化石油气的生产和进口，城市门站以外的天然气管道输送，沼气、秸秆气的生产和使用。其中，天然气、液化石油气的生产受《中华人民共和国矿产资源法》（以下简称《矿产资源法》）等法律法规的调整；城市门站以外的天然气管道输送、燃气作为工业生产原料使用受《中华人民共和国港口法》（以下简称《港口法》）、《石油天然气管道保护法》、《中华人民共和国道路运输条例》（以下简称《道路运输条例》）等相关法律法规的调整。沼气与秸秆气的生产和使用，主要是农村农户的分散独立适用，未形成规模和经营条件，与城镇燃气经营、适用有较大区别，主要受有关规范农业活动的法律法规的调整，故将其排除在适用范围外。这里的沼气，是指有机物质在厌氧环境中，在一定的温度、湿度、酸碱度的条件下，通过微生物发酵作用，产生的一种可燃气体。由于这种气体最初是在沼泽、湖泊、池塘中发现的，所以人们叫它沼气。沼气含有多种气体，主要成分是甲烷（CH_4）。秸秆气，是用农业作物的秸秆。例如，苞米芯、玉米、高粱、稻、麦的作物秸秆、柴草等通过气化系统生成的一种燃气，主要成分是甲烷、二氧化碳和一氧化碳等。

本条第三款对燃气作了界定。按照本款规定，燃气是指作为燃料使用并符合一定要求的气体燃料。首先，本条例规定的燃气应当作为燃料适用；其次，燃气应当是气体燃料；最后，燃气的燃烧值、气质成分等应当符合一定的要求。燃气主要包括天然气（含煤层气）、液化石油气和人工煤气。其中，天然气，是指天然蕴藏于地层中的烃类和非烃类气体的混合物，主要存在于油田气、气田气、煤层气、泥火山气和生物生成气中。天然气的主要成分是烷烃，其中甲烷占绝大多数，另有少量的乙烷、丙烷和丁烷，此外，一般还含有硫化氢、二氧化碳、氮和水汽，以及微量的惰性气体，如氦和氩等。在标准状况下，甲烷至丁烷以气体状态存在，戊烷以上为液体。煤层气是通过地面钻井直接从煤层中抽采出来的，吸附在煤层中的可燃气体，是天然气的一种。其主要成分是甲烷，另有少量的氮气、二氧化碳和烃类气体。液化石油气，是以丙烷、丁烷为主要成分作为燃料使用的液态石油气。人工煤气，是指以固体、液体或气体（包括煤、重油、轻油液体石油气、天然气等）为原料经转化制得的，且符合现行国家质量要求的可燃气体。人工煤气简称煤气。除天然气、人工燃气、液化石油气外，燃气种类还包括生物质气。目前，作为城镇燃气供应气源的是天然气、人工燃气、液化石油气，但不能排除随着经济社会发展和科技进步，再出现其他作为城镇燃气供应气源的燃气种类，所以《条例》用了“等”字。

值得指出的是，《条例》名称为“城镇燃气管理条例”，调整范围为“城镇”燃气管理。这里的“城镇”，是指城市、镇行政区域。目前，国家正在加快新农村建设，推动城乡一体化进程，推行城乡基础设施共建共享，让农民用上清洁、干净的新能源。在实践中，瓶装燃气由于其具有运输便捷、价格便宜的特点，在农村地区发展较快。大部分农村地区已经使用瓶装燃气，还有部分城镇燃气设施覆盖到的农村地区已开始使用管道燃气。考虑今后燃气发展的一大特点是配合新农村建设，加快燃气管网和配套设施向新农村延伸与覆盖，满足农村地区工业、商业、居民生活和当地建设对燃气的需要，结合现在农村没有专门的燃气管理法规的现状，《条例》附则规定：农村的燃气管理参照本条例的规定执行。

第九条：“燃气发展规划的内容应当包括：燃气气源、燃气种类、燃气供气方式和规模、燃气设施布局和建设时序、燃气设施建设用地、燃气设施保护范围、燃气供应保障措施和安全保障措施。”

【解读】本条是关于燃气发展规划内容的规定。

《条例》出台前，全国多个省、自治区、直辖市出台的有关燃气管理的地方性法规都明确要求燃气管理部门编制燃气发展规划。许多地方也根据地方性法规的规定开展了燃气发展规划的编制工作。例如，山东省、山西省已经编制完成本省的燃气发展专项规划，上海、浙江、江苏三省（市）以及珠江三角洲已经分别完成长三角燃气发展规划和珠三角燃气发展规划的编制工作。

在燃气发展规划编制中存在一些问题亟待解决。主要是，各地编制的燃气规划内容不一，编制质量参差不齐，需要行业主管部门就燃气规划的内容和质量作统一要求，进一步规范和指导各地的燃气发展规划编制工作。因此，本条对编制燃气发展规划的内容作了明确而统一的规定。燃气发展规划根据规划分类的不同，编制内容、深度应当有所区别，但应当具备以下内容。

1）燃气气源和种类

为城市提供燃气的来源称为气源；燃气种类，一般按照燃气来源和生产方式可分为天然气、人工燃气、液化石油气和生物质气。其中，天然气、人工燃气、液化石油气可以作为城镇燃气供应的气源。燃气发展规划应当通过技术与经济的比较论证，结合本行政区域内的资源、能源、交通运输条件和财力、物力状况，因地制宜合理选择近、远期相结合的气源方案，确定气源种类，既要考虑可行性，又要兼顾连续性、科学性和先进性。

2）供气方式和规模

城镇燃气供应方式包括管道输送和瓶装两种方式；供气规模是指燃气的供应总量、供应区域和用户数量。

3）燃气设施布局和建设时序

这里的燃气设施布局，主要是指市政燃气设施的布点。例如，门站、加气站、灌装站等，燃气设施的布局应当结合近、远期城市居民的生活方便的需要。建设时序主要是指根据当地的社会状况和用户需求，对燃气设施的建设确定合理的时间、顺序。燃气发展规划的编制应当通过方案论证确定工艺流程、气源站点的位置与规模和建设时序。

4）燃气设施建设用地

对于将来要建设的燃气设施，应当通过认真、科学的论证，决定为其预留的燃气设施建设用地，并纳入城市、镇总体规划中。燃气设施建设用地属于城镇基础设施用地，按照《中华人民共和国城乡规划法》（以下简称《城乡规划法》）的规定，基础设施和公共服务设施用地等内容，属于城市总体规划、镇总体规划的强制性内容，禁止擅自改变用途。《条例》第十一条对预留燃气设施用地作了明确规定。

5）燃气设施保护范围

由于燃气设施多设置在主要交通道路、生产生活区和建筑居住小区之间，为有效保护燃气管道、管道燃气阀门、燃气调压站、燃气储气设施及液化石油气灌装站设立的保护距离称为燃气设施保护范围。本条例第三十三条对燃气设施保护范围的划定，以及在燃气设施保护范围内禁止从事的活动作了规定。

6）燃气供应保障措施和安全保障措施

燃气供应保障措施，是指为保证燃气的正常供应，用户能够连续、不间断地使用燃气所采取的措施。例如，新建燃气接收门站及对门站的改、扩建，更换燃气老旧管网，建立燃气调度指挥系统，建立人户检查安全体系等采取的措施；燃气安全保障措施，一般是指各种燃气应急保障预案的建立，燃气事故抢修、抢险方案的制订，各种抢修人员、车辆、工具、仪器的配备，以及对燃气管网及各类燃气设施的检查等。本条例第十二～十三条和第六章对燃气供应保障措施和安全保障措施作了详细规定。

以上事项为编制燃气发展规划应当具备的项目，规划编制原则、编制规划须收集的基础资料、文本和图纸内容等其他事项应当按照相关技术规范、编制大纲、标准规范等执行。

第十一条："进行新区建设、旧区改造，应当按照城乡规划和燃气发展规划配套建设燃气设施或者预留燃气设施建设用地。

对燃气发展规划范围内的燃气设施建设工程，城乡规划主管部门在依法核发选址意见书时，应当就燃气设施建设是否符合燃气发展规划征求燃气管理部门的意见；不需要核发选址意见书的，城乡规划主管部门在依法核发建设用地规划许可证或者乡村建设规划许可证时，应当就燃气设施建设是否符合燃气发展规划征求燃气管理部门的意见。

燃气设施建设工程竣工后，建设单位应当依法组织竣工验收，并自竣工验收合格之日起 15 日内，将竣工验收情况报燃气管理部门备案。"

【解读】本条是对新区建设、旧区改造配套建设燃气设施，燃气设施工程规划选址和燃气设施建设工程竣工验收备案的规定。

1）配套建设燃气设施或者预留燃气设施建设用地新区建设、旧区改造要依据燃气发展规划，配套建设燃气设施

燃气设施配套建设，是指按照城乡规划、燃气发展规划，在进行一定的新开发建设区域或改建区域建设时，应当充分考虑到人民群众生产、生活需要，同时进行相应燃气设施的投资和建设，以保证城市功能健全、协调发展，减少重复投资避免浪费。预留燃气设施配套建设用地，是指在不具备建设条件时，应预留燃气设施建设用地。燃气设施建设用地属于城镇基础设施用地。按照《城乡规划法》第十七条的规定，基础设施和公共服务设施用地等内容，属于城市总体规划、镇总体规划的强制性内容。同时，《城乡规划法》第三十五条规定，城乡规划确定的基础设施、公共服务设施用地以及其他需要依法保护的用地，禁止擅自改变用途。因此，对规划确定的燃气设施建设用地应当实施规划控制，不得擅自改变土地规划用途或者改作他用。

2）燃气设施建设工程规划许可

本条第二款是关于规划部门对燃气设施建设工程作出规划许可时应遵守程序的规定。

在规划区内进行燃气设施建设，必须遵循《城乡规划法》的规定。按照《城乡规划法》第三十六条的规定，按照国家规定需要有关部门批准或者核准的建设项目，以划拨方式提供国有土地使用权的，建设单位在报送有关部门批准或者核准前，应当向城乡规划主管部门申请核发选址意见书。按照《城乡规划法》第三十八条的规定，以出让方式取得国有土地使用权的燃气设施建设工程。在签订国有土地使用权出让合同后，建设单位应当持建设项目的批准、核准、备案文件和国有土地使用权出让合同，向城市、县人民政府城乡规划主管部门领取建设用地规划许可证。按照《城乡规划法》第四十一条的规定，在乡、村庄规划区内进行燃气设施建设工程的，建设单位或者个人应当向乡、镇人民政府提出申请，由乡、镇人民政府报城市、县人民政府城

乡规划主管部门核发乡村建设规划许可证。

考虑到燃气设施的建设与燃气发展规划的实施密切相关，为确保燃气发展规划的有效实施，本条第二款规定，城乡规划主管部门在实施规划许可前，应当就燃气设施建设工程是否符合燃气发展规划征求燃气管理部门意见。从燃气设施建设的时序来看，建设单位应当先行办理选址意见书，因此，《条例》首先规定城乡规划主管部门在核发选址意见书时需征求燃气管理部门意见。同时，鉴于并非所有的燃气设施建设项目均需领取选址意见书，《条例》还规定，对不需要核发选址意见书的燃气设施建设项目，城乡规划主管部门应当在核发建设用地规划许可证或者乡村建设规划许可证时征求燃气管理部门意见。燃气管理部门则应当依据燃气发展规划提出意见，并按照有关规定及时将意见反馈城乡规划主管部门。为了切实落实《条例》的规定，各地城乡规划主管部门和燃气管理部门应当依据本条规定建立联动工作机制，明确相应的工作程序和要求。

3）燃气设施建设工程竣工验收及验收备案

本条第三款规定了燃气设施建设工程竣工验收备案制度。燃气设施建设工程竣工后，建设单位应当依法组织竣工验收，并自竣工验收合格之日起 15 日内，将竣工验收情况报燃气管理部门备案。

燃气设施建设工程是建设工程的一类，其竣工验收应当服从国务院《建设工程质量管理条例》的规定。

按照《建设工程质量管理条例》第十六条的规定，燃气设施建设工程的建设单位收到建设工程竣工报告后，应当组织设计、施工、工程监理等有关单位进行竣工验收。进行竣工验收时，应当具备以下条件：完成工程设计和合同约定的各项内容；有完整的技术档案和施工管理资料；有工程使用的主要建筑材料、建筑构配件和设备的进场实验报告；有勘察、设计、施工、工程监理等单位分别签署的质量合格文件；有施工单位签署的工程保修书。未经验收合格的燃气设施建设工程，不得投入使用。

按照《建设工程质量管理条例》第四十九条的规定，建设单位应当在竣工验收合格之日起将竣工验收报告和其他有关文件报建设行政主管部门或者其他有关部门备案。建设单位办理工程竣工验收备案通常应提交以下材料：①燃气设施建设工程竣工验收备案表；②燃气设施建设工程竣工验收报告（包括工程报建日期，施工许可证号，施工图设计文件审查意见，市政基础设施的有关质量检测和功能性试验资料，勘察、设计、施工、工程监理等单位分别签署的工程验收文件及验收人员签署的竣工验收原始文件等）；③规划、公安消防、环保、质检等部门出具的认可文件或者准许使用文件；④施工单位签署的工程质量保修书。办理竣工验收备案应符合有关程序规定要求。建设行政主管部门及有关部门收到建设单位的竣工验收备案文件后，依据建设工程质量监督机构的监督报告，若发现建设单位在竣工验收过程中有违反国家有关建设工程质量管理规定行为的，应责令停止使用，限期整改。燃气设施工程建设单位重新组织竣工验收后，应重新办理竣工验收备案。

按照本款规定，燃气设施建设工程建设单位应当自工程竣工验收合格之日起 15 日内，将工程竣工验收情况报燃气管理部门备案。这里的“燃气管理部门”是指县级以上地方人民政府燃气管理部门。工程建设单位要将汇总整理竣工验收文件及时报当地燃气管理部门备案；上级燃气管理部门要求备案的，燃气设施工程建设单位也要及时报上级燃气管理部门备案。燃气设施建设工程竣工验收备案是加强燃气设施工程监督管理、防止不合格工程流向社会的一个重要制度保障。

需要说明的是，《条例》规定的备案与《建设工程质量管理条例》规定的备案有所差别。一是备案部门不一样。《建设工程质量管理条例》规定的备案部门是建设行政主管部门或者交通、水利等有关部门；《条例》规定的备案部门是燃气管理部门。二是备案内容不一样。

《建设工程质量管理条例》规定的是竣工验收报告和规划、公安消防、环保等部门的认可文件和准许使用文件的备案；《条例》规定的是竣工验收情况的备案。三是备案目的不一样。《建设工程质量管理条例》规定的备案制度，主要目的在于保障工程质量符合国家规定；《条例》规定的备案制度，主要目的在于确保燃气设施建设符合燃气发展规划。因此，《条例》规定的备案制度并非取代《建设工程质量管理条例》中的备案制度，而是对燃气设施建设工程建设单位新增加的要求。

第十五条："国家对燃气经营实行许可证制度。从事燃气经营活动的企业，应当具备下列条件：

（一）符合燃气发展规划要求；

（二）有符合国家标准的燃气气源和燃气设施；

（三）有固定的经营场所、完善的安全管理制度和健全的经营方案；

（四）企业的主要负责人、安全生产管理人员以及运行、维护和抢修人员经专业培训并考核合格；

（五）法律、法规规定的其他条件。符合前款规定条件的，由县级以上地方人民政府燃气管理部门核发燃气经营许可证。

申请人凭燃气经营许可证到工商行政管理部门依法办理登记手续。"

【解读】本条是关于燃气经营实行许可证制度和燃气经营企业应当具备的条件以及办理相关手续的规定。

本条第一款规定了国家对燃气经营实行许可证准入制度，要求所有的燃气经营企业必须取得燃气经营许可证后，方可从事燃气经营活动。这对加强行业管理、规范市场秩序、保障公共安全和人民生命财产安全具有重要作用。

1）设定燃气经营许可，符合《行政许可法》的规定

根据《行政许可法》的有关规定，直接涉及公共安全、人身健康、

生命财产安全等特定活动的，公共资源配置以及直接关系公共利益的特定行业的市场准入等，可以设定行政许可。燃气具有易燃、易爆、易中毒等特点，稍有不慎，极有可能发生事故。燃气事业直接关系公共利益，关系人民群众生命和财产安全，不能实行完全自由的市场准入政策，应当设立必要的市场准入制度。燃气经营者承担着保障安全生产、安全供气的责任，应当具备承担安全生产、供应服务的条件和能力。通过设立燃气经营许可制度，明确燃气经营许可条件以及燃气经营者的权利和义务，可以有效规范燃气经营活动，保证燃气供应安全。

2）设定燃气经营许可，是合理配置资源、维护公共利益的需要

燃气是现代城市赖以生存和发展的重要能源基础之一，也是国家能源战略中重点建设和发展的事业，燃气的普及应用对优化城乡能源结构、改善环境质量、提高人民生活水平、提升城市载体功能发挥着极其重要的作用。燃气又是一种不可再生资源，保障燃气供给，维护公众利益，是各级政府的义务。燃气供给方式、设点布局、安全防护等应符合城市规划、建设和管理的要求。管道燃气供应更具规划性、区域性和垄断性的特点，其规划建设和经营需在规划指导下有限度地实行市场竞争，如果不加以限定，随意经营、擅自铺设管道，重复建设，争夺资源，势必造成资源的浪费、城市管理的混乱和安全隐患。通过设立经营许可证制度，可以促进有限燃气资源的合理利用和配置，有利于燃气事业的健康发展。

3）各地普遍设立了燃气经营许可证制度

《行政许可法》施行后，山东、江苏、天津、北京、上海等省、市陆续颁布地方性法规，设立了燃气经营许可制度。《山东省燃气管理条例》第十五条规定："经营燃气的企业必须按照国家和省有关规定取得燃气经营许可后，方可从事燃气经营活动。"《江苏省燃气管理条例》第十九条第一款规定："从事瓶装燃气经营的企业，应当具备

下列条件，并向设区的市建设主管部门申请，由其依照行政许可法规定的程序核发瓶装燃气经营许可证……”《北京市燃气管理条例》第十四条第一款规定：“在本市行政区域内从事燃气供应经营活动的，应当取得燃气行政管理部门颁发的燃气经营许可证。”《上海市燃气管理条例》第十八条第一款规定：“从事燃气生产、输配以及销售活动的，应当取得燃气经营许可证。”从目前情况来看，燃气经营许可证制度发挥了应有的作用，得到了燃气行业和公众的认同，各地在实施燃气经营许可过程中也积累了比较丰富的经验，为建立统一的燃气经营许可证制度奠定了基础。

4）国务院令第 412 号确定的“城市新建燃气企业审批”可以在《条例》实施的同时予以废止

《行政许可法》施行后，国务院在清理行政审批事项过程中，取消了燃气企业资质审批制度。为防止出现燃气管理上的真空，国务院令第 412 号明确设立“城市新建燃气企业审批”这一许可项目。建设部根据国务院令第 412 号的要求，对行政许可条件等作出了规定（建设部令　第 135 号）。设立燃气经营许可后，国务院令第 412 号确定的“城市新建燃气企业审批”，可以在《条例》实施的同时予以废止。

5）其他许多国家和地区依法设立了燃气经营许可证制度

世界上许多国家和地区均以法规形式设立了燃气经营许可，明确要求燃气经营者必须具备相应的条件，在取得许可证后，方可从事燃气的经营活动。例如，日本《煤气事业法》规定，从事一般煤气事业和简易煤气事业，必须分别得到房产业大臣和通商产业局长的许可。我国香港地区“气体安全条例”规定：申请注册为燃气公司，必须提供证明自己足以保障业务经营计划实施和承担相应法律责任的物质资源，以及确保遵守相关法定义务的文件；经特首委任的气体安全监督批准并取得注册证明方可成为燃气公司。

本条第一款第（一）～（四）项规定了燃气经营企业取得燃气经营许可证应当具备的四项条件。

第（一）项“符合燃气发展规划要求”，是对燃气设施建设项目的规划建设要求，燃气设施工程必须取得规划选址意见书或者规划许可证。核发部门在核发规划选址意见书或规划许可证前还必须征求燃气管理部门意见。燃气作为支撑城市发展和满足人们生活需要的重要能源，其供应量和供应规模应当与城市的发展相协调，建设燃气设施工程项目必须遵循燃气发展规划，燃气经营区域和范围也必须符合燃气发展规划要求，满足统一规划、综合监管、协调发展、保障安全的基本原则。

第（二）项“有符合国家标准的燃气气源和燃气设施”，为保证燃气安全稳定供应，要求燃气气源和燃气设施必须符合国家标准。提供燃气气源的企业必须首先确保气源符合国家标准，燃气经营企业直接对消费者供应的燃气也应符合国家标准。燃气经营企业应当与企业提供者签订燃气供应合同，建立稳定的商业合作关系。从事燃气经营活动要有符合国家标准的储存、输配设施。

第（三）项“企业的主要负责人、安全生产管理人员以及运行、维护和抢修人员经专业培训并考核合格”。这是对燃气经营者管理、技术和操作人员资格条件的规定。本条中“主要负责人”是指燃气企业法定代表人、董事长、总经理，“安全生产管理人员”是指负责安全运行的企业经理、副经理和负责安全管理的部门负责人和管理人员，“运行、维护和抢修人员”是指负责燃气设施设备运行、维护和燃气设施设备故障或者事故抢险抢修的管理和一线操作人员。上述人员应当依据本条例和《安全生产法》等有关法规规定，进行相应的燃气专业管理技能和操作技能培训，经燃气管理部门会同有关部门依法考核，考核合格后方可持证上岗。专业培训可以采取企业培训和社会机构培训相结合的方式。社会培训机构应当具备必要的燃气专业培训能力，并经省级以上燃气管理部门备案。省级以上燃气管理部门可以编写培训大纲，规定培训内容、考核方式方法和有关要求并组织实施。

第（四）项“法律、法规规定的其他条件”，是指燃气经营企业的设立还要符合法律、法规规定的其他条件。

本条第二款规定了燃气经营许可证的许可实施部门为县级以上地方人民政府燃气管理部门。

本条第三款“申请人凭燃气经营许可证到工商行政管理部门依法办理登记手续”，明确规定了燃气经营许可为工商注册登记的前置性许可事项。

第十六条：“禁止个人从事管道燃气经营活动。

个人从事瓶装燃气经营活动的，应当遵守省、自治区、直辖市的有关规定。”

【解读】本条是关于个人从事燃气经营活动的规定。

本条第一款明确禁止个人从事管道燃气经营活动。管道燃气是指用燃气管道输送的天然气（含煤层气）、液化石油气和人工煤气等，按照输送压力的不同分为超高压、高压、中压、低压管道，城市燃气管网系统包括单级管网、两级管网、三级管网、多级管网等。《中华人民共和国计量法》等对管道燃气质量、压力和计量标准等有严格的规定。管道燃气经营的技术性、专业性很强，对资金、场所、设施、人员、安全、质量、消防等均有较高要求。对经营者的责任能力也有较高要求，而实践中个人经营者难以达到这些要求和条件，也缺乏相应的责任能力。同时，如果发现管道燃气事故或隐患，经营者必须立即启动应急预案，组织抢险、抢修等工作，而个人经营者显然难以承担相应的职责和任务。因此，本条例明确规定从事管道燃气经营活动必须设立燃气经营企业，且符合《条例》第十五条规定的条件。

本条第二款规定，个人从事瓶装燃气经营活动的，应当遵守省、自治区、直辖市的有关规定。燃气钢瓶属于特种设备，有固定的使用年限和检验周期。个人经营者是否可以从事瓶装燃气经营活动，各地在实践中有不同的做法。有的地方允许，有的地方不允许。《条例》将个人从事瓶装燃气经营活动的决定权授予了省、自治区、直辖市。各省、自治区、直辖市根据当地实际情况作出规定，可以是地方人大通过的地方性法规或者地方政府颁布的政府规章。允许个人从事瓶装燃气经营活动的各省、自治区、直辖市，应结合本地区瓶装燃气经营活动的特点，建立健全相关的管理制度和规定，明确市场准入条件，强化安全管理措施，加强指导、监督力度，提高瓶装燃气经营者的专业化、科学化水平，规范瓶装燃气经营市场。按规定可以从事瓶装燃气经营活动的个人，也要按照本条例第十七～十八条、第二十二条、第二十四～二十六条等相关条款的规定，履行本条例规定的燃气经营者的职责和义务，确保供气、保障安全、依法经营。

第十七条："燃气经营者应当向燃气用户持续、稳定、安全供应符合国家质量标准的燃气，指导燃气用户安全用气、节约用气，并对燃气设施定期进行安全检查。

燃气经营者应当公示业务流程、服务承诺、收费标准和服务热线等信息，并按照国家燃气服务标准提供服务。"

【解读】本条是关于燃气经营者在供气、指导用户用气，检查燃气设施和标准化服务方面的责任和义务的规定。

1）燃气经营者在供气用气和燃气设施检查方面的责任和义务

本条第一款对燃气经营者在供气用气和燃气设施检查方面的责任和义务作了明确规定。一是在正常经营情况下，燃气经营企业必须按照合同的约定向燃气用户提供持续、稳定、安全的燃气供应，保障供气质量，燃气成分、压力等指标应符合国家质量标准；二是采取发放安全用气说明、手册，派员具体指导等多种方式，指导燃气用户安全用气、节约用气；三是依据国家、地方有关规范，燃气经营者定期对燃气设施进行安全检查，设施安全检查要记录在案。

2）燃气经营者在标准化服务方面的责任和义务

本条第二款对燃气经营者在标准化服务方面的责任和义务作了规定。燃气经营者应当公示业务流程、服务承诺、收费标准和服务热线等信息，并按照国家燃气服务标准提供服务。可从两个方面来理解，一方面，燃气经营者负有公示服务信息的义务。燃气经营者，尤其是管道燃气经营者，在经营活动中往往处于强势地位，《条例》要求燃气经营者公示与所提供服务相关的信息，是为了增加燃气用户的知情权，让燃气用户明明白白消费。同时，也是增加对燃气经营者的约束和监督。例如，燃气经营者公示的服务承诺，反过来可以作为用户、政府监督和评价其经营行为的标准。另一方面，燃气经营者提供的服务应当符合国家标准。燃气经营者应当按照有关规范实行标准化服务，公示服务标准内容，依据标准提供优质服务，这样有利于保护消费者的合法权益，有利于接受社会监督，有利于促进燃气经营者不断提高服务质量。

第十八条：“燃气经营者不得有下列行为：

（一）拒绝向市政燃气管网覆盖范围内符合用气条件的单位或者个人供气；

（二）倒卖、抵押、出租、出借、转让、涂改燃气经营许可证；

（三）未履行必要告知义务擅自停止供气、调整供气量，或者未经审批擅自停业或者歇业；

（四）向未取得燃气经营许可证的单位或者个人提供用于经营的燃气；

（五）在不具备安全条件的场所储存燃气；

（六）要求燃气用户购买其指定的产品或者接受其提供的服务；

（七）擅自为非自有气瓶充装燃气；

（八）销售未经许可的充装单位充装的瓶装燃气或者销售充装单位擅自为非自有气瓶充装的瓶装燃气；

（九）冒用其他企业名称或者标识从事燃气经营、服务活动。”

【解读】本条是对燃气经营者禁止性行为的规定。

本条第（一）项规定了不得“拒绝向市政燃气管网覆盖范围内符合用气条件的单位或者个人供气”，即燃气经营者有义务向市政燃气管网覆盖范围内的符合用气条件的用户提供燃气供应服务，保护用户公平获得燃气服务的权利。这一规定是对管道燃气经营者的要求。管道燃气经营，带有垄断性质，因此，《条例》规定不允许燃气经营者选择用户，而要求提供普遍服务。《行政许可法》对此也有明确规定。该法第六十七条规定，“取得直接关系公共利益的特定行业的市场准入行政许可的被许可人，应当按照国家规定的服务标准、资费标准和行政机关依法规定的条件，向用户提供安全、方便、稳定和价格合理的服务，并履行普遍服务的义务……”当然，燃气经营者承担提供普遍服务的义务有一个前提，那就是在市政燃气管网覆盖范围内，且相关单位和个人符合用气条件。换言之，就是燃气经营者有条件提供服务且拟用气者有条件接受服务。在燃气设施覆盖范围外的区域，以及虽在覆盖范围内，但拟用气者不符合用气条件，如其所在住宅未建户内燃气设施，无法与市政管网接驳等，燃气经营者并无提供燃气服务的义务。

本条第（二）项规定了不得“倒卖、抵押、出租、出借、转让、涂改燃气经营许可证”，燃气经营许可证是燃气管理部门发给特定燃气经营企业的合法经营凭证，倒卖、抵押、出租、出借、转让、涂改许可证都是违法行为。燃气经营许可证属于行政许可证件，按照《行政许可法》的规定，被许可人涂改、倒卖、出租、出借行政许可证件，或以其他形式非法转让行政许可的，应当依法给予处罚，构成犯罪的，依法追究刑事责任。

本条第（三）项规定了不得“未履行必要告知义务擅自停止供气、调整供气量，或者未经审批擅自停业或者歇业”。该项规定了燃气经营者在停止供气、调整供气量前要履行必要的告知义务；停业或者歇业的还要依据本条例履行相应的审批手续，经过当地燃气管理部门批准。燃气经营企业不得擅自实施上述行为。燃气设施是城市基础设施的重要组成部分，燃气设施的安全、持续运行，是社会公共安全和城市正常运转的重要保证。由于燃气的使用范围广泛，用户众多，擅自停止供气、调整供气量，或者未经审批擅自停业或者歇业，轻则给人民群众生产生活带来不便和损失，重则引发安全事故，影响社会稳定。这一规定与《行政许可法》第六十七条的规定是一致的。按照该条规定，未经作出行政许可决定的行政机关批准，履行普遍服务义务的燃气经营者不得擅自停业、歇业。燃气经营者不履行此义务的，行政机关应当责令限期改正，或者依法采取有效措施督促其履行义务。

本条第（四）项规定了不得“向未取得燃气经营许可证的单位或者个人提供用于经营的燃气”，主要是为了规范市场秩序，保护用户合法权益和燃气安全。燃气经营者的经营活动，主要是向符合条件的用户供应燃气，也可以向其他依法取得燃气经营许可证的单位和个人供应燃气，但不得向未取得燃气经营许可证的单位或者个人提供用于经营的燃气。《条例》对燃气经营活动实行的是经营许可制度，未依法取得燃气经营许可证的单位和个人，不得从事燃气经营活动。这点在关于燃气经营许可证的规定中已经明确。同时，为了切断非法燃气经营活动的供应链，《条例》从限制合法燃气经营者经营活动的角度作了此项规定。

本条第（五）项规定了不得“在不具备安全条件的场所储存燃气”，此项是对燃气经营者安全储存燃气的规定。国家相关技术规范对储存燃气场所的安全条件有明确严格的规定，燃气经营企业必须坚决严格执行。在不具备安全条件的场所储存燃气，存在事故隐患和风险，一旦发生事故将会给人民群众生命财产造成损失。

本条第（六）项规定了不得“要求燃气用户购买其指定的产品或

者接受其提供的服务”，主要是为了禁止燃气经营者利用垄断地位从事不正当竞争行为。这与《中华人民共和国反不正当竞争法》（以下简称《反不正当竞争法》）第六条的规定是一致的。该条规定，公用企业或者其他依法具有独占地位的经营者，不得限定他人购买其指定的经营者的商品，以排挤其他经营者的公平竞争。

本条第（七）项规定了不得“擅自为非自有气瓶充装燃气”。这一规定与现行《气瓶安全监察规定》的要求是一致的。《气瓶安全监察规定》第二十九条规定，气瓶充装单位只能充装自有产权气瓶（车用气瓶、呼吸用气瓶、灭火用气瓶、非重复充装气瓶和其他经省级质监部门安全监察机构同意的气瓶除外），不得充装技术档案不在本充装单位的气瓶。

本条第（八）项规定了不得“销售未经许可的充装单位充装的瓶装燃气或者销售充装单位擅自为非自有气瓶充装的瓶装燃气”。此项规定明确了瓶装燃气销售企业所能销售的瓶装燃气范围，燃气经营者只能销售合法充装的瓶装燃气，充装单位必须依法取得气瓶充装许可证和燃气经营许可证。

本条第（九）项规定了不得“冒用其他企业名称或者标识从事燃气经营、服务活动”。此项规定要求燃气经营企业只能以自己的名称或者标识进行合法经营和服务。《反不正当竞争法》第五条规定，经营者从事市场交易，不得擅自使用他人的企业名称或者姓名，引人误认为是他人的商品。冒用其他企业名称或者标识从事燃气经营、服务活动是一种侵权行为，构成不正当竞争，要承担相应的法律后果。

第二十条：“管道燃气经营者因施工、检修等原因需要临时调整供气量或者暂停供气的，应当将作业时间和影响区域提前 48 小时予以公告或者书面通知燃气用户，并按照有关规定及时恢复正常供气；因突发事件影响供气的，应当采取紧急措施并及时通知燃气用户。

燃气经营者停业、歇业的，应当事先对其供气范围内的燃气用户的正常用气作出妥善安排，并在90个工作日前向所在地燃气管理部门报告，经批准方可停业、歇业。”

【解读】本条是关于燃气经营者在可能影响燃气正常供应的情形下所应履行的相关义务的规定。

本条第一款规定了燃气经营者临时停止供气的告知要求。一般情况下，燃气经营者必须按照国家有关法律、法规和技术标准、规范规定的燃气质量、压力和计量标准连续地供气。燃气经营者因施工、检修、更换设施等原因需临时调整供气量或者暂停供气时，应尽量避免对用户的生产、生活造成严重影响或损失，应当将作业时间和影响区域提前48h予以公告或者书面通知燃气用户，并按照有关规定及时恢复正常供气。管道燃气经营企业还应当建立应急处置机制，针对可能出现的危及燃气供应安全的紧急情况，制订相应的应急预案。当发生突发事件影响供气时，燃气经营企业应按照应急预案采取紧急措施来处置突发事件，并通知用户及时作出应对安排。

本条第二款是燃气经营者在停业、歇业时应遵守的规定。燃气企业直接关系社会公共利益，应当向用户提供安全、稳定的服务，未经批准，不得擅自停业、歇业。确实需停业、歇业的，应事先对供气范围内的燃气用户的正常用气采取措施、作出妥善安排，并提前90个工作日，向当地燃气管理部门提交书面报告，经批准后，方可停业、歇业；未经批准前，必须保证供气。

第二十二条：“燃气经营者应当建立健全燃气质量检测制度，确保所供应的燃气质量符合国家标准。”

【解读】本条是关于燃气经营者承担燃气质量责任的规定。

燃气质量涉及用户切身利益和安全，实践证明燃气质量不达标极易导致燃气事故的发生。《中华人民共和国产品质量法》（以下简称《产品质量法》）第三十四条规定，销售者应当采取措施，保持销售产品的质量。燃气经营者经营燃气产品，要对产品质量负责，对用户负责。

确保向用户供应符合国家标准的燃气产品，是燃气经营者应履行的义务。燃气质量包括燃气组分、热值、压力等指标，我国已对城镇燃气质量标准作出了明确规定。燃气经营者应建立健全燃气质量检测制度，采取自行质量检测或请具有专业资质的检测机构进行质量检测等方式，对所供燃气进行质量检测，保证燃气质量符合国家标准。

第二十三条："燃气销售价格，应当根据购气成本、经营成本和当地经济社会发展水平合理确定并适时调整。县级以上地方人民政府价格主管部门确定和调整管道燃气销售价格，应当征求管道燃气用户、管道燃气经营者和有关方面的意见。"

【解读】本条是关于燃气价格定价与调整原则的规定。

燃气价格关系燃气经营企业和用户的切身利益，合理确定和调整燃气销售价格对城镇燃气事业发展至关重要，燃气销售定价和调整要综合考虑燃气经营者的购气成本、经营成本和当地经济社会发展水平、群众的价格心理承受能力等方面因素。燃气销售价格应根据上述因素变化情况适时调整。

管道燃气销售价格的确定和调整，应当依照《价格法》的有关规定建立听证会制度，征求管道燃气用户、管道燃气经营者和有关方面的意见。此条规定与《价格法》相衔接，根据《价格法》第二十三条的规定，制定关系群众切身利益的公用事业价格、公益性服务价格、自然垄断经营的商品价格等政府指导价、政府定价，应当建立听证会制度，由政府价格主管部门主持，征求消费者、经营者和有关方面的意见，论证其必要性、可行性。因为管道燃气具有自然垄断性，所以确定和调整销售价格应当征求有关方面的意见。

第二十四条："通过道路、水路、铁路运输燃气的，应当遵守法律、行政法规有关危险货物运输安全的规定以及国务院交通运输部门、国务院铁路部门的有关规定；通过道路或者水路运输燃气的，还应当分别依照有关道路运输、水路运输的法律、行政法规的规定，取得危险货物道路运输许可或者危险货物水路运输许可。”

【解读】本条是关于燃气运输安全管理的规定。

燃气属于易燃、易爆或有毒物品，国家对通过道路、水路、铁路运输燃气有严格的规定，燃气运输者应当遵守《中华人民共和国道路交通安全法》（以下简称《道路交通安全法》）、《港口法》《道路运输条例》《中华人民共和国水路运输管理条例》（以下简称《水路运输管理条例》）和《铁路运输安全保护条例》等法律、行政法规有关危险货物运输安全的规定以及国务院交通运输部门、国务院铁路部门的有关规定。

通过道路或者水路运输燃气的，还应当分别依照《道路运输条例》第二十二条、第二十四～二十五条的规定和《水路运输管理条例》第十三条有关道路运输许可和水路运输许可的规定，取得危险货物道路运输许可、危险货物水路运输许可。

通过道路运输燃气的，应当向设区的市级道路运输管理机构提出申请，并具备下列条件：有与其经营业务相适应并经检测合格的车辆；有符合《道路运输条例》第二十三条规定条件的驾驶人员；有健全的安全生产管理制度；有 5 辆以上经检测合格的危险货物运输专用车辆、设备；有经所在地设区的市级人民政府交通主管部门考试合格，取得上岗资格证的驾驶人员、装卸管理人员，押运人员；危险货物运输专用车辆配有必要的通信工具；有健全的安全生产管理制度。

通过水路运输燃气的，根据从事运输业务的主体不同，应当具备下列条件中的相应项目：具有与经营范围相适应的运输船舶；有较稳定的客源或货源；经营旅客运输的，应当落实客船沿线停靠港（站）点，并具备相应的服务设施；有经营管理的组织机构和负责人；有与运输业务相适应的自有流动资金。船舶载运燃气进出港口的，应当按照规定将危险货物的名称、特性、包装和进出港口的时间报告海事管理机构，定船舶、定航线、定货种的船舶可以定期报告。

第二十五条："燃气经营者应当对其从事瓶装燃气送气服务的人员和车辆加强管理，并承担相应的责任。

从事瓶装燃气充装活动，应当遵守法律、行政法规和国家标准有关气瓶充装的规定。"

【解读】本条是关于燃气经营者对瓶装燃气送气服务人员和车辆以及瓶装燃气充装管理的规定。

本条第一款明确规定燃气经营者对其从事瓶装燃气送气服务的人员和车辆负有管理责任。送气人员和车辆因缺乏管理或管理不善发生的事故和违约责任，燃气经营者要承担相应责任。本款规定有利于促进燃气经营者加强对其从事瓶装燃气送气服务的人员和车辆的管理，有利于规范瓶装燃气相关的经营活动。

本条第二款是对瓶装燃气充装活动的管理规定。《特种设备安全监察条例》等法规和《气瓶安全监察规定》等气瓶充装的部门规章、标准等对此作出了明确的规定，瓶装燃气充装活动应当从其规定。气瓶充装单位应当向省级质监部门特种设备安全监察机构提出充装许可书面申请，并具备以下条件：具有营业执照；有适应气瓶充装和安全管理需要的技术人员和特种设备作业人员，具有与充装的气体种类相适应的完好的充装设施、工器具、检测手段、场地厂房，有符合要求的安全设施；具有一定的气体储存能力和足够数量的自有产权气瓶；符合相应气瓶充装站安全技术规范及国家标准的要求，建立健全的气瓶充装质量保证体系和安全管理制度。经审查，确认符合条件者，由省级质监部门颁发《气瓶充装许可证》，未取得《气瓶充装许可证》的，不得从事气瓶充装工作。

气瓶充装单位应当保证充装的气体质量和充装量符合安全技术规范规定及相关标准的要求，并对气瓶的充装安全全面负责。同时，负责气瓶的维护、保养和颜色标志的涂敷工作，按照安全技术规范及有关国家标准的规定，负责做好气瓶充装前的检查和充装记录，并在所充装的气瓶上粘贴符合安全技术规范及国家标准规定的警示标签和充装标签。对于不符合安全要求的气瓶，气瓶充装单位应及时送交地（市）级或地（市）级以上质监部门指定的气瓶检验机构报废销毁，任何单位和个人不得将报废气瓶翻新后使用。充装单位应当采用计算机对所充装的自有产权气瓶进行建档登记，并负责涂敷经省级质监部门备案的充装站标志以及气瓶编号和打充装站标志钢印。气瓶充装单位只能充装自有产权气瓶，不得充装技术档案不在本充装单位的气瓶。充装时，充装人员应按有关安全技术规范和国家标准规定进行充装。任何单位和个人不得改装气瓶使用或对使用过的非重复充装气瓶再次进行充装。

第二十六条："燃气经营者应当依法经营，诚实守信，接受社会公众的监督。

燃气行业协会应当加强行业自律管理，促进燃气经营者提高服务质量和技术水平。"

【解读】本条是关于燃气经营者的经营行为准则以及燃气行业协会加强自律管理的规定。

本条第一款规定了燃气经营者应当遵从"依法经营，诚实守信，接受社会公众的监督"的商业道德和经营行为准则。燃气经营者首先必须依法经营，遵循国家法规规定；其次应当诚实守信，还要接受社会公众的监督，这对燃气行业尤为重要，特别是管道燃气企业具有自然垄断性，企业很容易利用垄断地位损害用户利益，诚实守信、公开透明不只是燃气经营者的商业道德准则，也应是法律准则。

本条第二款规定了燃气行业协会应当加强行业自律管理，以此促进燃气经营者服务质量和技术水平的提高。行业自律的内涵主要包括以下 5 个方面：

（1）严格执行相关的法律、法规；

（2）制定和认真执行行规行约，自我管理，自我约束；

（3）促进并提高企业规范化服务水平；

（4）维护本行业和企业的合法权益，避免恶性竞争；

（5）依据国家法规规定，推广应用新技术、新工艺、新材料，促进行业技术进步。依据本条例规定行业协会应当加强行业自律管理的有关工作，促进燃气行业自律工作水平的提高。

第三十五条："燃气经营者应当按照国家有关工程建设标准和安全生产管理的规定，设置燃气设施防腐、绝缘、防雷、降压、隔离等保护装置和安全警示标志，定期进行巡查、检测、维修和维护，确保燃气设施的安全运行。"

【解读】本条是关于设置和管理燃气设施保护装置与安全警示标志的规定。

城镇燃气设施分布范围广，周边形势复杂，容易受到各种破坏，燃气经营者应按国家和行业有关标准的规定设置保护装置和安全警示标志，定期进行巡检和维护保养，确保燃气设施的安全运行。

第三十九条："燃气管理部门应当会同有关部门制定燃气安全事故应急预案，建立燃气事故统计分析制度，定期通报事故处理结果。

燃气经营者应当制定本单位燃气安全事故应急预案，配备应急人员和必要的应急装备、器材，并定期组织演练。"

【解读】本条是关于燃气管理部门组织制订安全事故应急预案，统计分析和通报安全事故职责及燃气经营者制定本单位安全事故应急预案的职责规定。

本条第一款规定了燃气管理部门组织制订应急预案的职责。

本条第二款规定了燃气经营者制订本单位安全事故应急预案的职责。燃气经营者是预防和处理燃气安全事故的主体，为提高燃气经营者预防和处理燃气事故的防范意识与处置能力，燃气经营者应结合企业实际制订应急预案，配备必要的人员、应急物资和装备，定期开展演练，不断完善应急预案的内容，加强防范监控意识，提高应急处置能力。

第四十一条："燃气经营者应当建立健全燃气安全评估和风险管理体系，发现燃气安全事故隐患的，应当及时采取措施消除隐患。"

【解读】本条是关于燃气经营者、燃气管理部门及其他有关部门、单位、用户发现和处理燃气安全事故隐患的规定。

本条第一款规定了燃气经营者建立健全燃气安全评估和风险管理体系的义务，要求燃气经营者以实现燃气系统安全为目的，应用安全系统工程原理和方法，对存在的危险有害因素进行辨识与分析，判断系统发生事故的可能性和严重性，为制定防范措施和管理决策、消除事故隐患提供科学依据，将可能发生的事故提前得到控制。

本条第二款规定了燃气管理部门及其他有关部门、单位、用户在燃气隐患发现和处理中的职责。对于燃气经营者来说，一方面要在燃气管理部门的监督下做好自身隐患的处理，另一方面要做好用户隐患的发现与处理，而这正是燃气经营者面对的最大问题，尤其是用户隐患的处理。本规定既要求管理部门支持燃气经营者处理用户隐患，又赋予燃气经营者在用户拒不整改的情况下依法采取相关措施消除隐患的权利。

第四十二条："燃气安全事故发生后，燃气经营者应当立即启动本单位燃气安全事故应急预案，组织抢险、抢修。

燃气安全事故发生后，燃气管理部门、安全生产监督管理部门和公安机关消防机构等有关部门和单位，应当根据各自职责，立即采取措施防止事故扩大，根据有关情况启动燃气安全事故应急预案。"

【解读】本条是关于燃气安全事故发生后，燃气经营者、燃气管理部门和其他相关部门、单位依职责应对处理的规定。

本条第一款明确了燃气安全事故发生后实施抢险、抢修的责任主体是燃气经营者。按照《生产安全事故报告和调查处理条例》的规定，燃气事故发生后，事故现场有关人员应当立即向本单位负责人报告；单位负责人接到报告后，应当于 1 h 内向事故发生地县级以上人民政府安全生产监督管理部门和负有安全生产监督管理职责的有关部门报告。情况紧急时，事故现场有关人员可以直接向事故发生地县级以上人民政府安全生产监督管理部门和负有安全生产监督管理职责的有关部门报告。单位负责人接到报告后，应立即启动相应的事故应急预案，或采取有效措施，组织抢险救援，防止事故扩大，减少人员伤亡和财产损失。当事故重大，燃气经营者无力独自应对时，应请求燃气管理部门启动上级应急预案。

本条第二款规定了燃气事故发生后相关管理部门的义务。

第四节　特种设备管理、危险化学品管理、突发事件应对、燃气安全事故处置、劳动管理、燃气燃烧器具、供气服务等方面的法律法规

一、《中华人民共和国石油天然气管道保护法》(以下简称《石油天然气管道保护法》

《石油天然气管道保护法》于 2010 年 6 月 25 日第十一届全国人民代表大会常务委员会第十五次会议通过，自 2010 年 10 月 1 日起施行。

《石油天然气管道保护法》旨在保护石油、天然气管道，保障石油、天然气输送安全，维护国家能源安全和公共安全，但城镇燃气管道和炼油、化工等企业厂区内管道的保护，不适用本法。

尽管石油天然气管道保护法针对长输管道，不适用城镇燃气，但其中有关管道保护方面的规定值得城镇燃气企业参考或借鉴，有助于城镇燃气管道的安全管理。

同时，该法的出台对已建管道的保护提供了很好的保障，但由于本法第三章“管道运行中的保护”有关保护范围较大、要求较高，对地方土地利用带来较大的影响，因此也对此后新建石油、天然气管道工程带来了较大的阻力，包括城镇燃气管道的建设也受到一定的影响。

二、《特种设备安全监察条例》

《特种设备安全监察条例》（国务院令 第373号）于2003年3月11日公布，自2003年6月1日起施行。依据《国务院关于修改〈特种设备安全监察条例〉的决定》（国务院令 第549号）修改，修改版于2009年1月24日公布，自2009年5月1日起施行。

《特种设备安全监察条例》旨在加强特种设备的安全监察，防止和减少事故，保障人民群众生命和财产安全，促进经济发展。《特种设备安全监察条例》规定了特种设备的生产（含设计、制造、安装、改造、维修）、使用、检验检测、监督检查事故预防和调查处理、法律责任等，明确特种设备生产、使用单位的主要负责人应当对本单位特种设备的安全和节能全面负责。

三、《危险化学品安全管理条例》

《危险化学品安全管理条例》（国务院令 第645号）于2013年12月4日国务院第32次常务会议进行了第二次修改，自2013年12月7日起施行。

本条例适用于危险化学品生产、储存、使用、经营和运输的安全管理，本条例附则中规定“法律、行政法规对燃气的安全管理另有规定的，依照其规定”。因此，城镇燃气尽管从物料性质上讲属于危险化学品，但在安全管理上按其他法律、法规的规定执行，这里的法律法规主要是《城镇燃气管理条例》。但本条例针对其他危险化学品的管理规定，某些方面与《城镇燃气管理条例》有共通之处，某些具体的规定值得借鉴，还有一些规定在城镇燃气相关行业（如液化天然气、压缩天然气）运输中执行，因此本条例对城镇燃气安全管理具有一定的参考作用。《危险化学品安全管理条例》在行政处罚方面的力度比《城镇燃气管理条例》更为严格。

四、《中华人民共和国道路运输条例》（以下简称《道路运输条例》）

《道路运输条例》自 2004 年 7 月 1 日起施行。根据 2012 年 11 月 9 日《国务院关于修改和废止部分行政法规的决定》（国务院令　第 628 号）第一次修改；根据 2016 年 2 月 6 日《国务院关于修改部分行政法规的决定》（国务院令　第 666 号）第二次修改；根据 2019 年 3 月 2 日《国务院关于修改部分行政法规的决定》（国务院令　第 709 号）第三次修改，自 2019 年 3 月 18 日起施行。

五、《关于燃气燃烧器具安装、维修企业资质管理有关事项的通知》（建城〔2007〕250 号）

根据《建筑业企业资质管理规定》（建设部令　第 159 号）的有关规定，2007 年 10 月 31 日，建设部就实施燃气燃烧器具安装、维修企业资质管理有关事项发布通知，规定将燃气燃烧器具安装、维修企业资质纳入建筑业企业资质管理。由设区的市人民政府燃气主管部门具体实施燃气燃烧器具安装、维修企业资质许可，并负责本行政区域内燃气燃烧器具安装、维修企业资质的监督管理工作。通知对燃气燃烧器具安装、维修企业的资质标准作了具体规定。

对符合下列资质标准的燃气燃烧器具安装、维修企业，由设区的市人民政府燃气主管部门核发相应的《建筑业企业资质证书》，资质证书管理纳入《建筑业企业资质证书》管理体系。

（1）有固定的经营场所，配置与经营规模相适应的抢修、维修服务通信工具、专用车辆。

（2）有公开的安装、报修、维修、抢修等工作流程及服务电话，且有 24 h 值班人员。

（3）有必备的燃气燃烧器具安装、维修设备、工具和仪器：

①与安装管道相匹配的钻孔设备、机械绞丝设备；

②常用的工具和维修用的零配件；

③能直接检测燃气压力、流量、水压、水量、温度等主要检修、调试指标的专用仪器；

④燃气检漏仪及泄漏浓度报警器；

⑤其他必备的燃气燃烧器具安装、维修设备、工具和仪器。

（4）配备 4 名以上具有工程、经济、会计等初级以上（含初级）专业技术职称的人员，其中，燃气或相关专业的人员不少于 1 名并具有助理工程师（含助理工程师）以上的专业技术职称。

（5）有 4 名以上持有燃气行业《职业技能岗位证书》的安装、维修作业人员。

（6）有按照国家或地方的相关法律、法规、技术标准（规范、规程）及其他相关规定要求制定的作业标准。

（7）有完善的安全管理、质量管理、文书档案管理制度，对所承接的业务依照有关标准，建立了严格的检验制度和质量保修制度。

（8）有完善的客户服务制度和服务标准。

（9）有与燃气燃烧器具生产厂家签订的《安装、维修委托书》。

第五节　燃气法律责任与权利

一、燃气法律责任

法律责任是指因违反了法定义务或契约义务，或不当行使法律权利所产生的，由行为人承担的不利后果。根据违法行为所违反的法律的性质，可以把法律责任分为民事责任、行政责任、刑事责任、违宪责任和国家赔偿责任。燃气法律责任主要有行政责任、民事责任和刑事责任。

（一）燃气行政责任

燃气行政责任是指违反了燃气法规的单位和个人所应承担的行政方面的法律责任。它是行政管理部门为明确各项燃气法规执行而建立的一整套法规文件。确定执法人员责任、执法程序，并通过各种措施予以监督，以保证燃气法规的贯彻执行。

燃气行政责任具有以下特征：

一是燃气行政责任是燃气行政法律关系主体的责任，包括燃气行政管理主体和燃气行政管理相对人的责任；

二是燃气行政责任是一种法律责任，任何燃气行政法律关系主体不履行法律义务都应依法承担法律责任；

三是燃气行政责任是燃气行政违法行为的必然法律后果。燃气行政法律责任必须以违反燃气法规行为为前提，没有违法行为也就无所谓法律责任。

1. 燃气行政责任的构成要件

构成燃气行政法律责任必须具备一定的条件，这些条件就是燃气行政法律责任的构成要件。在一般情况下，构成燃气行政法律责任必须具备两个条件，即行为人有违法行为和主观有过错。在特定情况下，除具备上述两个条件外，还必须具备其他条件，即违法行为的危害结果，违法行为与危害结果的因果关系。

1）行为人行为的违法性

行为人实施违法行为是构成燃气行政法律责任的必要条件，行为人只有在违法的情况下才须承担行政法律责任，否则就不承担法律责任。而且行为人的违法行为一般是比较轻微的才承担行政法律责任，如严重违法并已触犯刑律，则需要承担刑事法律责任。

违法的行为，可以表现为作为，如某燃气企业未经批准擅自开工建设，而燃气管理部门不予处置的行为；也可以表现为不作为，如某供气企业发生燃气泄漏事故，却未立即采取应急措施，也未向有关单位通报情况的行为。

2）行为有危害结果

危害结果是指违反燃气法规的单位或个人的行为所造成的破坏后果。例如，销售未经检测的液化石油气气瓶造成气瓶爆炸等。危害结果的大小是承担行政责任程度的根据，一般来说，危害结果越大，承担行政责任的程度就越重。如果还造成财产损失，则应同时承担民事责任。

3）违法行为和危害结果的因果关系

行为与结果之间的因果关系是指行为与结果之间存在内在的、本质的、必然的联系，而非偶然的、空想中的联系。也就是说，危害结果是由此种违法行为所引起的。这种违法行为必然产生如此的危害结果。科学地确定违法行为与危害结果之间是否存在因果关系，对正确判定行政责任承担者有极为重要的意义。这是以危害结果作为承担燃气法规行政责任的必要条件。在燃气法规不要求将危害结果作为承担燃气行政责任的必要条件时，则不存在确定因果关系的问题。

4）行为人主观有过错

行为人主观上有过错是承担行政责任的必要条件。过错分为故意和过失两种。第一，故意。指行为人明知自己的行为会造成燃气设施损坏或燃气泄漏的结果并且希望或放任这种结果的发生。希望该危害结果发生，为直接故意；放任这种结果发生，为间接故意。第二，过失。指行为人应当预见自己的行为可能发生燃气事故的结果，因疏忽大意而没有预见到，或者已经预见到但轻信可以避免，以致发生事故的结果。由此可见，过失分为疏忽大意的过失和过于自信的过失两种。

判断行为人有无过错及过错的形式，对于行为人是否承担燃气行政法律责任以及应受到相应的法律制裁有密切的关系。行为人有过错是承担燃气行政法律责任的必要条件，没有过错就不应当承担行政法律责任；而过错越严重，所承担的法律责任相应地就越大。在实践中，破坏燃气设施等行为多表现为故意，而对燃气的泄漏事故则多表现为过失或间接故意。

对于造成损失的行为人，判断其主观上是否有过错，有时比较困难，因为事故行为与损害结果之间的因果关系一般难以预见，事故常常出现潜伏性、积累性和交叉性等特征，某种行为所造成的危害后果往往要经过一定的潜伏期以后或者积累到一定程度后才会表现出来，这就会给行为人造成主观上的错觉，导致判断失误。另外，有些危害后果是由多行为共同造成的，在这种情况下行为人要预见自己行为的结果就更加困难。如何判断造成燃气事故的行为人主观是否具有过错，是一项较为复杂的工作，主要应从两个方面来进行判断：一是行为人的预见能力，包括行为人的年龄、教育程度、专业知识、工作经验、技术水平等；二是客观情况，包括企业对该项事故有无提出预防要求，行为人在客观上是否做了预防的努力等。只有把这两方面的情况综合起来进行判断分析，才能确定行为人主观上是否具有过错，即行为人只有在应当注意而且能够注意但却未注意的情况下造成燃气事故，才具有过错，否则就没有过错。

2. 燃气行政处罚的原则和形式

燃气行政处罚是燃气行政管理部门依法对违反燃气行政法律法规的相对人所给予的制裁。其目的是保障燃气行政主管部门有效实施燃气管理，保护公民、法人或者其他组织的合法权益，燃气行政处罚按照《中华人民共和国行政处罚法》（以下简称《行政处罚法》）的规定执行。

1）燃气行政处罚的原则

燃气行政处罚应遵循一定的原则，依据《行政处罚法》、燃气法律法规及有关行政法的规定，燃气行政处罚必须遵守以下原则：

（1）依法实施行政处罚原则。行政处罚原则也称行政处罚法定原则，是指燃气管理部门必须严格按照燃气法规定的依据、处罚形式和幅度、处罚程序对承担行政责任者实施行政处罚。该项原则包含以下3个方面的含义：一是实施行政处罚必须具有法定的依据；二是必须严格遵守燃气法规规定的行政处罚形式和幅度；三是必须按照法定程序实施行政处罚。

（2）行政处罚的轻重与行政责任的大小相当原则。立法机关或者执法部门必须根据燃气违法行为的事实、性质、情节以及社会危害程度来设定或者决定对其实施行政处罚的轻重程度。危害小则责任小，对其处罚也轻；危害大则责任大，对其处罚就重。该项原则也称“过罚相当”原则。其含义包括以下3个方面：一是行政处罚规范必须与行政责任规范相当；二是必须全面认定违法事实和正确适用法律；三是行政处罚的轻重必须在法定的处罚形式和幅度之内。

（3）公正、公开原则。指执法部门在对当事人提起行政处罚程序，确认其承担行政责任的要件和情节以致实施行政处罚时，必须客观、平等、不偏不倚、不隐瞒。

除上述原则外，还有受行政处罚不免除民事责任原则，不得以行政处罚代替刑事处罚原则，一事不再罚原则，不得因当事人申辩而加重处罚原则等。

2）燃气行政处罚的形式

根据我国燃气法的有关规定，燃气行政处罚的形式包括以下几种：

（1）警告。是指燃气行政主体对违法行为人所进行的批评教育、谴责和警戒。从国家方面来说，警告是国家行政机关的正式意思表示，会对相对一方产生不利影响，应当纳入法律约束的范围；对被处罚人来说，警告的制裁作用，主要是对当事人形成心理压力、不利的社会舆论环境。适用警告处罚的重要目的，是使被处罚人认识其行为的违法性和对社会的危害，纠正违法行为并不再继续违法。

（2）罚款。是指由燃气管理部门强制违法行为人向国家缴纳一定数额款项的经济上的行政制裁。对于单位的罚款，企业不得摊入生产成本；其他法人在预算外资金的经费中支付；个人在本人的财产中支付。燃气管理部门收缴罚款时，必须向当事人出具省级财政部门统一制发的罚款收据，并按法定期限交付指定的银行。

（3）责令停止生产或使用。该处罚一旦作出，有关建设项目就要停止生产或停止使用，等达到国家规定的要求后，才能投产或使用。

（4）责令停业、关闭。这是一种极重的行政处罚，主要适用于经限期治理逾期未完成治理任务的企业事业单位，由作出限期治理决定的人民政府作出责令其停业或关闭。

3. 燃气行政处罚的实施机构和实施程序

1）实施机构

燃气行政处罚由县级以上燃气行政主管部门或其他依法享有燃气管理权的机关在法定职权范围内实施。受委托的燃气监管机构在委托范围内，以委托行使行政处罚的燃气行政主管部门名义实施行政处罚。委托处罚的燃气行政主管部门，负责监督受委托的燃气管理机构实施行政处罚的行为，并对该行为的后果承担法律责任。

2）实施程序

燃气行政处罚的程序包括简易程序、一般程序和听证程序。

（1）简易程序。

第一，适用范围。燃气管理部门对违法事实确凿、情节轻微并有法定依据，对公民处以 50 元以下、对法人或者其他组织处以 1 000 元以下罚款或者警告的行政处罚，可以当场作出行政处罚决定。

第二，处罚实施程序。

①执法人员应向当事人出示行政执法证件；

②现场查清当事人的违法事实，并制作现场检查笔录；

③向当事人说明违法的事实、行政处罚的理由和依据；

④听取当事人的陈述和申辩；

⑤填写预定格式、编有号码的行政处罚决定书，由执法人员签名或者盖章，并将行政处罚决定书当场交付当事人；

⑥告知当事人如对当场作出的行政处罚决定不服，可以依法申请行政复议或者提起行政诉讼。执法人员当场作出的行政处罚决定，必须在决定之日起 3 日内报本部门法制工作机构备案。

（2）一般程序。

第一，适用范围。除可以适用简易程序当场作出决定和应适用听证程序的行政处罚外，燃气管理部门实施的其他行政处罚均适用一般程序。

第二，实施程序。

①立案。对于初步审查符合立案条件的燃气违法行为，应予立案。对于登记立案的燃气违法行为，必须指定专人负责，及时组织调查取证。

②调查取证。燃气执法人员在调查过程中，有权进入现场进行调查和取证，查阅或者复制违法燃气企业的经营记录和其他有关资料。调查终结，燃气管理部门组织调查的机构应当提出已查明违法行为的事实和

证据以及依法给予行政处罚的初步意见，送本部门法制工作机构审查。

③审查。燃气管理部门法制工作机构应对案件的以下内容进行审查：违法事实是否清楚；证据是否确凿；调查取证是否符合法定程序；适用法律是否正确；已处罚种类和幅度是否适当。经审查发现违法事实不清、证据不足或者调查取证不符合法定程序时，应当通知执行调查任务的执法人员补充调查取证或者依法重新调查取证。

④事先告知当事人有关权利。告知当事人将要作出的处罚的事实、理由和依据，同时告知当事人有陈述和申辩的权利以及要求听证的权利。

⑤审议。政策法规处根据当事人的陈述申辩对案件重新审查，并提出审查意见报局行政处罚审议小组审议。

⑥决定。燃气管理部门根据审议结果，制作燃气行政处罚决定书，决定书应包括以下内容：当事人的姓名或者名称、地址；认定的燃气违法事实和有关证据；依据的燃气法规名称及其条款；燃气行政处罚决定的内容、履行方式和期限；申请行政复议或者提起行政诉讼的途径和期限；作出燃气行政处罚决定的机关名称和日期；必须盖有作出处罚决定的单位的印章。

⑦送达。要求在 7 日内送达。主要方式：直接送达、邮寄送达、留置送达、委托送达、转交送达、公告送达。

⑧执行。被处罚人应在接到处罚决定之日起法定的期限内予以履行。

（3）听证程序。

第一，适用条件。

①较大行政处罚案件：责令停止生产或使用，吊销许可证或执照；较大数额罚款（对燃气工程技术和安全管理法人或其他组织处以 5 万元以上的罚款，对公民处以 5 000 元以上的罚款）。

②当事人要求听证。

第二，程序。

①告知当事人将要作出的处罚的事实、理由和依据，同时告知有

要求举行听证的权利。

②当事人决定是否要求听证。

③燃气管理部门在听证的7日前，告知当事人举行听证的时间、地点。

④听证公开举行（涉及国家秘密、商业秘密或者个人隐私的除外）。

⑤行政机关确定听证会主持人，当事人有权要求与本案有直接利害关系的主持人回避。

⑥当事人亲自参加或委托代理人参加听证。

⑦举行听证。调查人提出当事人违反燃气法律法规的事实、证据、依据和处罚建议，当事人进行申辩和质证。

⑧案件听证应当制作听证笔录，交当事人审核无误后签名或盖章。听证结束后，继续一般程序中的审查并作出决定的程序。

（二）燃气民事责任

1）一般规定

民事责任通常是指民事主体因不履行民事义务或实施侵权行为而应承担的民事法律后果。燃气民事责任是指行为人因从事燃气违法行为或燃气事故行为而侵害了他人的民事权利，依法所应承担的否定性的法律后果。《民法通则》第一百零六条规定：“公民、法人违反合同或者不履行其他义务的，应当承担民事责任。”根据这些规定，不得侵犯他人的权利是禁止性规范，违反了这种禁止性规范，就构成了侵权的民事责任。燃气民事责任主要是一种侵权责任，应承担法律后果。

燃气民事责任作为整个民事责任的一部分，其适用要受到民事责任一般规定的制约。

（1）燃气民事责任是燃气法律关系主体违反燃气民事法律规范应承担的民事法律后果。燃气民事责任同其他法律责任一样，具有强制性。在燃气法律关系中主要表现为，当行为人不能自觉承担民事责任时，国家有关司法部门可依法追究行为人的民事责任，并且多表现为对行为人的法律制裁。

（2）燃气民事责任主要是财产责任。燃气民事侵权行为多数会侵害或损害他人的财产权利或者燃气方面的权益。行为人往往需要以一定的财产来矫正侵权行为的后果，以恢复或弥补受害人所受到的损失。基于此，燃气民事责任主要是财产责任形式，且多表现为赔偿损失。但由于燃气民事侵权行为也涉及对他人人身的侵害，除对人身损害所引起的损失承担财产责任外，燃气民事侵权行为人还必须承担某些非财产责任，如停止侵害、排除妨碍、消除危险等。

（3）燃气民事责任带有补偿性。燃气行政责任和燃气刑事责任具有明显的惩罚性。而燃气民事责任一般不具有惩罚性，其中的财产责任主要是为补偿受害人的损失。当然，这并不排除有的责任形式也以制裁性为主。

2）燃气民事责任的构成要件

（1）有违法行为存在。民事责任以侵权行为具有“违法性”为必要条件，行为人只对违法行为承担责任，通常情况下，损害他人人身和财产的行为，就是违法行为。

（2）有损害结果存在。违法行为所产生的危害后果，是承担民事责任的依据，是行为人承担民事责任必须具备的要件。在燃气民事责任中，侵权所造成的损害事实不仅包括直接的财产损失，也包括因造成人体健康损害所引起的财产损失。

（3）违法行为与损害结果之间的因果关系。在民事责任中，要求的是违法行为与损害结果之间有因果关系。

3）承担燃气民事责任的形式

（1）赔偿损失是指行为人因侵权行为给他人造成损害，以其财产赔偿受害人所受的损失。这是燃气民事责任中广泛适用的一种责任形式，也是最基本的一种责任形式。造成财产损失是承担民事责任的前提，侵害人身应承担的民事方面的责任也是指因破坏或燃气设施致使他人人身伤害或死亡而造成财产上的损失的赔偿责任。例如，因人身伤害致病而支付医疗费，因误工减少收入而支付误工费，因死亡而支付丧葬费等。“财产损失”包括直接损失和间接损失两部分，直接损失指受害人因燃气设施破坏而导致现有财产的减少或丧失。间接损失指受害人在正常情况下应当得到，但因燃气事故受害而未能得到的那部分收入。

（2）排除危害是指国家强令排除可能发生的危害或停止已经发生的危害并消除其影响的一种民事责任形式。根据有关的法律解释和论著，排除危害的具体形式有停止侵害、排除妨碍和消除危险 3 种。

①停止侵害。行为人实施的侵害他人燃气权益或其他民事权益的行为仍在继续进行中，受害人可以依法请求法院责令侵害人停止其侵害行为。这种责任形式主要是能及时制止侵害行为，防止扩大损害后果。但是，这种责任形式以侵权行为正在进行或仍在继续中为适用条件，对尚未发生的或已经终止的侵权行为则不得适用。

②排除妨碍。侵害人实施某种侵害行为而妨碍他人正常行使自己的燃气权利，受害人有权请求排除妨碍。侵害人的妨碍既可能是针对受害人财产权利的，也可能是针对受害人人身权利的。排除妨碍所针对的应当是已经实际存在的妨碍或者即将必然出现的妨碍。

③消除危险。主要是指行为人的燃气侵权行为对他人的人身或财产安全造成威胁，或者存在侵害他人人身或财产的巨大可能，他人有权要求行为人采取有效措施消除危险。这种责任形式适用于损害尚未实际发生，但行为人的行为的确有可能造成损害后果并对他人构成威胁的情况。

4）燃气民事法律责任的主要内容

燃气民事责任主要有违反供用气合同的民事责任和燃气运行事故损害赔偿的民事责任两大类。

（1）违反供用气合同的民事责任。供用气合同是供气方（供气企业）与用气方（燃气用户）签订的关于燃气供应与使用权利和义务的协议，供气企业作为供气方所承担的主要义务：按照合同约定的时间和气量以及国家规定的供气质量标准，向用户安全供气；没有正当理由不得限气、停气，因故限气、停气应事先通知用户；为保证安全用气，应当经常对用户的燃气设施进行检修，发现问题，及时排除隐患。燃气用户作为用气方所承担的主要义务：必须按燃气行政管理部门下达的用气指标和合同规定的用气量计划用气；必须按照合同规定的日期和具体用气时间定时用气；必须按照国家制定的用气规程安全用气；必须按照用气种类和国家规定气价标准，定期如数交纳气费。供用气合同一经签订，即具有法律效力。作为供用气合同当事人双方的供气企业和燃气用户，都应当全面履行供用气合同所规定的义务，凡不履行或者不适当履行供用气合同义务，违反供用气合同的，应当依法承担违约责任。违反供用气合同给对方造成损失的，应当依法承担赔偿责任。

违反合同的民事责任。简称违约责任，是指因违反合同义务，即全部、部分不履行合同或者没有完全按照约定的质量、规格条件履行合同而应承担的法律后果。随着燃气事业的发展和公用事业市场化改革，燃气的供求关系通过合同确定供用气中的权利与义务的形式和做法已得到稳固确立。供用气双方特别是燃气经营企业在认真履行合同的同时，还必须掌握违反合同而承担的民事责任的主要形式。依据国家有关法规规定，违反合同应当承担民事责任的主要形式有如下几个方面：继续履行；采取补救措施；赔偿损失。

（2）燃气运行事故损害赔偿的民事责任。燃气运行事故，是指在燃气运行过程中发生的非正常的损害或者破坏事件。其受害人，既可能是用气客户，也可能是燃气企业，还可能是第三人；其发生原因，既可能出自燃气企业或者燃气用户，也可能出自第三人，还可能出自不可抗力。燃气运行事故的损害赔偿，以过错责任作为其归责原则。即损害赔偿必须以对燃气运行事故的发生有过错为要件，谁有过错谁赔偿，无过错则不赔偿。

燃气运行事故给用户或者第三人造成损害的，燃气企业应当依法承担赔偿责任。这是关于侵权责任的规定。如果燃气运行事故给用户或者第三人造成损害的，应当按照《民法通则》的具体规定赔偿相应的损失。

燃气企业对用户或者第三人承担赔偿责任的要件包括以下内容：

①燃气运行事故给用户或者第三人造成了损害；

②燃气运行事故不是由不可抗力、用户过错或者第三人故意造成的。燃气企业的免责条件，即燃气运行事故由下列原因之一造成的，燃气企业不承担赔偿责任：不可抗力；用户自身过错；第三方故意。

用户或者第三方承担赔偿责任的要件包括如下内容：用户或者第三人对燃气运行事故的发生有过错，包括故意或者过失；燃气运行事故给燃气企业或者其他用户造成损害。

5）侵权的民事责任

（1）一般侵权的民事责任。它的法律要件有 4 项，即损害事实、违法行为、因果关系、行为人主观上有过错。任何人的行为只要符合这 4 项法律要件，就应承担侵权的民事责任。

（2）特殊侵权的民事责任。主要包括以下几项内容：国家机关及其工作人员在执行职务中造成损害的民事责任；因产品致人损害的民事责任；从事高度危险作业致人损害的民事责任；环境污染致人损害的民事责任；地面施工致人损害的民事责任；建筑物等致人损害的民事责任；动物致人损害的民事责任；无行为能力人，限制行为能力致人损害的民事责任。

6）燃气用户在使用燃气过程中的民事责任

燃气法规中对燃气用户、公民在使用燃气，接受服务的过程中发生的各种行为，在燃气法规中也作了相应的规定，并承担相应的民事责任。

《城镇燃气管理条例》第二十八条规定："燃气用户及相关单位和个人不得有下列行为：（一）擅自操作公用燃气阀门；（二）将燃气管道作为负重支架或者接地引线；（三）安装、使用不符合气源要求的燃气燃烧器具；（四）擅自安装、改装、拆除户内燃气设施和燃气计量装置；（五）在不具备安全条件的场所使用、储存燃气；（六）盗用燃气；（七）改变燃气用途或者转供燃气。”第四十九条规定：“违反本条例规定，燃气用户及相关单位和个人有下列行为之一的，由燃气管理部门责令限期改正；逾期不改正的，对单位可以处十万元以下罚款，对个人可以处一千元以下罚款；造成损失的，依法承担赔偿责任；构成犯罪的，依法追究刑事责任：（一）擅自操作公用燃气阀门的；（二）将燃气管道作为负重支架或者接地引线的；（三）安装、使用不符合气源要求的燃气燃烧器具的；（四）擅自安装、改装、拆除户内燃气设施和燃气计量装置的；（五）在不具备安全条件的场所使用、储存燃气的；（六）改变燃气用途或者转供燃气的；（七）未设立售后服务站点或者未配备经考核合格的燃气燃烧器具安装、维修人员的；（八）燃气燃烧器具的安装、维修不符合国家有关标准的。盗用燃气的，依照有关治安管理处罚的法律规定进行处罚。”

燃气用户在使用过程中应承担相应民事责任的情形主要有以下几种：擅自安装、拆除、拆修、改装、迁移管道设施或者固定的燃气器具的；擅自开关公共阀门的；擅自将居民用气改变为单位用气或者其他经营性用气的；圈占，覆盖管道燃气设施，妨碍安全检查的；不交纳气费的。这些行为造成燃气设施损坏的或者造成企业损失的，燃气用户应负赔偿责任。

燃气经营企业作为设施管理方在经营管理中注意把握好以下内容：

①按照法规界定的管理范围和管理权限认真履行职责，必须要做好管理范围和权限的界定工作；

②按照住房和城乡建设部颁布的城镇燃气设施运行维护抢修安全操作规程的标准进行管理；

③认真按照燃气行政管理机关的规定，下达违章通知书，通知限期改正。对企业安全检查人员查出的隐患或者问题，要依法予以处理，

该下达整改通知书的要书面下达，该依法报告有关部门的要及时书面报告有关部门。

7）民事责任与刑事责任、行政责任的关系

民事责任主要以补偿为目的、以损失填补和恢复原状等为原则，同时要与行政责任、刑事责任相区别开来，不能互相混淆、彼此代替。某种行为在追究了民事责任后，是否还追究行政责任、刑事责任，关键看该行为是否违反了行政法规、触犯了刑律。该行为违反了行政法规、触犯了刑法就应当追究其行政或刑事责任。否则，不应追究其行政、刑事责任。《民法通则》第一百一十条规定：“对承担民事责任的公民，法人需要追究行政责任的，应当追究行政责任；构成犯罪的，对公民、法人的法定代表人应当追究刑事责任。”

（三）燃气刑事责任

刑事责任是依据国家刑事法律规定，对犯罪分子追究的法律责任。刑事责任与行政责任不同之处：一是追究的违法行为不同。追究行政责任的是一般违法行为，追究刑事责任的是犯罪行为；二是追究责任的机关不同。追究行政责任由国家特定的行政机关依照有关法律的规定决定，追究刑事责任只能由司法机关依照《刑法》的规定决定；三是承担法律责任的后果不同。追究刑事责任是最严厉的制裁，可以判处死刑，比追究行政责任严厉得多。依照《刑法》的规定，刑罚包括主刑和附加刑两种。

1）危害燃气设施的犯罪

危害燃气设施的犯罪是指行为人违反燃气法规、破坏燃气设施造成人身健康、生命财产的严重危害，危及公共安全应受到刑法处罚的行为。

2）危害燃气设施的犯罪构成要件

犯罪构成要件是指刑法所规定的组合犯罪构成有机整体的必要条件。这些要件是任何一种犯罪都必须具备的。

（1）犯罪客体：犯罪客体是指为刑法保护的而被犯罪行为侵害的社会利益。

（2）犯罪的客观要件：犯罪的客观要件是指燃气犯罪行为和由这种行为所造成的危害后果。

（3）犯罪主体：刑法上的犯罪主体是指实施犯罪行为，依法应负刑事责任的人。在燃气犯罪中，犯罪主体可以是个人，也可以是单位。

（4）犯罪的主观要件：刑法上犯罪的主观要件是指犯罪主体对他所实施的犯罪行为及其危害后果所持的故意或过失的心理状态。《刑法》规定，行为在客观上虽然造成了损害结果，但不是出于故意或者过失，而是由于不能抗拒或者不能预见的原因引起的，不认为是犯罪。

所谓故意是指行为人明知自己的行为会发生危害社会的结果并且希望或者放任这种结果的发生而构成犯罪。所谓过失是指应当预见自己的行为可能发生危害社会的结果，因为疏忽大意没有预见，或者已经预见而轻信可以避免，以致发生这种结果而构成犯罪。

上述犯罪构成的 4 个要件，是有机的整体，缺一不可。行为和主体，客观要件与主观要件是不能分离的，它们结合在一起表明行为人的社会危害性和危害的程度。

3）燃气法规对刑事法律责任的规定

对于燃气违法行为，构成犯罪的，应依法追究其刑事法律责任。燃气法律法规主要规定的刑事法律责任如下。

（1）盗窃燃气的刑事责任。盗窃燃气是指公民、法人或其他单位和组织以非法占用为目的，采取不正当手段窃用燃气的行为。盗窃燃气的主要方法包括改变燃气表的记数装置、远传装置、伪造铅封或绕越燃气表用气等。对于盗窃燃气行为，情节轻微，尚未构成犯罪的行为人，由燃气管理部门责令其停止窃气行为，由燃气企业依法责令缴纳滞纳金。对于盗窃数额较大，构成犯罪的，依照《刑法》第二百六十四条的规定，即盗窃罪，分 3 个量刑档次处罚：

①盗窃数额较大或者情节严重的，处 3 年以下有期徒刑、拘役或者管制，并处或者单处罚金。

②盗窃数额巨大或者情节严重的，处 3 年以上 10 年以下有期徒刑并处罚金。

③数额特别巨大或者情节特别严重的，处 10 年以上有期徒刑或者无期徒刑，并处没收财产。

（2）破坏燃气设施的刑事责任。破坏燃气设施，是指故意或过失的对已投入使用处于正常运行、检修、备用状态的产气、供气、输气、调压、燃气通信设施及其他辅助设施，实施拆盗、毁坏、放置异物、放火、爆炸、制造事故及其他影响燃气生产运行和安全的行为。这一行为具有以下特征：

①行为人在主观上有故意或过失。故意是指行为人明知自己的行为会发生危害燃气设施的结果，却希望或者放任这种结果的发生；过失是指行为人应当预见自己的行为可能发生危害燃气设施的后果，因为疏忽大意而没有预见，或者已经预见却轻信能够避免，以致发生危害燃气设施的结果。

②行为人破坏的对象是燃气设施，侵犯的客体是公共安全。燃气设施按照其存在状态可分为尚未投入使用的燃气设施和已经投入使用的燃气设施两种，已经投入使用的燃气设施又包括正在运行状态中的燃气设施、检修状态的燃气设施、备用状态的燃气设施 3 类。燃气法规所保护的燃气设施既包括已建和在建的燃气设施，也包括国家的、企业的或用户的燃气设施。

③行为人在客观上必须是实施了破坏燃气设施的行为。如拆盗燃气设施的行为；因爆炸引起的破坏燃气设施的行为、哄抢、故意违反操作规程、拆卸设备部件、放火焚烧、堵塞设备主要部位等行为。

④破坏燃气设施的主体主要是自然人。

任何具备上述 4 个特征的都是破坏燃气设施行为，都构成犯罪，均应受到法律的严厉制裁。但在过去，人们处理此类案件时，却往往忽视这些严重后果，将拆盗燃气设施的行为错误地认定为盗窃行为，常常因拆盗的燃气设施为几颗螺丝、螺帽而被认定经济数额不大，不予立案，没能给犯罪分子以应有的打击。为改变这种现象，燃气法规对以盗窃方式或其他方式破坏燃气设施的行为在性质上进行了严格的界定。

盗窃燃气设施或者以其他方式破坏燃气设施，危害公共安全的，依照《刑法》第一百一十四条的规定追究刑事责任。《刑法》第一百一十四条规定："放火、决水、爆炸、投毒或者以其他危险方法破坏工厂、矿场、油田、港口、河流、水源、仓库、住宅、森林、农场、谷场、牧场、重要管道、公共建筑物或者其他公私财产，危害公共安全，尚未造成严重后果的，处三年以上十年以下有期徒刑。"

凡是破坏正在运行、检修、备用状态的燃气设施，危害公共安全的行为，均构成破坏易燃易爆设备罪或者过失毁坏易燃易爆设备罪。依据《刑法》第一百一十八条和第一百一十九条的规定，犯破坏易燃易爆设备罪，尚未造成严重后果的，处十年以下有期徒刑、无期徒刑或死刑。犯过失毁坏易燃易爆设备罪，处三年以上七年以下有期徒刑；情节较轻的，处三年以下有期徒刑或者拘役。《刑法》第一百一十八条规定："破坏电力、燃气或者其他易燃易爆设备，危害公共安全，尚未造成严重后果的，处三年以上十年以下有期徒刑。"第一百一十九条规定："破坏交通工具、交通设施、电力设备、燃气设备、易燃易爆设备，造成严重后果的，处十年以上有期徒刑、无期徒刑或者死刑。过失犯前款罪的，处三年以上七年以下有期徒刑；情节较轻的，处三年以下有期徒刑或者拘役。"

（3）滥用职权或玩忽职守的刑事责任。作为燃气管理部门的工作人员，肩负着国家和人民赋予的重大职责，在工作中必须依法行政、公正廉洁、忠于职守。燃气管理部门的工作人员滥用职权、玩忽职守、徇私舞弊，尚不构成犯罪的，依法给予行政处分；构成犯罪的，依法追究刑事责任。按照《刑法》第三百九十七条的规定：国家机关工作人员滥用职权或者玩忽职守，致使公共财产、国家和人民利益遭受重大损失的，处三年以下有期徒刑或者拘役；情节特别严重的，处三年以上七年以下有期徒刑。

（4）重大责任事故的刑事责任。燃气企业职工违反规章制度、违章调度或者不服从调度指令，造成重大事故的，按照《刑法》第一百一十四条的规定追究刑事责任。为保证安全生产制度的实施，给违反安全生产制度的行为人依法予以制裁，必须有法律上的强制性措施作保障，燃气企业职工违反安全生产制度，违章调度或者不服从调度，造成重大责任事故的，按照《刑法》第一百三十四条重大责任事故罪，处三年以下有期徒刑或者拘役；情节特别恶劣的，处三年以上七年以下有期徒刑。《刑法》第一百三十四条规定：矿山、林场、建筑企业或者其他企业、事业单位的职工，由于不服管理、违反规章制度，或者强令工人违章冒险作业，因而发生重大伤亡事故或者造成其他严重后果的，处三年以下有期徒刑或者拘役；情节特别恶劣的，处三年以上七年以下有期徒刑。

燃气企业职工在保证安全生产的同时，还负有确保燃气优质供应的义务。尤其是燃气设施的安全运行、抢修或者抢险救灾，直接关系到千百万人生命财产的安全。对故意延误燃气设施抢修或者抢险救灾造成严重后果的，按危害公共安全罪处三年以下有期徒刑或者拘役；情节特别恶劣的，处三年以上七年以下有期徒刑。

（5）妨碍公务罪的刑事责任。使用暴力、威胁的手段拒绝、阻碍燃气监督检查人员依法执行公务的构成妨碍罪，应依照《刑法》第二百七十七条的规定追究刑事责任。《刑法》第二百七十七条规定：以暴力、威胁方法阻碍国家机关工作人员依法执行职务的，处三年以下有期徒刑、拘役、管制或者罚金。

二、行政处罚、行政处分、治安管理处罚

1. 行政处罚的种类和形式

1）人身罚

人身罚亦称自由罚，在法定期内限制或剥夺违法者人身自由的行政处罚，是最为严重的一种行政处罚形式，只能由法律规定。目前我国人身罚的种类主要是行政拘留。

行政拘留是公安机关依法对违反治安管理秩序的人，在短期内限制其人身自由的一种处罚。期限为1日以上15日以下，行政拘留一般适用严重违反治安管理秩序的行为人。

2）财产罚

财产罚是对相对人的财产权利和利益予以不利处分的行政处罚。主要表现形式如下。

（1）罚款。罚款是比较多的一种，如《城镇燃气管理条例》规定，违反本条例规定，燃气用户及其单位和个人有下列行为之一的，由燃气管理部门责令限期改正；逾期不改正的，对单位可以处10万元以下罚款，对个人可以处1 000元以下罚款；造成损失的，依法承担赔偿责任；构成犯罪的，依法追究刑事责任；擅自操作公用燃气阀门的；将燃气管道作为负重支架或者接地引线的；安装、使用不符合气源要求的燃气燃烧器具的；擅自安装、改装、拆除户内燃气设施和燃气计量装置的；在不具备安全条件的场所使用、储存燃气的；改变燃气用途或者转供燃气的；未设立售后服务站点或者未配备经考核合格的燃气燃烧器具安装、维修人员的；燃气燃烧器具的安装、维修不符合国家有关标准的。

（2）没收财产。有些地方燃气法规规定：未经批准擅自开办、变更、合并、歇业、停业、撤销燃气经营企业及供气站的，由市燃气管

理部门责令改正，没收违法物品和违法所得，并可处以×千元以上×万元以下罚款。如《城镇燃气管理条例》规定，违反本条例规定，未取得燃气经营许可证从事燃气经营活动的，由燃气管理部门责令停止违法行为，处5万元以上50万元以下罚款；有违法所得的，没收违法所得；构成犯罪的，依法追究刑事责任。违反本条例规定，燃气经营者不按照燃气经营许可证的规定从事燃气经营活动的，由燃气管理部门责令限期改正，处3万元以上20万元以下罚款；有违法所得的，没收违法所得；情节严重的，吊销燃气经营许可证；构成犯罪的，依法追究刑事责任。

3）行为罚

行为罚也称能力罚，是限制或剥夺违法相对人某种行为能力或资格的处罚，有以下几种形式：

（1）责令停产停业；

（2）暂扣或者吊销许可证、执照。

如《城镇燃气管理条例》规定，违反本条例规定，燃气经营者有下列行为之一的，由燃气管理部门责令限期改正，处1万元以上10万元以下罚款；有违法所得的，没收违法所得；情节严重的，吊销燃气经营许可证；造成损失的，依法承担赔偿责任；构成犯罪的，依法追究刑事责任：

①拒绝向市政燃气管网覆盖范围内符合用气条件的单位或者个人供气的；

②倒卖、抵押、出租、出借、转让、涂改燃气经营许可证的；

③未履行必要告知义务擅自停止供气、调整供气量，或者未经审批擅自停业或者歇业的；

④向未取得燃气经营许可证的单位或者个人提供用于经营的燃气的；

⑤在不具备安全条件的场所储存燃气的；

⑥要求燃气用户购买其指定的产品或者接受其提供的服务；

⑦燃气经营者未向燃气用户持续、稳定、安全供应符合国家质量标准的燃气，或者未对燃气用户的燃气设施定期进行安全检查。

4）申诫罚

申诫罚亦称精神罚或声誉罚，是行政机关向违法者发出警戒，明确其违法行为，通过对其名誉、荣誉、信誉等施加影响，引起其精神上的警惕，使其不再违法的处罚形式，主要有警告和通报批评。

2. 行政处分的概念及适用

1）行政处分的概念

行政处分是指国家机关、企事业单位对所属的国家工作人员违法失职行为尚不构成犯罪，依据法律、法规所规定的权限而给予的一种惩戒。行政处分的种类：警告、记过、记大过、降级、撤职、开除。行政处分是国家机关对违反公职的公务员实施的一种惩戒措施。

行政机关对其工作人员的奖惩、任免虽是具体行政行为，但这是行政机关管理其内部事务的行政行为，其行为的监察应由上一级机关行使，对这类行政行为提起诉讼，人民法院不予受理。行政处分与处罚的区别非常明显，如果作出决定的主体范围不同，那么采取的形式就不同。

2）行政处分的适用

行政处分的适用范围较广，主要有国家行政机关的公务人员、国家和集体单位的工作人员以及全民和集体企业的职工。燃气管理部门工作人员滥用职权、玩忽职守、徇私舞弊的，由其所在单位或者上级主管部门给予行政处分。其具体执行应按《行政监察法》及《行政监察法实施条例》、行政处分的有关法规规定进行。行政处分属于内部行政行为，由行政主体基于行政隶属关系依法作出。它具有强烈的约束力，管理相对人不服，行政主体可以强制执行。但因其不受司法审查，故被处分人不服行政处分，只能通过行政复议和行政申诉途径解决，不能提起行政诉讼。

行政处分的程序，大致有处分的提起、调查对证、本人申诉、讨论决定、批准备案、通知本人及归案、处分的执行 7 个步骤。

3. 治安管理处罚

1）燃气有关的治安管理处罚

燃气正常生产经营、设施保护、抢险抢修、燃气行政管理等活动适用于《中华人民共和国治安管理处罚法》（以下简称《治安管理处罚法》）有关规定。一般来讲，有下列行为之一的，由公安机关依法处罚：构成犯罪的依法追究刑事责任；盗用燃气或者盗窃燃气设施的；故意损坏燃气设施的；阻碍燃气经营企业检修、抢修燃气设施的；阻碍燃气管理执法人员依法执行公务的。

2）进行治安管理处罚的有关内容

（1）治安管理处罚。治安处罚是指扰乱社会秩序，妨害公共安全，侵犯公民人身权利、财产权利，妨害社会管理，具有社会危害性，依照《刑法》的规定构成犯罪的，依法追究刑事责任；尚不够刑事处罚的，由公安机关依照《治安管理处罚法》予以治安管理处罚。

《治安管理处罚法》规定处罚的种类有 4 种：警告、罚款、拘留、吊销公安机关发放的许可证。违反治安管理行为主要有以下几个方面：扰乱公共秩序的行为；妨害公共安全的行为；侵犯他人人身权利、财产权利的行为；妨害社会管理秩序的行为。

治安管理处罚的有关规定是燃气行政主管部门、燃气经营者依法保护燃气事业发展、进行正常经营活动的重要法律依据。

（2）燃气法规规定的治安管理处罚的行为。

①盗用燃气或者盗窃燃气设施的行为。关于盗用燃气的行为其是否已经构成犯罪、治安处罚，是根据其数额的多少确定的。盗窃燃气

的数额量不大，尚未造成严重后果的，未构成盗窃罪，其行为应进行行政治安处罚。盗窃燃气设施行为的治安处罚，《治安管理处罚条例》作出了明确的规定，应该按照规定予以治安处罚。

②故意损坏燃气设施的行为。《治安管理处罚法》第三十三条规定：盗窃、损毁油气管道设施、电力电信设施、广播电视设施、水利防汛工程设施或者水文监测、测量、气象测报、环境监测、地质监测、地震监测等公共设施的，处10日以上15日以下拘留。另外，对阻碍燃气经营企业检修、抢修燃气设施的；阻碍燃气管理执法人员依法执行公务的，尚不构成犯罪的按照《城镇燃气管理条例》和《治安管理处罚法》的规定给予治安处罚。

③非法生产储存燃气的行为。《治安管理处罚法》第三十条规定：违反国家规定，制造、买卖、储存、运输、邮寄、携带、使用、提供、处置爆炸性、毒害性、放射性、腐蚀性物质或者传染病病原体等危险物质的，处10日以上15日以下拘留；情节较轻的，处5日以上10日以下拘留。第三十一条规定：爆炸性、毒害性、放射性、腐蚀性物质或者传染病病原体等危险物质被盗、被抢或者丢失，未按规定报告的，处5日以下拘留；故意隐瞒不报的，处5日以上10日以下拘留。燃气属于易燃易爆危险化学品，《城镇燃气管理条例》规定，国家对燃气经营实行许可证制度，燃气的储存、经营、使用适用《治安管理处罚法》的规定，违反国家法规规定，未经许可，从事燃气的生产储存、经营、运输等行为都是违法行为，应受到法律的制裁。

（3）《治安管理处罚法》对盗用燃气行为应追究的责任。燃气设施是燃气经营企业中确保安全稳定供气的重要设施。它对燃气的输送、存储，被称为城市公用设施的动脉，在国计民生中起着至关重要的作用。《城镇燃气管理条例》规定："盗用燃气的，依照有关治安管理处罚的法律规定进行处罚。"《治安管理处罚法》第三章第二节妨害公共安全的行为和处罚第三十条、第三十一条、第三十三条对盗用燃气行为的处罚作出了规定。《刑法》第一百一十八条规定："破坏电力、燃气或者其他易燃易爆设备，危害公共安全，尚未造成严重后果的，处三年以上十年以下有期徒刑。"

破坏易燃易爆设备的手段是多种多样的，但都以危害公共安全，即有可能引起多人伤亡或者重大公私财产损失的危险。具备这种危险性即构成犯罪，并不要求实际造成严重后果，如果产生严重后果应依造成严重后果的规定处罚。另外，从盗窃行为人的行为来看，它所侵犯的是公私财物的所有权，其中无形财产天然气以数额作为定罪量刑的标准，分别以"数额较大""数额巨大""数额特别巨大"三档规定，也就是说，本罪主观上只能是故意。盗窃天然气其行为造成有关单位和个人财产的损失，又损坏燃气设备，影响公众的人身财产安全，扰乱社会经济秩序。侵害了公共安全、公私财产，其行为已分别构成了盗窃罪、破坏燃气设施设备罪。

三、行政救济

1. 行政复议

行政复议是指行政相对人不服从行政机关的处理时，可以对这些行为申请行政复议。《中华人民共和国行政复议法》（以下简称《行政复议法》）规定了可申请复议的范围和不可复议的范围。

《行政复议法》第六条和第七条已作出具体规定，这里不作详细表述。燃气法规中规定的法律责任由燃气管理部门依据其法律规定进行行政处罚的，行政处罚相对人均有权申请行政复议。

行政复议要提起复议申请，申请可采用口头或书面形式，没有行政复议申请，行政复议机关不能主动进行行政复议。根据《行政复议法》的规定，行政相对人应当在知道相应具体行政行为之日起 60 日内提出行政复议申请，法律另有规定的除外。

逾期不申请复议，不起诉的，又不履行行政处罚决定的，由作出处罚决定的行政机关申请人民法院强制执行。

2. 行政诉讼

1）行政诉讼的概念

行政诉讼是指公民、法人或其他组织，认为行政机关和行政机关工作人员的具体行政行为侵犯其合法权益，在法定期限内依法向人民法院起诉，由人民法院依法审理并作出裁判的活动。

2）行政起诉的条件

《中华人民共和国行政诉讼法》（以下简称《行政诉讼法》）第十一条就受案范围作出了具体规定，大致内容与《行政复议法》略同。

根据《行政诉讼法》的规定，依照法定程序提起起诉和行政复议，原告既可直接向人民法院起诉，也可以选择行政复议，对行政复议决定不服的再向人民法院起诉，但当法律、法规规定须先向复议机关申请复议的，必须是经过复议后方可起诉。

燃气法规的规定是既可向上一级行政机关申请行政复议，也可向人民法院起诉。起诉期限为 3 个月，应当在知道作出具体行政行为之日起 3 个月内提出。

申请人不服复议决定的，可以在接到复议决定书之日 15 日内向人民法院提起诉讼。复议机关逾期不作决定的，申请人可以在复议期满之日起 15 日内向人民法院提起诉讼。

3. 行政赔偿

1）行政赔偿的概念

行政赔偿是指国家行政机关及其工作人员在行使职权的过程中侵犯公民、法人或其他组织的合法权益并造成损害，由国家承担赔偿责任的制度。

2）《中华人民共和国行政赔偿法》（以下简称《行政赔偿法》）的相关规定

（1）行政赔偿的当事人包括赔偿请求人和赔偿义务机关。

①赔偿请求人，是指合法权益因行政机关和行政机关工作人员违法行使职权而遭到损害、有权要求赔偿的公民、法人或其他组织。《中华人民共和国国家赔偿法》规定，受害的公民、法人和其他组织有权要求赔偿。受害的公民死亡，其继承人和其他有抚养关系的亲属有权要求赔偿。受害的法人或者其他组织终止，承受其权利的法人或者其他组织有权要求赔偿。

②赔偿义务机关，是指代表国家承担赔偿责任的行政主体。根据法律规定，行政机关及其工作人员行使行政职权时侵犯公民、法人和其他组织的合法权益造成损害的，该行政机关为赔偿义务机关。

两个以上行政机关共同行使行政职权时侵犯公民、法人和其他组织的合法权益造成损害的，共同行使行政职权的行政机关为共同赔偿义务机关。

法律、法规授权的组织在行使授予的行政权力时侵犯公民、法人和其他组织的合法权益造成损害的，被授权的组织为赔偿义务机关。

受行政机关委托的组织或者个人在行使受委托的行政权力时侵犯公民、法人和其他组织的合法权益造成损害的，委托的行政机关为赔偿义务机关。

赔偿义务机关被撤销的，继续行使其职权的行政机关为赔偿义务机关；没有继续行使其职权的行政机关的，撤销该赔偿义务机关的行政机关为赔偿义务机关。

（2）范围

①侵犯公民人身自由的违法行为及其赔偿方式：

a. 违法拘留或违法采取限制公民人身自由的行政强制措施的；

b. 非法拘禁或以其他方法非法剥夺公民人身自由的；

c. 以殴打等暴力行为或者唆使他人以殴打等暴力行为造成公民身体伤害或者死亡的；

d. 违法使用武器、警械造成公民身体伤害或者死亡的；

e. 造成公民身体伤害或者死亡的其他违法行为。

赔偿方式：每天的赔偿金按照国家上年度职工日平均工资计算。

②侵犯公民人身权的违法行政行为及赔偿方式：

a. 造成身体伤害的，应当支付医疗费，以及赔偿因误工减少的收入。减少的收入每天的赔偿金按照国家上年度职工日平均工资计算，最高额为国家上年度职工年平均工资的5倍；

b. 造成部分或者全部丧失劳动能力的，应当支付医疗费，以及残疾赔偿金，残疾赔偿金根据丧失劳动能力的程度确定，部分丧失劳动能力的最高额为国家上年度职工年平均工资的10倍，全部丧失劳动能力的为国家上年度职工年平均工资的20倍。造成全部丧失劳动能力的，对其抚养的无劳动能力的人，还应当支付生活费；

c. 造成死亡的，应当支付死亡赔偿金、丧葬费，总额为国家上年度职工年平均工资的20倍。对死者生前抚养的无劳动能力的人，还应当支付生活费。

③侵犯公民、法人和其他组织财产权的违法行政行为及其赔偿方式：

a. 处罚款，罚金，追缴、没收财产或者违反国家规定征收财物，摊派费用的，返还财产；

b. 查封、扣押、冻结财产的，解除对财产的查封、扣押、冻结，造成财产损坏或者灭失的，能恢复原状的恢复原状，不能恢复原状的，按照损害程度给付相应的赔偿金；

c. 应当返还的财产损坏的，能够恢复原状的恢复原状，不能恢复的，按照损害程度给付相应的赔偿金；

d. 应当返还的财产灭失的，给付相应的赔偿金；

e. 财产已经拍卖的，给付拍卖所得的价款；

f. 吊销许可证和执照、责令停产停业的，赔偿停产停业期间必要的经常性费用开支；

g. 对财产权造成其他损害的，按照直接损失给予赔偿。

第六节　燃气企业从业人员的权利保障、义务履行和法律责任

一、《安全生产法》相关内容

1. 从业人员的安全生产权利

人是最宝贵、最活跃的生产力。生产经营单位的从业人员是各项生产经营活动最直接的劳动者，是各项安全生产法律权利和义务的承担者。

生产经营单位的从业人员，是指该单位从事生产经营活动各项工作的所有人员，包括管理人员、技术人员和各岗位的工人，也包括生产经营单位临时聘用的人员。

我国作为发展中国家，生产力水平和安全生产水平较低，从业人员的安全生产权利保护的现状也令人堪忧。主要原因集中在以下3点：一是法律规定不完善。从大量的事故分析来看，现行有关立法对从业人员的安全生产权利的法律规定不够明确具体、权利保护的广度和力度不够。由于安全生产权利不明确，从业人员不了解自己的合法权利，生产经营单位也难以切实保障权利落实。法律责任规定不明确，给依法监管增加难度，追究违法责任人法律责任时缺乏具体的法律依据。二是从业人员的维权意识较差。许多从业人员受限于自身的文化

素质、权利意识，不知道自己应有的权利以及如何维护自身权益。三是一些生产经营单位主要负责人利用有关法律规定不健全，故意规避法律，或者公然知法犯法，剥夺从业人员的合法权益；或者不进行安全投入，不向从业人员提供劳动防护用品，把从业人员置于作业条件极其简陋恶劣或者极其危险的作业场所中，缺少基本的人身保障；或者违章指挥、强令职工冒险作业，置从业人员的生命安全于不顾，严重侵犯了从业人员的安全生产权利。

由于缺乏法律的保障，严重挫伤了从业人员的生产劳动积极性，损害了他们应有的权利，这与我国社会主义国家的本质不相容，与尊重和保障人权的社会主义法制精神不相容。要真正保障从业人员的安全生产权利，必须通过相应立法加以确认。依法保障从业人员的安全生产权利，是《安全生产法》的重要内容之一。《安全生产法》第三章对从业人员的安全生产权利和义务作出了比较全面、明确的规定，为保障从业人员的合法权益提供了法律依据。

2. 从业人员的安全生产基本权利

《安全生产法》第六条规定，生产经营单位的从业人员有依法获得安全生产保障的权利，并应当依法履行安全生产方面的义务。

各类生产经营单位的所有制性质、规模、行业、领域、作业条件和管理方式多种多样。由于不可能对从业人员所有的安全生产权利作出规定，所以《安全生产法》主要规定了各类从业人员享有的有关安全生产和人身安全的最重要、最基本的权利。这些基本安全生产权利，可以概括为以下 6 项。

1）获得安全保障、工伤保险和民事赔偿的权利

在生产经营作业过程中是否依法享有工伤保险和民事赔偿的权利，是与从业人员切身利益最为相关的问题。法律在多大程度上赋予从业人员这项权利并保证其行使，可以看出一部法律对从业人员安全

生产权利保护的程度。《中华人民共和国劳动合同法》虽有关于从业人员与生产经营单位订立劳动合同的规定，但没有具体保障从业人员安全保障的规定。为了加强从业人员的安全保障，《安全生产法》第五十一条规定，生产经营单位必须依法参加工伤保险，为从业人员缴纳保险费。此外，《工伤保险条例》及人力资源和社会保障部门制定的配套规章具体规定了生产经营单位缴纳工伤保险的标准和程序等，从法律上明确生产经营单位缴纳工伤保险的法定义务。

（1）获得安全保障的权利。《安全生产法》第五十二条规定，生产经营单位与从业人员订立的劳动合同，应当载明有关保障从业人员劳动安全、防止职业危害的事项，以及依法为从业人员办理工伤保险的事项。生产经营单位不得以任何形式与从业人员订立协议，免除或者减轻其对从业人员因生产安全事故伤亡依法应承担的责任。这是作为《中华人民共和国劳动合同法》在安全生产领域的重要补充。

一是明确规定生产经营单位与从业人员签订的劳动合同必须载明保障劳动安全、防止职业危害和工伤保险事项。安全事项、社会保险事项是劳动合同中的必备事项。从业人员在生产、作业中，面临各种风险，存在各种不安全、职业危害的因素，如果不采取相应的防护措施，极有可能发生事故，危及从业人员的生命安全和身体健康，这些都涉及从业人员的切身利益。在实践中，大部分从业人员并不知道生产经营单位是否采取了保障安全的措施，特别是进入中小生产经营单位、为私营业主工作的农民工，由于文化素质低，普遍缺乏自我保护意识、知识和能力，而有些生产经营单位为了少投入，多赚钱，故意隐瞒工作场所缺乏劳动保护措施的真相，在与从业人员签订劳动合同时不履行保障劳动安全的告知义务。为此，《安全生产法》对生产经营单位作出强制性义务规定，获得安全保障也是从业人员的一项权利，生产经营单位必须履行，以保障从业人员的知情权，从而保障从业人员的劳动安全。《中华人民共和国社会保险法》规定，国家建立基本养老保险、基本医疗保险、工伤保险、失业保险、生育保险等社会保险制度，保障公民在年老、疾病、工伤、失业、生育等情况下依法从国家和社会获得物质帮助的权利。工伤保险是一种社会保险，目的是保护劳动者的合法权益。生产经营单位必须参加工伤保险，为从业人员缴纳工伤费。劳动合同中载明依法为从业人员办理工伤保险的事项，确保从业人员的知情权，维护从业人员的合法权益。

二是生产经营单位不得以任何形式与从业人员订立协议，免除或者减轻其对从业人员因生产安全事故伤亡依法应承担的责任。在实践中，曾经出现过在采矿业、建筑业的一些生产经营单位强迫从业人员与其订立逃避事故法律责任的所谓“生死合同”的协议。合同中明确规定，一旦发生人身伤亡事故，只给受害人员有限的经济补偿，不承担救治、康复和日后生活费用。这些协议有些是诱骗从业人员签订的，有些是强迫从业人员签订的，其目的是损害从业人员的权益，逃避事故法律责任等，这严重损害了从业人员的合法权益。为此，《安全生产法》作出了针对性规定。其目的首先是禁止订立这类违法的协议，其次是任何形式的这类协议都在禁止之列，最后是订立这类协议，并不能免除或者减轻生产安全事故的责任，从法律上不承认这种合同合法、有效。

（2）获得工伤保险和民事赔偿的权利。工伤保险是社会保险的组成部分。《安全生产法》第五十一条规定，生产经营单位必须依法参加工伤保险，为从业人员缴纳保险费。工伤保险制度既有利于分散生产经营单位的生产经营风险，又可以为从业人员提供一定的保障。从业人员因生产安全事故受到伤害的，如果经过工伤认定构成工伤，可以依法享有相应的工伤保险待遇。生产经营单位参加工伤保险，并不意味着绝对排除了其他从业人员遭受工伤时的民事责任。由于工伤保险待遇有确定的范围，有的项目赔偿标准并不高。有些情况下，从业人员通过工伤保险并不能得到充分救济，而侵权责任赔偿可以填补受害人及其家属的相关损失。例如，《中华人民共和国民法典》第一千一百七十九条规定，侵害他人造成人身损害的，应当赔偿医疗费、护理费、交通费、营养费、住院伙食补助费等为治疗和康复支出的合理费用，以及因误工减少的收入。造成残疾的，还应当赔偿辅助器具费和残疾赔偿金；造成死亡的，还应当赔偿丧葬费和死亡赔偿金。第一千一百八十三条规定，侵害自然人人身权益造成严重精神损害的，被侵权人有权请求精神损害赔偿。再者，根据《最高人民法院关于审理人身损害赔偿案件适用法律若干问题的解释》的规定，受害人死亡的，赔偿义务人应当赔偿受害人亲属办理丧葬事宜支出的交通费、住宿费和误工损失等合理费用，这些赔偿项目都不属于工伤保险待遇范围。另外，工伤保险对从业人员就医的医院以及治疗所用的药品范围都有比较多的限制，有关费用需要从业人员通过向生产经营单位主张侵权损害赔偿获得救济。因此，为了确保从业人员在因生产安全事故受到损害的情况下可以获得充分的救济，《安全生产法》第五十六条规定，因生产安全事故受到损害的从业人员，除依法享有工伤保险外，依照有关民事法律尚有获得赔偿的权利的，有权提出赔偿要求。这样规定，明确了以下问题：

第一，从业人员依法享有工伤保险和伤亡求偿的权利。法律规定这项权利必须以劳动合同的书面形式加以确认。没有依法载明或者免除、减轻生产经营单位对从业人员因生产安全事故伤亡依法应承担的责任的，是一种违法行为，应当承担相应的法律责任。

第二，依法为从业人员缴纳工伤保险费和给予民事赔偿，是生产经营单位的法律义务。生产经营单位不得以任何形式免除该项义务，不得变相以抵押金、担保金等名义强制从业人员缴纳工伤保险费。

第三，发生生产安全事故后，从业人员首先依照劳动合同和工伤保险合同的约定，享有相应的赔付金。如果工伤保险金不足以补偿受害人的人身损害及经济损失的，依照有关民事法律应当给予赔偿的，从业人员或其亲属有要求生产经营单位给予赔偿的权利，生产经营单位必须履行相应的赔偿义务，否则，受害人或其亲属有权向人民法院起诉给付。

第四，从业人员获得工伤保险赔付和民事赔偿的金额标准、领取和支付程序，必须符合法律、法规和国家的有关规定。从业人员和生产经营单位均不得自行确定标准，不得非法提高或者降低标准。

2）得知危险因素、防范措施和应急措施的权利

生产经营单位，特别是从事矿山开采、建筑施工、危险物品的生产储存等高危生产经营单位往往存在较大的风险、危险因素，如粉尘、顶板、突水、火灾、瓦斯、高空坠落、有毒有害、放射性、腐蚀性、易燃易爆等危险因素以及相关作业场所，都有发生人身伤亡事故的可能。直接接触这些危险因素的从业人员往往是生产安全事故的直接受害者。在实践中，很多生产安全事故导致从业人员死亡的教训之一，就是从业人员对危险因素的认知以及对应急措施的了解掌握不够。所以，《安全生产法》第四十一条规定，生产经营单位应当建立健全并落实生产安全事故隐患排查治理制度，采取技术、管理措施，及时发现并消除事故隐患。事故隐患排查治理情况应当如实记录，并通过职工大会或者职工代表大会、信息公示栏等方式向从业人员通报。其中，重大事故隐患排查治理情况应当及时向负有安全生产监督管理职责的部门和职工大会或者职工代表大会报告。第四十四条规定，生产经营单位应当教育和督促从业人员严格执行本单位的安全生产规章制度和安全操作规程；并向从业人员如实告知作业场所和工作岗位存在的危险因素、防范措施以及事故应急措施。第五十三条规定，生产经营单位的从业人员有权了解其作业场所和工作岗位存在的危险因素、防范措施及事故应急措施。

根据规定，从业人员有权了解其作业场所和工作岗位与安全生产有关 3 个方面的情况：一是存在的危险因素；二是防范措施；三是事

故应急措施。根据现行国家标准《生产过程危险和有害因素分类与代码》（GB/T 13861），生产过程危险和有害因素是指可对人造成伤亡、影响人的身体健康甚至导致疾病的因素，包括人的因素、物的因素、环境因素和管理因素。知情权是从业人员的一项重要权利，相关法律都有规定。例如，《中华人民共和国劳动合同法》规定，用人单位应当将直接涉及劳动者切身利益的规章制度和重大事项决定公示，或者告知劳动者，用人单位招用劳动者时，应当告知劳动者工作内容、工作条件、工作地点、职业危害、安全生产状况、劳动报酬，以及劳动者要求了解的其他情况。生产经营单位的从业人员对于劳动安全的知情权，与从业人员的生命安全和身体健康关系密切，是保护从业人员生命安全和身体健康的重要前提。从业人员只有了解了这些情况，才有可能针对性地采取相应措施，保护自身的生命安全与身体健康。生产经营单位有义务事前告知有关危险因素、防范措施和事故应急措施。否则，生产经营单位就侵犯了从业人员的权利，并对由此产生的后果承担相应的法律责任。

3）有对本单位的安全生产工作提出意见和建议的权利

生产经营单位的从业人员既是本单位安全生产需要保护的对象，也是本单位安全生产工作的参考者。《安全生产法》第六条规定，生产经营单位的从业人员有依法获得安全生产保障的权利，并应当依法履行安全生产方面的义务。第七条规定，工会依法对安全生产工作进行监督。生产经营单位的工会依法组织职工参加本单位安全生产工作的民主管理和民主监督，维护职工在安全生产方面的合法权益。生产经营单位制定或者修改有关安全生产的规章制度，应当听取工会的意见。为了进一步发挥从业人员在安全生产工作的作用，《安全生产法》第五十三条规定，生产经营单位的从业人员有权了解其作业场所和工作岗位存在的危险因素、防范措施及事故应急措施，有权对本单位的安全生产工作提出建议。

从业人员作为生产经营单位的主体，当然关心生产经营单位的生产经营状况，且本单位的经济效益与从业人员的切身利益密切相关，特别是生产经营单位的安全生产工作直接涉及从业人员的人身安全与健康。从业人员尤其是工作在基层一线的人员，对于如何保证安全生产、改善劳动条件及作业环境，他们最了解，也最有发言权。因此，《安全生产法》规定，从业人员有权利参与本单位的民主管理。从业人员通过参与生产经营单位的民主管理，可以充分调动其积极性，可以充分发挥其聪明才智，为本单位献计献策，对本单位安全生产提出意见和建议，参与安全生产各项工作，共同做好生产经营单位的安全生产工作。从业人员对本单位安全生产工作提出意见和建议，是他们的一项权利，其出发点是希望搞好本单位的安全生产工作，这与生产经营单位的目的是一致的。生产经营单位应当尊重从业人员所提出的意见和建议，并对他们的意见和建议及时作出回复，合理的意见和建议应当采纳，对不予采纳的，也要作出说明和解释。

4）享有对本单位的安全生产工作中存在的问题提出批评、检举和控告的权利

从业人员是生产经营单位的主人，他们对安全生产情况尤其是安全管理中的问题和事故隐患最为了解。只有依靠他们并且赋予他们必要的安全生产监督权和自我保护权，才能做到预防为主，防患于未然，保障从业人员的人身安全和健康。关注安全，就是关爱生命，关心企业。一些生产经营单位的主要负责人不重视安全生产，对安全问题熟视无睹，不听取从业人员的正确意见和建议，使本来可以发现、及时处理的事故隐患不断扩大，导致事故和人员伤亡；有的甚至对批评、检举、控告生产经营单位安全生产问题的从业人员进行打击报复，严重侵犯了从业人员安全生产的基本权利。针对某些生产经营单位存在的不重视甚至剥夺从业人员对安全生产监督管理权利的问题，《安全生产法》第五十四条规定，从业人员有权对本单位安全生产工作中存

在的问题提出批评、检举、控告；有权拒绝违章指挥和强令冒险作业。生产经营单位不得因从业人员对本单位安全生产工作提出批评、检举、控告，或者拒绝违章指挥、强令冒险作业而降低其工资、福利等待遇，或者解除与其订立的劳动合同。

批评、检举、控告权是从业人员的基本权利。相关法律也有规定，如《中华人民共和国劳动法》规定，劳动者对危害生命安全和身体健康的行为，有权提出批评、检举和控告。《中华人民共和国劳动合同法》规定，劳动者对危害生命安全和身体健康的劳动条件，有权对用人单位提出批评、检举和控告。这里讲的提出批评的权利，是指从业人员对本单位安全生产工作存在的问题提出批评的权利。《安全生产法》这一规定，有利于从业人员对生产经营单位的安全生产工作进行群众监督，促使生产经营单位不断改进本单位的安全生产工作。这里讲的检举、控告权，是指从业人员对本单位及有关人员违反安全生产法律、法规的行为，有权向负有安全生产监督管理职责的部门和司法机关检举与控告的权利。检举、控告权是公民的一项权利。从业人员行使这一权利时，可以署名，也可以不署名；可以书面形式，也可以口头形式。但是，应当客观、真实。《安全生产法》规定的从业人员的检举、控告权，有利于对违法行为作出处理，保障安全生产。

5）有拒绝违章指挥和强令冒险作业的权利

在实践中，在生产经营活动中经常出现生产经营单位负责人或者管理人员违章指挥和强令从业人员冒险作业的现象，由此导致生产安全事故，致使人员伤亡。因此，《安全生产法》赋予从业人员拒绝违章指挥和强令冒险作业的权利，不仅是为了保护从业人员的人身安全，也是为了警示生产经营单位负责人和管理人员必须照章指挥，保证安全，并且不得因从业人员拒绝违章指挥和强令冒险作业而对其进行打击报复。

从业人员享有的拒绝违章指挥、强令冒险作业权，是保护从业人员的生命安全和身体健康的一项重要的权利。相关法律也有规定，例如，《劳动法》规定，劳动者对用人单位管理人员违章指挥、强令冒险作业，有权拒绝执行。这里讲的违章指挥，主要指生产经营单位的负责人、管理人员和工程技术人员违反规章制度，不顾从业人员的生命安全和身体健康，指挥从业人员进行生产经营活动的行为。这里讲的强令冒险作业，是指生产经营单位管理人员，对于存在危及作业人员人身安全和健康的危险因素而又没有相应的安全保护措施的情况下，不顾从业人员的生命安全和身体健康，强迫命令从业人员进行作业的行为。这两种行为对从业人员的生命安全和身体健康构成极大威胁。为此，为了保护从业人员的生命安全和身体健康，《安全生产法》赋予从业人员对这两种行为予以拒绝执行的权利。

6）有在紧急情况下的停止作业和紧急撤离的权利

由于生产经营场所存在不可避免的自然和人为的危险因素，这些因素将会或者可能会对从业人员造成人身伤害。例如，从事矿山开采、建筑施工、危险物品生产等作业的从业人员，一旦发现将要发生透水、瓦斯爆炸、煤和瓦斯突出、冒顶、片帮、坠落、倒塌，危险物品泄漏、燃烧、爆炸等紧急情况并且无法避免时，《安全生产法》赋予他们享有停止作业和紧急撤离的权利，因为最大限度地保护现场作业人员的生命安全是第一位的。《安全生产法》第五十五条规定，从业人员发现直接危及人身安全的紧急情况时，有权停止作业或者在采取可能的应急措施后撤离作业场所。生产经营单位不得因从业人员在前款紧急情况下停止作业或者采取紧急撤离措施而降低其工资、福利等待遇或者解除与其订立的劳动合同。

从业人员发现直接危及人身安全的紧急情况时，有权停止作业或者在采取可能的应急措施后撤离作业场所。这是《安全生产法》所限定的特定情况下，赋予从业人员采取特定措施的权利，简称紧急撤离权，目的是保护从业人员的人身安全。从业人员在行使这项权利的时候，必须明确以下 4 点：

一是危及从业人员人身安全的紧急情况必须有确实可靠的直接根据，凭借个人猜测或者误判而实际并不属于危及人身安全的紧急情况除外，以免权利被滥用。

二是紧急情况必须直接危及人身安全，间接或者可能危及人身安全的情况不应撤离，而应采取有效处理措施。《安全生产法》所限定的特定情况是“发现直接危及人身安全的紧急情况”，这是从业人员行使紧急撤离权的前提条件，即发现直接危及人身安全的紧急情况，如果不撤离会对其生命安全和身体健康造成直接的威胁。如在矿山开采中，发生矿压活动显现剧烈、巷道底板突然鼓起、支架破坏、煤（岩）层变软湿润等瓦斯喷出的预兆时，从业人员再不撤离，就有生命危险。

三是出现危及人身安全的紧急情况时，《安全生产法》赋予从业人员有权采取的特定措施：停止作业或者在采取可能的措施后撤离作业场所。紧急撤离权包含两层含义：停止作业马上撤离作业场所；在采取可能的措施后撤离作业场所。行使权利的选择权在从业人员，不要求从业人员在采取可能的应急措施后或者在征得有关负责人同意后撤离作业场所。

四是该项权利不适用于某些从事特殊职业的从业人员。如飞行人员、船舶驾驶人员、车辆驾驶人员等，根据有关法律、国际公约和职业惯例，在发生危及人身安全的紧急情况下，他们不能或者不能先行撤离从业场所或者岗位。

3. 从业人员的安全生产义务

1）设定从业人员安全生产义务的必要性及其意义

没有无权利的义务，也没有无义务的权利。法律关系中赋予生产经营单位从业人员诸多安全生产权利保障的同时，也规定了从业人员应当履行的法律义务。

大量事故案例分析结果表明，绝大多数生产安全事故属于从业人员违章作业、违规操作引发的责任事故。导致从业人员违章作业、违规操作的主要原因有4点：一是法律规定的安全生产义务不明确；二是从业人员的安全素质差，责任心不强，未严格按照操作规程和规章制度进行生产作业；三是因从业人员不履行法定义务所应承担的法律责任不明确，查处依据不足；四是有关责任追究的法律规定畸轻，不能引起从业人员的足够重视。由此可见，要实现安全生产，必须加强从业人员依法生产、照章作业的责任感，对从业人员安全生产义务和责任作出明确的法律规定。《安全生产法》明确规定了从业人员安全生产的法定义务和责任，具有重要意义：一是保障安全生产是从业人员最基本的义务和不容推卸的责任，依法履行安全生产义务，既是对生产经营单位负责，更是对从业人员自身安全负责。二是从业人员必须尽职尽责，严格照章办事，不得违章违规。三是从业人员不履行法定义务，就必须承担相应的法律责任。四是为事故处理及其从业人员责任追究提供法律依据。

2）从业人员的安全生产基本义务

《安全生产法》不但赋予了从业人员安全生产权利，也设定了从业人员安全生产义务。作为法律关系内容的权利和义务是对等的。从业人员依法享有权利，同时也必须履行相应的义务。

（1）履行遵章守规、服从管理的义务。生产经营单位从业人员既是安全生产的保护者，也是安全生产的参考者，从业人员的工作直接关系到本单位的安全生产。依据《安全生产法》和其他有关法律、法规和规章的规定，生产经营单位必须制定本单位安全生产的规章制度和操作规程。生产经营单位的安全生产规章制度和操作规程是根据法律、法规、规章和国家标准或者行业标准的要求，结合生产经营单位的实际，制定的规范本单位及从业人员从事生产经营活动，确保安全的具体规范和依据。从某种意义上说，从业人员在作业过程中，严格落实岗位安全责任，遵守安全生产规章制度和操作规程，实际上就是依法进行安全生产。大量事实表明，从业人员不落实岗位安全责任，不按照安全生产规章制度和操作规程进行生产、作业，是导致生产安全事故的主要原因。安全寓于生产经营活动的全过程，安全生产需要生产经营单位的每一个人、每一道工序相互配合和衔接。生产经营单位的每一位从业人员都从不同角度为生产经营活动负责，每一位从业人员的尽责程度直接关系到整个生产经营单位的安全生产。因此，从业人员必须严格落实岗位安全责任、尽职尽责、依照安全生产规章制度和操作规程进行生产经营作业，服从管理。只有这样，才能确保生产经营单位的安全生产。依照法律规定，生产经营单位的从业人员不服从管理，违反安全生产规章制度和操作规程的，由生产经营单位给予批评教育，依照有关规章制度给予处分；造成重大事故，构成犯罪的，依照《刑法》有关规定追究刑事责任。

（2）履行正确佩戴和使用劳动防护用品的义务。按照法律、法规的规定，为保障人身安全，生产经营单位必须为从业人员提供必要的、安全的劳动防护用品，以避免或者减轻作业和事故中的人身伤害。但实践中由于一些从业人员缺乏安全知识，认为佩戴和使用劳动防护用品没有必要，往往不按规定佩戴或者不能正确佩戴和使用劳动防护用品，由此引发的人身伤害时有发生，造成了不必要的伤亡。如煤矿矿工下井作业时必须佩戴矿灯用于照明，从事高空作业的工人必须佩戴安全带以防坠落等。另外，有的从业人员虽然佩戴和使用劳动防护用品，但由于不会或者没有正确使用而发生人身伤害的案例也很多。为此，《安全生产法》第五十七条规定，从业人员在作业过程中，应当严格落实岗位安全责任，遵守本单位的安全生产规章制度和操作规程，服从管理，正确佩戴和使用劳动防护用品。

从业人员在生产、作业过程中，应当正确佩戴和使用劳动防护用品，这是从业人员必须履行的法定义务，是保障从业人员人身安全和健康的需要。劳动防护用品是指由生产经营单位为从业人员配发的，使其在劳动过程中免遭或者减轻事故伤害及职业危害的个人防护装备。劳动防护用品是保护从业人员安全和健康所采取的必不可少的辅助措施。从某种意义上讲，劳动防护用品是从业人员防止职业伤害的最后一道有效防护措施。劳动防护用品，对于生产经营单位来讲，要按照规定充足发放、提供，不得任意削减；作为从业人员来讲，要按照有关规定正确佩戴和使用劳动防护用品。未正确佩戴和使用的从业人员，不得上岗作业。

（3）履行接受培训、掌握安全生产技能的义务。生产经营单位及工作岗位的不同，以及生产经营设施、设备不同，所需的安全技术特性和要求也不同。随着生产经营领域的不断扩大和高新安全技术装备的大量使用，生产经营单位对从业人员的安全素质要求越来越高。从业人员的安全生产意识和安全技能的高低，直接关系到生产经营活动的安全可靠性。提高从业人员的素质，直接关系到生产经营单位的安全生产，为此，《安全生产法》第五十八条规定，从业人员应当接受安全生产教育和培训，掌握本职工作所需的安全生产知识，提高安全生产技能，增强事故的预防和应急处理能力。

大量事实表明，生产安全事故的发生，主要原因是人的不安全行为和物的不安全状态，其中，控制人的不安全行为是预防和减少生产安全事故的主要措施。加强对从业人员的安全生产教育和培训，是提高安全生产知识、增强安全生产技能、控制人的不安全行为的有效方法，是提高从业人员自我防护能力、防止和减少生产安全事故发生的重要措施。随着城镇化、工业化和信息化的推进，从业人员对安全生产知识和操作技能要求也越来越高，同时，要加强应急处置等方面的教育和培训，如从事矿山、建筑、危险物品生产作业和使用高科技安全技术装备的从业人员，更需要具有系统的安全知识，熟练的安全生产技能，以及对不安全因素和事故隐患的排查、突发事故的应急处置能力。

这里讲的安全生产教育和培训的基本内容，包括安全意识、安全知识、安全技能 3 个方面，使其达到 3 方面的要求，须保证从业人员具备必要的安全生产知识，熟悉有关的安全生产规章制度和安全操作规程，掌握本岗位的安全操作技能，了解事故应急处理措施，知悉自身在安全生产方面的权利和义务。生产经营单位必须对新招聘、转岗的从业人员进行安全生产教育和业务培训。生产经营单位采用新工艺、新技术、新材料或者使用新设备，必须对从业人员进行专门的安全生产教育和培训。必须接受生产经营单位为其安排的安全生产教育和培训是从业人员的一项法定义务。

（4）履行发现事故隐患或者其他不安全因素及时报告的义务。从业人员直接进行生产经营作业，他们是事故隐患和不安全因素的当事人。许多生产安全事故是由于从业人员在作业现场发现事故隐患和不安全因素后没有及时报告，以致延误了采取措施进行紧急处理的时机而导致的。如果从业人员尽职尽责，及时发现并报告事故隐患和不安全因素，并及时有效地处理，完全可以避免事故的发生和降低事故的损失。发现事故隐患并及时报告、处理是贯彻预防为主、加强事前防范的重要措施。为此，《安全生产法》第五十九条规定，从业人员发现事故隐患或者其他不安全因素，应当立即向现场安全生产管理人员或者本单位负责人报告；接到报告的人员应当及时予以处理。

安全生产工作应当以人为本，坚持人民至上、生命至上，把保护人民生命安全摆在首位，树牢安全发展理念，坚持安全第一、预防为主、综合治理的方针，建立生产经营单位负责、职工参与、政府监管、行业自律、社会监督的机制。职工参与是搞好安全生产的基础，发挥从业人员的线人作用，及时发现隐患并及时处理，实现预防为主，达到减少事故的目的。从业人员处于安全生产的第一线，最有可能发现事故隐患和不安全因素，因此，《安全生产法》对从业人员发现事故隐患和其他不安全因素规定了报告的义务。对于从业人员来讲，必须具有高度的责任心，发现事故隐患和不安全因素应当立即报告，如果拖延报告，则使事故发生的可能性增大，一旦发生事故就晚了。对于接到报告的生产经营单位负责人和安全生产管理人员，对事故隐患和其他不安全因素要及时处理，避免事故发生。

3）被派遣劳动者的安全生产权利和义务

劳动派遣人员，也称被派遣劳动者。根据《中华人民共和国劳动合同法》的规定，劳动派遣人员是指与劳务派遣单位订立劳动合同，并被派遣到接受以劳务派遣形式用工的生产经营单位的人员。《安全生产法》第五十二条规定，生产经营单位与从业人员订立的劳动合同，应当载明有关保障从业人员劳动安全、防止职业危害的事项，以及依法为从业人员办理工伤保险的事项。

在实践中，许多生产经营单位为了减轻劳动成本，规避责任，大量使用被派遣劳动者，又不负责对其进行相应的安全生产教育和培训，致使被派遣劳动者不了解、不熟悉所从事生产经营活动的安全生产规章制度、操作规程和标准，违章指挥、违章作业，最终导致生产安全事故的发生。劳动派遣人员不是《安全生产法》所指的从业人员。为了保障劳动派遣人员在安全生产方面的权利和义务，《安全生产法》第六十一条规定，生产经营单位使用被派遣劳动者的，被派遣劳动者享有本法规定的从业人员的权利，并应当履行本法规定的从业人员的义务。也就是说，劳动派遣人员与生产经营单位的从业人员一样，享有从业人员所规定的安全生产知情权等 6 项权利，同时履行相应的 4 项义务。

4. 安全生产法律责任

生产经营活动中发生的生产安全事故，除因自然因素导致外，绝大多数都因为违反安全生产的法律、法规、标准和有关技术规程、规范等人为原因所造成。如生产经营活动的作业场所不符合保证安全生产的规定；设施、设备、工具、器材不符合安全标准，存在缺陷；未按规定配备安全防护用品；未对从业人员进行安全生产教育和培训，从业人员缺乏安全生产知识；劳动组织不合理；管理人员违章指挥；从业人员违章冒险作业等。生产安全事故对国家和人民群众的生命、财产安全造成重大损失。对因人为原因造成的责任事故，必须依法追究责任者的法律责任，以示警戒和教育。为此，《安全生产法》明确规定，对生产安全事故实行责任追究制度。

1）安全生产违法行为的责任主体

安全生产违法行为的责任主体是指依照《安全生产法》的规定享有安全生产权利、负有安全生产义务和承担法律责任的社会组织和公民。责任主体主要包括以下 4 种。

（1）有关人民政府和负有安全生产监督管理职责的部门及其领导人、负责人。《安全生产法》明确规定了各级地方人民政府和负有安全生产监督管理职责的部门，对其管辖行政区域和职权范围内的安全生产工作进行监督管理。监督管理既是法定职权，又是法定职责。如果由于有关地方人民政府和负有安全生产监督管理职责的部门的领导人和负责人违反法律规定而导致重大、特别重大事故，执法机关将依法追究因其失职、渎职和负有领导责任的行为所应承担的法律责任。

（2）生产经营单位及其负责人、有关主管人员。《安全生产法》对生产经营单位的安全生产行为作出了规定，生产经营单位必须依法从事生产经营活动，否则将负法律责任。《安全生产法》第二十一条规定了生产经营单位主要负责人应负的 7 项安全生产职责。第二十四条规定，矿山、金属冶炼、建筑施工、运输单位和危险物品的生产、经营、储存、装卸单位，应当设置安全生产管理机构或者配备专职安全生产管理人员。前款规定以外的其他生产经营单位，从业人员超过 100 人的，应当设置安全生产管理机构或者配备专职安全生产管理人员；从业人员在 100 人以下的，应当配备专职或者兼职的安全生产管理人员。第二十五条、第二十六条还对安全生产管理机构以及安全生产管理的职责作出了规定。生产经营单位的主要负责人、分管安全生产的其他负责人和安全生产管理人员是安全生产工作的直接管理者，保障安全生产是他们义不容辞的责任。

（3）生产经营单位的其他从业人员。从业人员直接从事生产经营活动，他们往往是各种事故隐患和不安全因素的第一知情者和直接受害者。从业人员的安全素质高低，对安全生产至关重要。所以，《安全生产法》在赋予他们必要的安全生产权利的同时，设定了他们必须履行的安全生产义务。第五十七条规定，从业人员在作业过程中，应当严格落实岗位安全责任，遵守本单位的安全生产规章制度和操作规程，服从管理，正确佩戴和使用劳动防护用品。如果因从业人员违反安全生产义务而导致重大、特别重大事故，那么必须承担相应的法律责任。

（4）安全生产中介服务机构和安全生产专业服务人员。《安全生产法》第十五条规定，依法设立的为安全生产提供技术、管理服务的机构，依照法律、行政法规和执业准则，接受生产经营单位的委托为其安全生产工作提供技术、管理服务。生产经营单位委托前款规定的机构提供安全生产技术、管理服务的，保证安全生产的责任仍由本单位负责。第七十二条规定，承担安全评价、认证、检测、检验职责的机构应当具备国家规定的资质条件，并对其作出的安全评价、认证、检测、检验结果的合法性、真实性负责。资质条件由国务院应急管理部门会同国务院有关部门制定。从事安全生产评价、认证、检测、检验等工作的机构和工作人员，必须具有资格才能为生产经营单位提供服务。如果专业机构及其工作人员对其承担的安全评价、认证、检测、检验事项出具虚假证明，视其情节轻重，将追究其行政责任、民事责任和刑事责任。

2）安全生产法律责任形式

追究安全生产违法行为法律责任的形式有 3 种，即行政责任、民事责任和刑事责任。

（1）行政责任。

①行政责任的概念。行政责任是行政法律责任的简称，是指有违反有关行政管理的法律法规的规定，但尚未构成犯罪的行为所依法应当承担的法律后果。行政责任分为两类，即政务处分和行政处罚。

a.“政务处分”是指对违法的公职人员依照法定程序作出警告、记过、记大过、降级、撤职、开除等政务处分。

b.“行政处罚”是指国家行政机关及其他依法可以实施行政处罚权的组织，对违反行政法律、法规、规章尚不构成犯罪的公民、法人及其他组织实施的一种制裁行为。

②行政处罚的种类。行政处罚是行政责任中适用最广的一种责任形式。行政处罚是由法定的行政执法机关或者法律授权的或者由行政机关依法委托的有关组织对有违反行政法律、法规的行为但尚不构成犯罪的单位或个人实施的处罚。根据《中华人民共和国行政处罚法》的规定，行政处罚主要有以下几种：

a. 警告，是指行政主体对较轻的违法行为人予以谴责和告诫的处罚形式。警告的目的在于通过对违法行为人予以精神上的惩戒，申明其有违法行为，以使其不再违法。

b. 通报批评，是指行政主体对较轻的违法行为人予以谴责和告诫的处罚形式。通报批评的目的在于通过对违法行为人予以一定范围内部影响的惩戒，申明其有违法行为，以使其不再违法。

c. 罚款，是指有行政处罚权的行政主体依法强制违反行政法律规范的行为人在一定期限内向国家缴纳一定数额的金钱的处罚方式。罚款的数额应由具体的行政法律规范规定，一般是规定最高额和最低额，并规定加重和减轻的限额。

d. 没收违法所得，没收是指有处罚权的行政主体依法将违法行为人的违法所得和非法财物收归国有的处罚形式。违法所得是指违法行为人从事违法生产经营等获得的利益。

e. 没收非法财物，非法财物是指违法行为人用于从事非法生产经营活动的工具、物品和违禁品等。

f. 暂扣或者吊销许可证件，这是限制或者剥夺违法者从事某项活动的权利或者资格的处罚形式。暂扣许可证件的特点在于暂时中止持证人从事某种活动的资格，允许其重新享有该权利和获得资格。吊销许可证件的特点在于撤销相对人的凭证，终止其继续从事该凭证所允许活动的资格。

g. 降低资质等级，这是限制违法者从事某项活动的权利或者资格的处罚形式。降低资质等级的特点在于降低资质持有者从事某项活动的资格，缩小其生产经营范围。

h. 限制开展生产经营活动，这是限制违法者从事某项活动的权利的处罚形式。限制开展生产经营活动的特点在于暂时限制生产经营者从事某种生产经营活动，一旦违法者在一定期限内及时纠正了违法行为，按期履行了法定义务，仍可继续从事曾被限制的生产经营活动。

i. 责令停产停业，这是限制违法者从事某项活动的权利的处罚形式。责令停产停业的特点为责令违法者暂时停止其所从事的生产经营活动，一旦违法者在一定期限内及时纠正了违法行为，按期履行了法定义务，仍可继续从事曾被停止的生产经营活动，无须重新申请领取有关许可证件。

j. 责令关闭，这是剥夺违法者从事某项活动的权利的处罚形式。责令关闭的特点在于责令违法者终止其从事生产经营活动。

k. 限制从业，这是限制违法者从事某项活动的资格的处罚形式。限制从业的特点在于暂时限制生产经营者从事某种职业活动，一旦违法者在一定期限内及时纠正了违法行为，按期履行了法定义务，仍可继续从事曾被停止的职业，无须重新申请领取有关资格。

l. 行政拘留，行政拘留是对违法行为人实施的在短期内剥夺其人身自由的一种处罚。

m. 法律、行政法规规定的其他行政处罚。

（2）民事责任。

①民事责任的概念与特点。

a. 民事责任的概念。民事责任是民事法律责任的简称，是指民事法律关系的主体没有按照法律规定或合同约定履行自己的民事义务，或者侵害了他人的合法权益，所应承担的法律后果。民事责任是保护民事权利的重要法律措施。

b. 民事责任的特点。民事责任与同样为法律责任的行政责任和刑事责任相比，具有自己的特点，主要体现在：

第一，民事责任是以财产责任为主的法律责任。民事立法所调整的社会关系，主要是财产关系，如《中华人民共和国民法典》关于保护所有权、债权、继承权等的规定，都是与财产有关。因此，民事责任是一种以财产责任为主的法律责任。

第二，民事责任是以向相对特定的权利人或者受害人承担责任的法律责任。由于民事权利义务关系是当事人在民事活动过程中所形成的有关民事方面的权利义务关系，一方权利的实现，是以对方承担一定的义务包括积极的作为或不作为为基础的，所以民事责任在绝大多数情况下是以向相对特定的权利人或者受害人承担责任。

第三，民事责任是以等价、补偿性质为主的法律责任。由于民事权利主要是关于财产方面的权利，因此，这种权利一旦受到损害，一般都是要求损害者承担由此而产生的财产损失，即受损害者可以得到与受损害财产相等的补偿。当然，对某些特殊性质的民事责任，法律也规定了惩罚性的民事赔偿责任，如《中华人民共和国消费者权益保护法》第五十五条规定的加倍赔偿，就属于惩罚性的民事赔偿责任。

②民事法律责任的类型。民事责任通常可以分为以下两类：

a. 合同责任。所谓合同责任（或称为违约责任），是指合同当事人在合同订立后没有按照合同的约定履行自己的义务而应当承担的民事责任，如甲公司与乙公司签订了一个买卖合同，但甲公司最后没有按照合同的约定交货，就要承担相应的合同责任。

b. 侵权责任。所谓侵权责任，是指民事主体因为自己的过错侵犯他人财产权或者人身权造成损害而应当承担的对受害人负责赔偿的民事责任。在现实生活中，侵权行为是经常发生的，如甲公司未经乙公司同意而在相同的商品上使用乙公司的注册商标，构成了侵犯商标权的行为，就要承担相应的民事责任。

③承担民事责任的方式。民事法律关系的主体没有按照法律规定或者合同约定履行自己的义务，或者侵害他人合法权益的，要承担相应的民事责任。根据《中华人民共和国民法典》第一百七十九条的规定，承担民事责任的方式主要有：停止侵害；排除妨碍；消除危险；返还财产；恢复原状；修理、重作、更换；继续履行；赔偿损失；支付违约金；消除影响、恢复名誉；赔礼道歉。上述承担民事责任的方式，既可以单独适用，也可以合并适用。

此外，人民法院审理民事案件，除适用上述规定外，还可予以训诫、责令具结悔过、收缴进行非法活动的财物和非法所得，并可依照法律规定处以罚款、拘留。

（3）刑事责任是指责任主体违反安全生产法律规定构成犯罪，由司法机关依照刑事法律给予刑罚的一种法律责任。

①刑事责任概述。刑事责任是国家刑事法律规定的犯罪行为所应承担的法律后果。行为人实施了违法行为，才可能构成犯罪；行为人只有构成犯罪，符合法律规定的条件，才承担刑事责任。

a. 关于犯罪。根据《刑法》的规定，一切危害国家主权、领土完整和安全，分裂国家、颠覆人民民主专政的政权和推翻社会主义制度，破坏社会秩序和经济秩序，侵犯国有财产或者劳动群众集体所有的财产，侵犯公民私人所有的财产，侵犯公民的人身权利、民主权利和其他权利，以及其他危害社会的行为，依照法律应当受刑罚处罚的，都是犯罪，但是情节显著轻微危害不大的，不认为是犯罪。

从《刑法》规定的犯罪定义可以看出，犯罪行为具有以下特征：

一是犯罪行为具有一定的社会危害性。所谓社会危害性，是指行为侵害了法律所保护的社会关系和社会秩序，即对国家和人民利益的危害性。如果行为不具有社会危害性，或者虽有危害性，但情节显著轻微危害不大的，也不认为是犯罪。

二是犯罪行为具有刑事违法性。犯罪是对社会有危害的行为，但并非任何对社会有危害的行为都是犯罪，只有那些违反了《刑法》规定的危害社会的行为，才是犯罪行为。

三是犯罪行为是应受刑罚处罚的行为，即具有可罚性。只有对社会造成了危害，又违反了《刑法》的规定，且是应当受到刑罚处罚的行为，才是犯罪。如果某人的行为虽然损害了《刑法》所保护的社会关系，而且对社会造成了一定的危害，具有了犯罪的前两个特征，但是刑事法律规定属于不应受到刑罚处罚的行为，则不认为是犯罪。

由此可见，任何一种犯罪行为必须同时具备危害性、违法性和可罚性。这三个基本特征紧密相连，缺一不可，缺少其中任何一个基本特征都不是犯罪行为。

b. 犯罪的构成。所谓犯罪构成，就是《刑法》所规定的构成各种犯罪所需的一切要件的总和，或者说是构成犯罪的主观条件和客观条件的总和，也就是犯罪必须具备的条件。用来衡量行为是否构成犯罪的标准，就叫犯罪构成。如果某人的行为符合犯罪构成的全部条件，就可以说，这个人的行为是犯罪行为，应依法追究其刑事责任。犯罪构成包括主体、客体、主观方面和客观方面 4 个要件，犯罪构成是承担刑事责任的基础。只有具备了犯罪构成的4个要件，才能追究刑事责任。

第一，犯罪的主体。是指实施违法行为并且依法应当承担责任的人。根据《刑法》的规定，只有达到一定年龄，并且精神正常的人，才能成为犯罪的主体。精神正常的人，是指具有辨认和控制自己行为能力的人。根据《刑法》的规定，精神病人在不能辨认或者不能控制自己行为的时候造成危害结果，经法定程序鉴定确认的，不负刑事责任；间歇性的精神病人在精神正常的时候犯罪，应负刑事责任。

犯罪主体包括自然人犯罪和单位犯罪。犯罪主体根据身份的不同，还可以分为一般主体和特殊主体。一般主体，是指具备构成任何犯罪所必须具备的条件的人。特殊主体，是指根据法律的规定，行为人除了具备一般主体的条件外，构成该类犯罪还必须具备一些特定的身份和职务。国家机关工作人员就是特殊的犯罪主体。

第二，犯罪的主观方面。又称犯罪的主观要件，是指行为人对其危害社会的行为所引起的危害结果所持的故意或过失的心理状态，包括故意犯罪和过失犯罪。如果行为人实施了危害社会的行为，但主观上既没有故意，也没有过失，则不构成犯罪。故意犯罪，是指明知自己的行为会发生危害社会的结果，并且希望或者放任这种结果的发生的心理态度。如《中华人民共和国产品质量法》规定，销售失效、变质的产品，构成犯罪的，依法追究刑事责任。销售失效、变质的产品的犯罪行为，就是一种故意犯罪行为。故意犯罪可分为直接故意和间接故意两种。

过失犯罪，是指应当预见自己的行为发生危害社会的结果，因为疏忽大意而没有预见，或者已经预见而轻信能够避免，以致发生这种结果的心理态度。过失犯罪可分为两种：一种是疏忽大意的过失；另一种是过于自信的过失。

第三，犯罪客体。是指犯罪行为所侵害的、受《刑法》保护的社会关系。任何犯罪，都必然侵害一定的客体，即在不同程度上侵害我国一定的社会关系。没有犯罪客体，就意味着行为没有侵害《刑法》所保护的任何社会利益，也就是说行为不具有社会危害性，因而也就不构成犯罪。

第四，犯罪的客观方面，也称为犯罪的客观要件。是指危害社会的行为和由这种行为引起的结果，以及行为和结果之间的因果关系。如果行为人没有实施危害社会的行为，则不构成犯罪，也就不承担刑事责任。危害后果是指危害行为对社会产生的损害，包括直接损害和间接损害。犯罪行为，是指《刑法》所规定的危害社会的行为，是应当受到刑罚处罚的行为。除此之外，犯罪的时间、地点、手段也是犯罪客观方面的重要因素和内容。犯罪的客观方面与犯罪的客体是紧密联系的，说明犯罪客体是在什么条件下，通过什么样的行为受到侵害的。所以，犯罪的客观方面是行为人承担刑事责任的客观基础。

②关于刑罚。根据《刑法》的规定，刑罚包括主刑和附加刑。

a. 主刑。主刑也叫基本刑罚，是对犯罪行为人适用的主要刑罚方法，它只能独立适用，不能附加适用。包括管制、拘役、有期徒刑、无期徒刑、死刑 5 种。

一是管制，是对犯罪分子不予关押，但限制其一定自由，实行社区矫正的刑罚方法。管制是最轻的主刑，适用于罪行较轻的犯罪行为。管制的期限为 3 个月以上 2 年以下。数罪并罚时，最高不能超过 3 年。

二是拘役，是对短期剥夺犯罪分子的人身自由，并就近强制实行劳动改造的刑罚方法。拘役是介于管制与有期徒刑之间的一种较轻的刑罚。根据《刑法》的规定，拘役的期限为 1 个月以上 6 个月以下。数罪并罚时，最高不能超过 1 年。

三是有期徒刑，是剥夺犯罪分子一定期限的人身自由，并强制劳动改造的刑罚方法。有期徒刑是《刑法》中适用范围最广泛的一种刑罚。根据《刑法》的规定，有期徒刑的期限为 6 个月以上 15 年以下。有期徒刑总和刑期不满 35 年的，最高不能超过 20 年，总和刑期在 35 年以上的，最高不能超过 25 年。

四是无期徒刑，是剥夺犯罪分子终身自由，并强制劳动改造的刑罚方法。无期徒刑是仅次于死刑的一种严厉的刑罚，适用于那些罪行严重，需要与社会永久隔离，但又不必判处死刑的犯罪分子。

五是死刑，是剥夺犯罪分子生命的刑罚方法。死刑只适用于罪行极其严重的犯罪分子。所谓“罪行极其严重”，是指对国家和人民利益危害特别严重和情节特别恶劣的。犯罪时不满十八周岁和审判时怀孕的妇女不适用死刑。审判的时候已满七十五周岁的人，不适用死刑，但以特别残忍手段致人死亡的除外。

b. 附加刑。附加刑又叫从刑，是补充主刑而适用的刑罚方法。根据《刑法》的规定，附加刑也可以独立适用。附加刑主要有罚金、剥夺政治权利、没收财产。

第一，罚金是人民法院判处犯罪分子向国家缴纳一定数额金钱的刑罚方法。罚金不同于行政罚款，罚金是刑罚处罚，由人民法院依法判决，适用于犯罪分子；罚款是行政处罚，由行政机关依法决定，适用于尚未构成犯罪的一般违法犯罪分子。罚金也不同于刑事附带民事案件中的赔偿经济损失。赔偿经济损失是由于行为人的犯罪行为而使被害人遭受经济损失，依法应当给予被害人的赔偿。它是一种民事制裁方法，不是刑罚方法，赔偿的金钱直接交给被害人，而不像罚金归入国库。

第二，剥夺政治权利，是指剥夺犯罪分子参加国家管理和政治活动权利的刑罚方法。剥夺政治权利的内容包括选举权和被选举权；《中华人民共和国宪法》规定的公民所享有的言论、出版、集会、结社、游行、示威自由的权利；担任国家机关职务的权利；担任国有公司、企业、事业单位和人民团体领导职务的权利。剥夺政治权利不是只剥夺上述权利的一部分，而是同时剥夺上述4项权利。被剥夺政治权利的犯罪分子在执行期间，应当遵守法律、行政法规和国务院公安部门有关监督管理的规定，服从监督，不得行使上述4项权利。

第三，没收财产，是指司法机关依据《刑法》的有关规定，将犯罪分子个人所有财产的一部分或者全部强制无偿收归国家所有的刑罚方法。没收财产只能适用于《刑法》明文规定的可以判处没收财产的犯罪。没收财产只能没收犯罪分子已经具有的、现实存在的财产，而不能没收犯罪分子将来可能具有的财产。

没收财产与罚金不同，罚金适用于情节较轻的犯罪，没收财产则适用情节较重的犯罪，罚金是剥夺犯罪分子现在所有的一定数额的金钱，没收财产则是剥夺犯罪分子个人现有财产的一部分或者全部。没收财产与没收违禁物品和供犯罪所用的本人财物不同，与没收违法所得也不同。

c. 数罪并罚。数罪并罚，是指一人犯数罪，人民法院对其所犯的各罪分别定罪量刑以后，依照法定原则执行的刑罚。所谓数罪，是指判决宣告以前一人犯数罪；或者判决宣告以后，刑罚执行完毕以前，发现被判刑的犯罪分子还有“漏罪”；或者判决宣告以后，刑罚执行完毕以前，被判刑的犯罪分子又犯新罪。数罪并罚不是对数罪所判刑罚的代数相加。对于判处有期徒刑、拘役或者管制的，采取限制加重原则，即在数罪的总和刑以下、数罪中最高刑以上，酌情决定应当执行的刑罚。对于判处死刑和无期徒刑的，采取吸收原则，即数罪中判处几个死刑或者最重刑为死刑时，只执行一个死刑，不执行其他主刑；数罪中判处几个无期徒刑或者最重刑为无期徒刑时，只执行一个无期徒刑，不执行其他主刑，在这种情况下，不能将两个以上的无期徒刑决定合并执行死刑。

二、《职业健康安全管理体系》相关内容

职业健康安全管理体系（Occupational Health and Safety Management Systems，OHSMS）是20世纪80年代后期在国际上兴起的现代安全生产管理模式，它与ISO 9000和ISO 14000等标准体系一并被称为“后工业化时代的管理方法”。职业健康安全管理体系产生的主要原因是企业自身发展的要求。随着企业规模扩大和生产集约化程度的提高，对企业的质量管理和经营模式提出了更高的要求。企业必须采用现代化的管理模式，使包括安全生产管理在内的所有生产经营活动科学化、规范化和法制化。

2020年3月6日，国家市场监管总局、国家标准化管理委员会（SAC）发布2020年第1号公告，批准《职业健康安全管理体系要求及使用指南》（GB/T 45001—2020），该标准是等同采用ISO 45001：2018 *Occupational health and safety management systems-Requirements with guidance for use* 代替了GB/T 28001—2011、GB/T 28002—2011。

1. 职业健康安全管理体系的目的

职业健康安全管理体系的作用是为管理职业健康安全风险和机遇提供一个框架。职业健康安全管理体系的目的和预期结果是防止对工作人员造成与工作相关的伤害和健康损害，并提供健康安全的工作场所。因此，对于组织而言，采取有效的预防和保护措施以消除危险源和最大限度地降低职业健康安全风险至关重要。

组织通过其职业健康安全管理体系应用这些措施时，能够提高其职业健康安全绩效。如果及早采取措施以把握改进职业健康安全绩效的机会，职业健康安全管理体系将会更加有效和高效。

实施符合本标准的职业健康安全管理体系，能使组织管理其职业

健康安全风险并提升其职业健康安全绩效。职业健康安全管理体系可有助于组织满足法律法规要求和其他要求。

2. 职业健康安全管理体系的特点

（1）采用建立管理体系的方式对职业健康安全绩效进行控制；

（2）采用 PDCA（戴明模型，P 是指策划，D 是指实施和运行，C 是指检查，A 是指改进）循环管理的思想；

（3）强调预防为主、持续改进以及动态管理；

（4）遵守法规的要求贯穿在体系的始终；

（5）要求全员参与；

（6）适用于各行各业，并作为认证的依据。

3. 职业健康安全管理体系基本要素的管理作用

（1）危险源辨识、风险评价和风险控制的策划是职业健康安全管理体系的基础；

（2）职业健康安全管理体系具有实现遵守法规要求的承诺的功能；

（3）职业健康安全管理体系的监控系统对体系运行的保障；

（4）明确组织结构和职责是实施职业健康安全管理体系的必要前提；

（5）其他职业健康安全管理体系要素具有的独特管理作用。

4. 健全的职业健康安全管理体系的特点

（1）管理水平：事事有人管、人人有专责、办事有程序、检查有标准、问题有处理。

（2）技术水平：人才资源和专业技能充足，设计、研制、制造、检验和试验设备齐全，仪器、仪表、设备和计算机软件先进。

5. 职业健康安全管理体系具体的工作方法

职业健康安全管理体系具体的工作方法：说、做、记、查、改、验。

说：阐述组织的方针；

做：按照方针的要求去具体实施；

记：将实施的具体情况记录在案；

查：检查实施的情况和对实施情况所做的记录；

改：对实施过程中出现的问题及时进行整改；

验：对整改的情况及时进行追踪、验证。

第六章

相关案例分析

2021 年上半年，全国共发生燃气安全事故 600 起，死亡人数共 157 人。1 月是 2021 年上半年燃气事故的高发期，当月事故发生数高达 118 起。由 1—6 月事故数据可以看出，国内事故起数从 3 月开始呈缓慢下降趋势；死亡人数从 2 月开始呈缓慢上升趋势。2021 年 1—6 月国内事故中涉及的化学品主要有一氧化碳、煤气、天然气、燃气、液化气、柴油等，其中煤气、燃气、天然气最多。根据中国城市燃气协会发布的《全国燃气事故分析报告》显示，2021 年上半年，我国用户端（包括居民和工商用户）事故占事故总数的 72.3%。其中，居民用户燃气事故最为多发，共 305 起，占事故总数的 56%。

第一节　生产安全事故案例

一、上海市某小区燃气管道泄漏爆炸事故

1. 事故情况

2021 年 2 月 1 日 20 时 40 分许，上海市某燃气管道工程有限公司

的4名抢修人员在事故小区室外抢修燃气管道时，居民家中突然发生闪爆，南北两侧玻璃门窗受冲击碎裂，造成在北窗附近施工的5名抢修人员受伤、室内1名居民受伤。

2. 发生原因

4名抢修人员在小区内抢修室外燃气管道时，在开挖施工时间较长、泄漏点位于混凝土路面下方、不得直接破拆的情况下，未及时做好泄漏管道的封堵切断保护工作，导致燃气在居民家中集聚并逐步积累达到爆炸极限，遇点火源突然发生闪爆。

3. 主要教训

一是未严格落实燃气管道抢修施工方案，未及时做好泄漏管道的封堵切断保护工作；

二是未有效辨识现场安全风险，未明确告知住户做好室内安全防护措施；

三是燃气公司未督促抢修作业施工单位严格落实燃气管道抢修标准化施工方案。

4. 责任追究

上海市某燃气管道工程有限公司及其法定代表人被行政处罚。上海燃气（集团）有限公司对事故相关人员进行了内部处理。

5. 关注点

（1）闪爆发生在居民用户家中，但过错在于燃气管道公司及抢修作业施工单位，适用《安全生产法》及相关法律法规。

（2）燃气管道公司应当注意作业合规的问题。事故发生背景是4名抢修人员在小区内抢修室外燃气管道。不管抢修人员是燃气管道公司还是外包单位，抢修责任都在于燃气管道公司。

抢修责任在于燃气管道公司的依据是《城镇燃气管理条例》第十九条第一款规定：管道燃气经营者对其供气范围内的市政燃气设施、建筑区划内业主专有部分以外的燃气设施，承担运行、维护、抢修和更新改造的责任。

事故主要教训，未及时做好泄漏管道的封堵切断保护工作，未明确告知住户做好室内安全防护措施，未督促抢修作业施工单位严格落实燃气管道抢修标准化施工方案，都涉及作业合规的问题。在实践中发生燃气事故之后，燃气管道公司是否需要承担责任，其作业是否合规也是很关键的因素。

（3）燃气管道公司应当加强对委托施工单位的管理。

抢修责任在于燃气管道公司，即使将抢修作业委托给外部施工单位，责任也并没有转移。现实中不少燃气管道公司委托施工单位没有规范作业，造成事故后燃气管道公司也被追责。

二、北京市某食品有限公司燃气爆炸事故

1. 事故情况

2019 年 12 月 3 日 2 时 43 分许，北京市某食品有限公司一生产车间内发生燃气爆炸事故，造成 4 人死亡、10 人受伤。

2. 发生原因

生产车间燃气管道主阀门法兰垫片为甲基乙烯基硅橡胶材质，受液化石油气和二甲醚混合气体长期腐蚀，形成微小裂隙并逐渐增长，局部发生破损脱落，在管道内部压力作用下形成泄漏口，泄漏出的气体与空气混合形成爆炸性气体，遇电气火花等点火源发生爆炸。

3. 主要教训

一是未按标准设置安全设施，部分管道、阀门等燃气设施封闭在通风不畅的场所内，且未按照国家标准设置通风、燃气泄漏报警等安全设施；

二是燃气企业未对用户燃气设施定期开展安全检查，长期违法供应掺二甲醚的不合格液化石油气；

三是地方有关部门对燃气企业长期销售供应掺混二甲醚的液化石油气等违法违规问题查处不力。

4. 责任追究

北京市某食品有限公司生产部部长、生活部副部长等 4 人因涉嫌重大责任事故罪，相关液化气站法定代表人等 3 人因涉嫌生产、销售伪劣产品罪被司法机关追究刑事责任。8 名国家工作人员被给予政务处分。北京市某食品有限公司及其法定代表人分别被处以 62 万元、26.39 万元罚款，事故相关液化气站被处以 60 万元罚款。

5. 关注点

根据事故调查报告披露的信息，事故发生后，公安机关赴河北省三河市查扣相关液化气站转移的液化石油气瓶 196 个；相关液化气站西侧锁闭的跨院内存放非自有气瓶 973 个。调查发现，1 169 个气瓶中，40 个达到报废期限，243 个超过检验期限；从中抽取 36 个进行气质检测，其中 30 个气质不合格，二甲醚含量最高达 89.52%。此外，相关液化气站多次使用非营运轻型封闭货车运送瓶装液化石油气。

有三点值得关注：一是未向其他燃气用户持续、稳定、安全供应符合国家质量标准燃气的违法违规行为，这种行为违反的是燃气行业的法律法规，一般由燃气主管部门查处；二是充装非自有产权和未建档登记等不符合安全技术规范要求的气瓶的违法违规行为，这种行为不仅违反燃气行业的法律法规，也违反了《特种设备安全法》等有关法律法规的规定，关于特种设备的违规行为一般由市场监管部门查处；三是未经许可擅自从事道路危险货物运输的违法违规行为，这种行为违反了《道路危险货物运输管理规定》等有关规定，一般由道路运输管理部门查处。

三、无锡市某小吃店较大液化石油气爆炸事故

1. 事故情况

2019 年 10 月 13 日，无锡市某小吃店发生一起液化石油气爆炸事故，造成 9 人死亡、10 人受伤，部分房屋倒塌，直接经济损失约 1 867 万元。

2. 发生原因

无锡市某小吃店液化石油气钢瓶使用不符合规定的中压调压阀，导致出口压力过大，加之软管与集气包连接的卡箍缺失，造成软管与集气包连接接头脱落，液化石油气大量泄漏、积聚，与空气混合形成爆炸性气体，遇到电冰箱压缩机启动时产生的电火花而引发爆炸。

3. 主要教训

一是小吃店使用虚假证明将住宅作为餐饮场所开展经营活动，气瓶间未设置在单层专用房间且在民用住宅房内，在不具备安全条件的场所储存、使用燃气；

二是燃气经营单位未对送气工进行安全教育培训，对违反安全用气规定的用户未停止供气；

三是燃气燃具经营单位无资质违规安装；

四是地方有关部门对餐饮业燃气安全漏管失管。

4. 责任追究

无锡市某小吃店和无锡市某厨具有限公司主要负责人、合伙人等17人因涉嫌危险物品肇事罪被移交司法机关追究刑事责任。18名国家工作人员被给予政务处分。无锡市某燃气汽车发展有限公司被处以98万元罚款并被吊销《燃气经营许可证》，无锡市某小吃店等4家企业被吊销《营业执照》。

四、十堰市某集贸市场重大天然气爆炸事故

1. 事故情况

2021年6月13日6时42分许，十堰市某集贸市场发生重大天然气爆炸事故，造成26人死亡、138人受伤，其中重伤37人，直接经济损失约5 395.41万元。

2. 发生原因

事故直接原因为天然气中压钢管严重腐蚀导致破裂，泄漏的天然气在集贸市场涉事故建筑物下方河道内密闭空间聚集，遇餐饮商户排油烟管道排出的火星后发生爆炸。

原因分析：

通过查阅资料、现场勘验、物证鉴定、视频分析、证人询问、实地调查、模拟试验、理论计算与分析，并经专家评估论证，排除了人为破坏、雷电、地震、地质灾害等因素，认定：涉事故建筑物东南角下方河道内 $D57\times4$ 中压天然气管道，紧邻小区排水口，受河道内长期潮湿环境的影响，且管道弯头外防腐未按防腐蚀规范要求施工，导致潮湿气体在事故管道外表面形成电化学腐蚀，腐蚀产物物料膨胀致使整个防腐层损坏，造成管道腐蚀，加上管道企业未及时巡检维护，

整改事故隐患，导致管道壁厚逐步减薄造成部分穿孔。泄漏的天然气在河道内密闭空间内蓄积，形成爆炸性混合气体。泄漏点上方的某餐厅炉灶处于燃烧状态，炉灶上方吸油烟机将炉灶火星吸入直径 40 cm 的 PVC 排烟管道直排至河道密闭空间，引爆密闭空间内爆炸性混合气体，导致事故发生。

3. 责任追究

十堰市某燃气公司总经理等 11 人因涉嫌犯罪，被司法机关立案侦查，对 5 名中共党员，待司法机关作出处理后一并予以处理。对有关党员和公职人员党纪政务处分及有关单位的处理意见，由省纪委监委提出。事故单位和事故相关单位人员的处理意见由各相关企业依法依纪依规予以处理，并将结果报湖北省安全生产委员会办公室备案。

调查中还发现，十堰市相关行政单位在管理中存在不严格依法办事、履职不到位等问题，鉴于问题的原因和对事故发生的影响，责成十堰市委、市政府对有关这些部门存在的问题进行调查处理。

4. 主要教训

（1）安全发展理念树得不牢。相关地方党委、政府和有关部门红线意识不强，贯彻落实习近平总书记以人民为中心的发展思想的坚定性、自觉性明显不足，对水煤气（天然气）管道建设时间早、运行时间长可能导致的安全隐患认识不足，对本地区“先建厂后建市”、建设规划严重不足等历史遗留安全问题和安全基础欠账重视研究不够，推动解决不力，没有统筹好发展和安全之间关系；政治敏锐性不强，对“十四五”开局之年、“七一”前后“防风险、保安全、护稳定”的极端重要性认识不到位，特殊时期不敏感，敏感时期抓不紧，坚守安全红线没有落实到行动上；没有深刻汲取青岛市 2013 年“11 • 22”中石化东黄输油管道泄漏爆炸特别重大事故和本地 2017 年“5 • 12”燃气管道爆炸事故教训。

（2）防范化解重大风险不深入、不细致。2015 年至 2020 年，十堰市某天然气公司已持续 5 年未对集贸市场燃气管道开展深入检查，平时只在集贸市场两边的大路上走一走、看一看、听一听，不到河道下面相对危险的区域开展巡线；6 月 11 日，巡线员发现事故建筑物周边另一处架空管存在腐蚀隐患，仅拍了一张照片上传至客服部“巡线群”，公司未采取任何跟进措施，对燃气安全管理极不负责、麻木不仁。相关部门抓安全生产工作重态度、轻指导，重部署、轻落实，重过程、轻结果，“以会议落实会议，以文件落实文件”的现象不同程度地存在，特别是在执法检查、专项治理中搞形式、走过场，检查不出关键问题，检查发现的隐患一说了之，整改通知一发了之，跟踪督办不力，致使一些隐患长期存在且得不到有效治理。十堰市、张湾区党委、政府没有坚持以上率下，对城镇燃气安全专项整治三年行动等重大问题没有专题研究、专门部署、专项督导，存在形式主义、官僚主义问题。

（3）应对突发事件能力普遍不足。临机处置能力不足。从 5 时 38 分群众报警到 6 时 42 分许爆炸发生，时间长达 1 h，但未能及时疏散群众，使重大风险隐患酿成重大事故。关键人未发挥关键作用。十堰市某天然气公司及其现场巡查人员对事故处置严重不当，未按照专项应急预案实施现场检查、设立警戒、禁绝火源、疏散人群、有效防护；未立即控制管道上下游两端的燃气阀门，保持管道内正压，防止产生回火爆炸；在泄漏燃气未消除爆炸风险的情况下，向公安、消防等其他救援人员提出撤离的错误建议，严重误导现场救援处置工作。十堰市某天然气公司分管安全总经理助理未取得执业资格考核合格证，巡线班组负责人从未参加过业务培训，不了解巡线职责，不会使用燃气检漏仪。日常应急准备工作严重不足。十堰市某天然气公司从事运维抢修人员配备严重不足，巡线班组 4 台燃气检测仪有 3 台存在故障。安全防范和应急逃生宣传严重缺失。部分群众对城镇燃气泄漏等突发事件危险性的认识严重不足，缺乏自我防护意识和知识能力。亟待完善应急救援预案，健全应急救援机制，强化应急救援演练，普及安全常识和应急救援教育。

（4）企业主体责任严重缺失。没有贯彻落实习近平总书记关于“所有企业都必须认真履行安全生产主体责任，做到安全投入到位、安全培训到位、基础管理到位、应急救援到位，确保安全生产”的重要指示，没有把安全生产当大事抓，没有全面落实安全生产法定责任，重生产、轻安全，甚至要钱不要命。部分企业项目建设改造不依法依规进行，导致形成重大安全隐患。燃气管道和特种设备安全巡查、维护、检测没有按照技术标准和操作规程执行，隐患排查整改制度不健全、不落实，致使重大安全隐患长期得不到排查发现和整改消除。特别是十堰市某天然气公司不汲取2017年“5·12”燃气管道爆炸事故教训，对130次燃气泄漏报警、管道压力传感器长时间处于故障状态等系统性隐患熟视无睹，任命未取得执业资格考核合格证的人分管安全生产工作，任命从未参加过业务培训，不了解巡线职责，不会使用燃气检漏仪的人担任巡线班组负责人，在事发后伪造补登巡线记录，其违法时间之久、情节之严重、性质之恶劣，令人震惊。

（5）部门监管责任缺失脱节。相关地方住建、城管、市场监管部门没有按照“管行业必须管安全、管业务必须管安全、管生产经营必须管安全生产”的要求，依法依规履行安全生产工作职责。住建、城管先后作为城镇燃气主管部门，对上级部署的城镇燃气安全综合治理工作、安全生产专项整治三年行动未有效推动落实，对企业频繁发生的燃气泄漏视而不见，对燃气热力管理办公室监管能力不足的问题不管不问。同时，事故暴露出监管部门之间统筹协调不够、工作衔接不紧、信息共享不充分等问题，消解了监管合力，如城管部门对全市燃气企业安全隐患底数不清。涉及此次事故的燃气、住建、市场、特种设备等职能部门，只要在其中某一个环节，及时制止其违法违规行为，都有可能避免悲剧的发生。

（6）党委、政府地方属地责任亟待加强。相关地方党委和政府统筹发展和安全不够，没有做到促一方发展，保一方平安。没有严格落实属地监管责任和“党政同责、一岗双责”的要求，对安全生产工作安排部署的多，督促落实的少。例如未有效推动宣传、机构编制部门支持保障安全生产工作，未设立安全生产专项资金并纳入财政预算，安全生产监管保障能力不足。未深刻汲取 2017 年“5·12”事故教训，“四不放过”要求执行不到位，没有发挥事故教训推动作用，导致发生更加严重的事故。没有厘清相关部门责任，在燃气监管与执法职能调整移交过程中忽视安全，导致监管职责悬空。

第二节 管道占压、破坏案例

占压燃气管线由谁来处罚？《城镇燃气管理条例》（以下简称《条例》）第三十三条规定“县级以上地方人民政府燃气管理部门应当会同城乡规划等有关部门按照国家有关标准和规定划定燃气设施保护范围，并向社会公布。在燃气设施保护范围内，禁止从事下列危及燃气设施安全的活动：（一）建设占压地下燃气管线的建筑物、构筑物或者其他设施；（二）……”《条例》中明确提出“占压地下燃气管线的建筑物、构筑物或者其他设施”应在燃气设施保护范围内的，才适用本《条例》。在燃气地下管线上建设临时性或永久性的建筑物、构筑物或者其他设施本身就是违反国家标准和规范的，一旦发生泄漏不易发现，容易造成重大事故。《条例》第五十条第二款规定，违反本条例规定，在燃气设施保护范围内建设占压地下燃气管线的建筑物、构筑物或者其他设施的，依照有关城乡规划的法律、行政法规的规定进行处罚。这里有关城乡规划的法律、行政法规主要包括《城乡规划法》和《村庄和集镇规划建设管理条例》。也就是说，对于占压地下燃气管线的，依照《城乡规划法》和《村庄和集镇规划建设管理条例》的规定进行处罚，燃气管理部门不再另行处罚。《城乡规划法》第四十条第一款规定，在城市、镇规划区内进行建筑物、构筑物、道路、管线和其他工程建设的，建设单位或者个人应当向城市、县人民政府城乡规划主管部门或者省、自治区、直辖市人民政府确定的镇人民政府申请办理建设工程规划许可证。第四十一条第一款规定，在乡、村庄规划区内进行乡镇企业、乡村公共设施和公益事业建设的，建设单位或者个人应当向乡、镇人民政府提出申请，由乡、镇人民政府报城市、县人民政府城乡规划主管部门核发乡村建设规划许可证。第四十四条第一款规定，在城市、镇规划区内进行临时建设的，应当经城市、县人民政府城乡规划主管部门批准。临时建设影响近期建设规划或者控制性详细规划的实施以及交通、市容、安全等的，不得批准。第六十四条规定，未取得建设工程规划许可证或者未按照建设工程规划许可证的规定进行建设的，由县级以上地方人民政府城乡规划主管部门责令停止建设；尚可采取改正措施消除对规划实施的影响的，限期改正，处建设工程造价百分之五以上百分之十以下的罚款；无法采取改正措施消除影响的，限期拆除，不能拆除的，没收实物或者违法收入，可以并处建设工程造价百分之十以下的罚款。第六十五条规定，在乡、村庄规划区内未依法取得乡村建设规划许可证或者未按照乡村建设规划许可证的规定进行建设的，由乡、镇人民政府责令停止建设、限期改正；逾期不改正的，可以拆除。第六十六条规定，建设单位或者个人有下列行为之一的，由所在地城市、县人民政府城乡规划主管部门责令限期拆除，可以并处临时建设工程造价一倍以下的罚款：（一）未经批准进行临时建设的；（二）未按照批准内容进行临时建设的；（三）临时建筑物、构筑物超过批准期限不拆除的。综上所述，对于在燃气设施保护范围内，建设占压地下燃气管线的建筑物、构筑物或者其他设施的，若是城市、镇规划区内的，应由县级以上地方人民政府城乡规划主管部门进行处罚；若是乡、村庄规划区内的，应由乡、镇人民政府进行处罚。

一、天津蓟州区燃气管道泄漏事故

1. 事故情况

2021 年 6 月 28 日 17 时 28 分，位于天津市蓟州区上仓镇高家庄村东侧田间路附近，作业单位天津某科技发展有限公司在使用钻机进行土壤取样钻孔作业时，导致地埋的燃气管道破损，造成燃气泄漏，施工人员未采取应急抢险措施并逃离现场。该事故未造成人员伤亡，但对上仓镇 200 余户居民供气造成影响。因该事故，作业单位 3 人被刑拘，相关单位 14 人被处分或诫勉谈话。

2. 发生原因

经调查，该事故的直接原因为，作业单位未与属地相关部门和燃气企业进行对接，并共同制订燃气设施保护方案、未查明作业范围内地下燃气管线的情况下，擅自安排作业人员在距离燃气管道 0.3 m 距离以内盲目进行钻孔作业，导致中压燃气管道破损。

3. 责任追究

天津市应急管理局表示，天津市某科技发展有限公司违反《城镇燃气管理条例》第三十四条的规定，依据《城镇燃气管理条例》第五十条的规定，建议由市城市管理部门对其处罚人民币 10 万元，并将天津市某科技发展有限公司列为严重失信企业。同时，因涉嫌过失损坏易燃易爆设备罪，公司实际控制人、作业现场负责人、钻探机操作人员被依法刑事拘留。

天津市地质环境监测总站在本次事故中也违反了《城镇燃气管理条例》第三十四条的规定。依据《城镇燃气管理条例》第五十条的规定，建议由市城市管理部门对其处罚人民币 10 万元，并建议天津市地质环境监测总站向天津市地矿局党委作出深刻书面检查。同时相关人员被建议给予不同程度的处分和诫勉谈话。

蓟州区某能源有限公司作为涉事燃气管线的产权单位，违反《城镇燃气管理条例》第三十五条的有关规定，未在燃气管道附近设置安全警示标志，巡查制度不完善，巡查记录不全，存在未标明具体巡线时间等问题，依据《城镇燃气管理条例》第四十八条的有关规定，建议由市城市管理部门对蓟州区某能源有限公司处罚人民币 10 万元。

二、重庆市綦江区天然气泄漏事故

1. 事故情况

工程名称：摩托车、农用机械、柴油机、汽车齿轮及超越离合器生产项目工程。该工程业主单位为重庆市某机械制造有限公司；施工总承包单位为重庆某工程有限责任公司；监理单位为重庆某建设监理有限公司；该工程已办理施工许可证，许可证范围内的施工内容现已基本完工，由于业主方资金原因，2015 年 5 月中旬后处于停工状态。

2015 年 6 月 18 日上午 8 时许，在没有征得管道相关产权单位允许、未办理有关施工许可的情况下，该工程项目部施工员擅自安排操作工人黄某驾驶一台挖掘机，在该工程施工红线区域外的园区道路与高速公路之间的绿化带中进行平场施工，以建立临时材料堆场堆放建筑周转材料方便集中运回公司。由于未对现场地下管线进行详细的图纸与现场勘察，且作业时施工管理人员脱岗，未对挖掘机操作工人进行实时监督、指导，于当日上午 10 点 50 分左右，将重庆气矿江北运销部东石线 A 段綦江、南川、万盛等地输送天然气的主管道挖破，引发天然气泄漏事故，导致相关区县约 10 万用户停气。

2. 发生原因

事故初步调查结果为施工单位在没有征得相关产权单位的允许，也未向建设、监理、工业园区建管所、工业园区管委会汇报，现场又未进行详细勘察，更未向相关单位了解地下管线的情况下擅自进行土方作业，导致本次事故的发生。

3. 责任追究

2015 年 7 月 24 日对相关参建单位未依法履行管线保护责任等违法违规行为进行了处罚：

（1）按照《建设工程质量管理条例》第六十条的规定，吊销事故主要责任单位重庆市某建筑劳务有限公司资质证书，对其超越本单位资质等级承揽工程行为处合同价款（1 120 万元）4%的上限罚款 44.8 万元，对承接的劳务作业违法分包的行为处合同价款 1%的上限罚款 11.2 万元，2 项共处罚款 56 万元。

（2）按照《建设工程质量管理条例》第六十条的规定，对重庆某工程有限责任公司转包行为处合同价款（5 916.707 8 万元）1%的上限罚款 59.16 万元，对其项目经理文某处单位罚款数额 10%的上限罚款 5.91 万元。

（3）对重庆某建设监理公司未履职行为处最高限额罚款。按照《重庆市建设工程安全生产管理办法》第四十二条的规定，对重庆某建设监理公司未依法履行审查企业相应资质、人员配备等职责按上限罚款 3 万元。

三、吉林省**市燃气管道爆炸事故

1. 事故情况

2017年7月4日13时23分许，吉林省**市某建设有限公司（以下简称某公司）在对**市市政公用基础设施建设项目（三标段）**路道路改造工程，实施旋喷桩基坑支护施工时，旋喷桩机将吉林浩源燃气有限公司（以下简称浩源燃气公司）在该路段埋设的燃气管道（材质PE，管径110 mm，工作压力0.3 MPa，埋深3.9 m）贯通性钻漏，造成燃气（天然气）大量泄漏，扩散至道路南侧的**市人民医院（以下简称市医院）总务科平房区和道路北侧的市医院综合楼内，积累达到爆炸极限。14时51分26秒，**市医院总务科平房内的燃气遇随机不明点火源发生爆炸，爆炸能量瞬即波及并传递引爆泄漏点周边区域爆炸气体，**市医院总务科平房区和**市医院综合楼及周围部分房屋倒塌、起火燃烧及设备设施毁损，造成人员伤亡。

事故中，**路南侧的市医院总务科部分房屋倒塌，多处室内物品过火；**路北侧市医院的6层综合楼（沿繁华路走向的南侧区域（以下简称南区）和垂直于繁华路走向的东侧区域（以下简称东区），一楼、二楼门窗基本被炸飞，三楼、四楼部分窗户的玻璃向内炸裂；南区一楼走廊两侧各有6个房间。其中，办公室、上楼楼梯间过火熏黑严重，洗衣房、设备仓库过火迹象明显；东区一楼走廊两侧为药房、核磁检查室等功能间，一楼地板炸翻，走廊上方楼板炸塌；南区与东区走廊交会处上方楼板向上翻起，综合楼中间部分与各楼相通的办公大厅玻璃顶棚全部震碎落地。从现场爆炸推力方向观察，南区中部和东区走廊中部爆炸剧烈，向外辐射状爆炸迹象明显。

人员伤亡和财产损失情况：事故共造成7人死亡（其中，当场死亡 5 人，住院医治无效死亡 2 人），85 人受伤（其中，重伤 13 人，轻伤 72 人）。事故造成直接经济损失 4 419 万元。

2. 发生原因

施工钻漏燃气管道成为事故直接原因：旋喷桩施工中钻漏中压燃气管道，导致燃气［主要成分甲烷，相对密度（空气=1）0.554 8］大量泄漏，扩散到附近建筑物空间内，并积累达到爆炸极限（5%～15.4%），遇随机不明点火源引起爆炸。

事故涉及的企业：**公司、**公司、**公司、卓信监理公司、**燃气公司、**非开挖公司、**公司。

存在的问题：

路改造施工单位：公司不具备施工能力，以欺骗手段承揽工程，对分包工程和临时雇用人员管理严重缺失，违法将部分工程转包。**公司不认真落实安全生产主体责任，对分包工程管理缺失。

路燃气管线施工单位：非开挖公司无施工资质和施工管理人员，通过转包长期从事地下燃气管线工程施工。**公司违法违规，转包中标工程。

**燃气公司安全生产主体责任不落实，燃气设施保护不到位，应急管理工作缺失。

监理单位：**监理公司不认真履行监理职责，对施工单位违法违规问题失管。**监理公司不履行监理职责。

政府相关部门存在的主要问题：①公用局项目办不认真履行项目管理职责，对施工单位、监理单位违法违规问题失察失管。②**市燃气管理中心对燃气企业监管不力。③**市公用事业局履行建设单位和行业管理部门职责不认真，对公用局项目办、燃气管理中心存在的问题失察失管。④**市住房和城乡建设局履行建设工程监督管理职责不认真。⑤**市质量技术监督局对燃气压力管道监管缺位。43 名对事故有关责任人员及多个责任单位被处理。

3. 责任追究

司法机关采取强制措施人员（16 人，其中 13 人批捕，2 人取保候审，1 人刑拘在逃）。

（1）燃气公司被吊销燃气经营许可证，取消其管道燃气特许经营权；4 名员工因构成重大责任事故罪被判处 4 年以上有期徒刑。

该事故的调查报告提出了燃气公司存在的主要问题，包括安全生产主体责任不落实，燃气设施保护不到位，应急管理工作缺失等。

事故调查还提出了处理建议，一共罚款 250 万元，取消燃气特许经营权，吊销《燃气经营许可证》并纳入安全生产不良记录“黑名单”管理。

根据公开的行政处罚决定书信息，吉林省安全生产监督管理局于 2018 年 7 月 4 日作出处罚决定，对燃气公司罚款 100 万元，对燃气公司总经理罚款 229 007.48 元，对燃气公司抢维修主管罚款 33 034.19 元。

松原市公用事业局在 2018 年 4 月 25 日发布的《**市公用事业局关于委托第三方管道燃气企业临时接管浩源公司的公告》提到，将吊销该燃气公司经营许可证，取消其管道燃气特许经营权。

此外，燃气公司有 4 名员工因构成重大责任事故罪被判处 4 年以上有期徒刑。这 4 名员工分别是抢维修主管（判决书改为抢修班长）、巡线主管、巡线员、生产运营部经理。其中，巡线员被判处有期徒刑 4 年 3 个月，其他 3 人均被判处有期徒刑 4 年。

（2）建设单位同时也是燃气监管部门，有 5 名国家工作人员因玩忽职守罪被判处 3 年以上有期徒刑。

事故调查报告提到建设单位存在的问题，建设单位同时也是燃气行业管理部门。事故调查组认为，松原市公用事业局履行建设单位和行业管理部门职责不认真，对公用局项目办、燃气管理中心存在的问题失察失管；公用局项目办不认真履行项目管理职责，对施工单位、监理单位违法违规问题失察失管。

此外，事故调查组认为对事故发生负有责任的国家工作人员共19人，其中的5名国家工作人员被追究刑事责任。

该5名国家工作人员均来自公用事业局项目管理办公室，分别是项目办负责人（同时也是**市公用局党组成员、**市市政工程管理局局长、党支部书记）、**市市政工程管理局副局长（负责协助局长管理公用局项目办工作）、**市市政工程管理局景观支队支队长（发生事故的项目的建设单位的甲方代表）以及项目办安全组2名安全员。

（3）多家施工单位被追责，7名相关人员因重大责任事故罪被判处4年以上有期徒刑。

该事故涉及施工单位较多，一是发生事故的工程项目存在发包、转包、分包情况；二是发生事故的燃气管线也存在问题，涉及的主体多，情况也比较复杂。

简单地说，发生事故的项目，是**公司中标，然后转包给**公司，**公司把部分工程分包给**公司，**公司把工程转包给高某个人，高某雇用的操作人员钻漏燃气管道造成燃气泄漏引发爆炸。

建安公司因违法违规，转包中标工程，且不履行安全管理职责，对事故发生负有责任，被处罚款80万元，处罚依据是《安全生产法》第一百零九条第（二）项；建安公司法定代表人被处以罚款51 534.90元，处罚依据是《安全生产法》第九十二条第（二）项。

**公司因不认真落实安全生产主体责任，对分包工程管理缺失，对事故发生负有责任，被处罚款100万元，处罚依据是《安全生产法》第一百零九条第（二）项；建安公司法定代表人被处以罚款39 841.30元，处罚依据是《安全生产法》第九十二条第（二）项。

公司被处以罚款 100 万元，公司法定代表人被处以 112 196 元。根据中国裁判文书网公布的相关裁判文书来看，**公司及其法定代表人未直接缴纳罚款，吉林省应急管理厅加处过罚款并申请过强制执行。

根据《吉林省住房和城乡建设厅关于吊销**市**公司安全生产许可证的通报》（吉建安〔2018〕45 号），**公司的安全生产许可证被吊销。

此外，有 7 名相关人员因重大责任事故罪被判处 4 年以上有期徒刑：

公司市市政工程基础设施改造项目（三标段）项目部技术员因重大责任事故罪，被判处有期徒刑 4 年；该项目部安全员因重大责任事故罪，被判处有期徒刑 4 年 6 个月；该项目部项目经理因犯重大责任事故罪，被判处有期徒刑 4 年 6 个月。

公司法定代表人因犯重大责任事故罪，被判处有期徒刑 4 年 6 个月；公司临时聘用的施工负责人因犯重大责任事故罪，被判处有期徒刑 4 年 6 个月。

旋喷桩作业自然人因犯重大责任事故罪，被判处有期徒刑 4 年 6 个月。旋喷桩机操作人员因犯重大责任事故罪，被判处有期徒刑 4 年。

（4）被追责的监理单位有两家，其中有两名员工因重大责任事故罪被判处 3 年以上有期徒刑。

事故追责涉及的监理单位有两家，一家是发生事故的工程项目的监理单位；另一家是发生事故的燃气管线施工项目的监理单位。

事故调查组认为：

发生事故的工程项目的监理单位**公司不认真履行监理职责，对施工单位违法违规问题失管，建议依据《建设工程安全生产管理条例》第五十七条的规定，给予责令限期改正，逾期未改正的，责令停业整顿，并处以 30 万元罚款。

发生事故的燃气管线施工项目监理单位**公司不履行监理职责，建议依据《建筑法》《招标投标法》《建设工程质量管理条例》《建设工程安全生产管理条例》和《建筑工程施工转包违法分包等违法行为认定查处管理办法（试行）》等有关法律法规和政策的规定，由住房和城乡建设主管部门对**公司及其相关人员的违法违规行为进行处理。

被追究刑事责任的监理人员有两人，都来自发生事故的松原市市政公用基础设施建设项目（三标段）的监理单位**公司。其中，一人是项目监理员，因重大责任事故罪被判处有期徒刑 3 年 3 个月；另一人是该项目的总监理工程师，因重大责任事故罪被判处有期徒刑 3 年 3 个月。

第三节 偷盗燃气案例

偷盗燃气应该称为“破坏管道燃气设施盗窃燃气”，是指以非法占有为目的，通过私接管道、改动用气计量表装置等破坏管道燃气设施的非法手段窃取燃气的行为。偷盗燃气行为恶劣、情节严重构成犯罪的，可依照《刑法》相关罪名分别定罪处罚，追究刑事责任。

国家相关法律明确规定：不得擅自拆、改燃气管道，私接私改燃气管道属于违法行为，危害自身和其他群众的生命财产安全，造成损失的，依法承担赔偿责任；构成犯罪的，依法追究刑事责任。《刑法》第一百一十八条 ［破坏电力设备罪］［破坏易燃易爆设备罪］破坏电力、燃气或者其他易燃易爆设备，危害公共安全，尚未造成严重后果的，处三年以上十年以下有期徒刑。第一百一十九条 ［破坏交通工具罪］［破坏交通设施罪］［破坏电力设备罪］［破坏易燃易爆设备罪］破坏交通工具、交通设施、电力设备、燃气设备、易燃易爆设备，造成严重后果的，处十年以上有期徒刑、无期徒刑或者死刑。第二百六十四条［盗窃罪］盗窃公私财物，数额较大的，或者多次盗窃、入户盗窃、携带凶器盗窃、扒窃的，处三年以下有期徒刑、拘役或者管制，并处或者单处罚金；数额巨大或者有其他严重情节的，处三年以上十年以下有期徒刑，并处罚金；数额特别巨大或者有其他特别严重情节的，处十年以上有期徒刑或者无期徒刑，并处罚金或者没收财产。《中华人民共和国石油天然气管道保护法》第二十八条　禁止下列危害管道安全的行为：（一）擅自开启、关闭管道阀门；（二）采用移动、切割、打孔、砸撬、拆卸等手段损坏管道；（三）移动、毁损、涂改管道标志。

偷盗燃气的危害性：

（1）影响用户自身安全。偷盗燃气行为涉及燃气设施改动，会破坏原有设备的密闭性和自然通风条件，具有极大的危险性，且偷盗燃气的用户往往不具备对管道燃气进行安全检查和抢险维修的能力，在使用过程中一旦出现安全问题，极易引发燃气爆炸事故，危及生命财产安全。

（2）危害公共安全。偷盗燃气行为均在用户家中或生产、经营场所内进行，实施场所由用户掌控，难以及时发现，且主要发生在人口密集的住宅区或商业区，一旦发生燃气爆炸事故，直接危害个人和公共安全，可能造成群死群伤，后果不堪设想。

（3）影响维护维修。改变原有燃气管道、燃气表布局，包封或隐藏燃气设施，难以及时发现和解决，如果出现意外，将无法及时关闭燃气阀门，会对燃气安全检查和维护抢修带来严重影响。

案例一：北京燃气公司职工在日常巡检中，发现昌平区**园二区某养生会馆存在偷盗燃气情况，遂控制现场并取证。后公安机关调查并移送起诉，该案于 2020 年 12 月 18 日正式宣判：依照《刑法》，判决被告人窦某某犯破坏易燃易爆设备罪，判处有期徒刑 2 年 6 个月。

案例二：2016 年 12 月 1 日连云港市某燃气公司安检员在日常安检过程中发现，某小区某单元某室涉嫌改动燃气表，经公安机关核查、取证、测算，该户 2013—2016 年总偷气量达 7 000 余 m^3，价值 17 000 余元。随后，警方依法对该业主采取刑事强制措施并移送起诉，经法院审理后判处刑罚。

案例三：2020 年 10 月 28 日，北京东城区某餐饮管理有限公司偷盗气案，判决被告人刘某犯破坏易燃易爆设备罪，判处有期徒刑 3 年，追缴被告人刘某非法所得 54 400 元人民币。

第四节　不正当经营案例

《城镇燃气管理条例》第四十五条规定，违反本条例规定，未取得燃气经营许可证从事燃气经营活动的，由燃气管理部门责令停止违法行为，处 5 万元以上 50 万元以下罚款；有违法所得的，没收违法所得；构成犯罪的，依法追究刑事责任。违反本条例规定，燃气经营者不按照燃气经营许可证的规定从事燃气经营活动的，由燃气管理部门责令限期改正，处 3 万元以上 20 万元以下罚款；有违法所得的，没收违法所得；情节严重的，吊销燃气经营许可证；构成犯罪的，依法追究刑事责任。

构成犯罪的，依法追究刑事责任，属于非法经营罪。《刑法》第二百二十五条规定，即“违反国家规定，有下列非法经营行为之一，扰乱市场秩序，情节严重的，处五年以下有期徒刑或者拘役，并处或者单处违法所得一倍以上五倍以下罚金；情节特别严重的，处五年以上有期徒刑，并处违法所得一倍以上五倍以下罚金或者没收财产：

（一）未经许可经营法律、行政法规规定的专营、专卖物品或者其他限制买卖的物品的；……（四）其他严重扰乱市场秩序的非法经营行为”。

一、四川省西充县 8 家天然气公司涉嫌非法经营

1. 基本情况

2012—2018 年，西充县境内 8 家天然气公司成立后，办理了营业执照，取得了消防检查、特种设备经营、安全检查等合格证书，但在未取得燃气经营许可证的情况下，长期向西充 18 个乡镇，无证或超范围向 15 000 余户居民提供天然气供应服务，涉案经营额从 10 余万元至 100 余万元不等。2018 年 4 月，西充县公安局经侦大队在工作中发现案件线索。2018 年 10 月，西充县公安局以非法经营罪立案侦查。2018 年 11 月，西充县公安局侦查终结移送西充县人民检察院审查起诉。

2. 发生原因

西充县人民检察院受理案件后，通过实地走访企业和群众，查看企业经营资质、生产设备、安全设备，全面了解涉案企业经营状况。经调查，在生产经营中，8 家涉案企业均有固定生产场地，安全措施到位，后续经营服务到位，用户对其服务也充分认可。涉案的 8 家企业除未取得西充县范围内的燃气经营许可证外，其他证件均基本齐全，所有企业燃气经营许可证均在审批中，其中两家属于超范围经营，一家属于许可证过期。经评估，相关企业案发前经营较为正常，服务群众范围较广，如对企业追究刑事责任，将对企业经营和社会稳定造成较严重影响。

针对本案在卷证据和调查情况，西充县人民检察院引导公安机关

进行了补充侦查。经补查证实，涉案企业均基本具备相关生产经营条件。燃气经营许可证未能审批的主要原因是行政许可审批部门及城镇规划发生变化，相关企业经营范围未能达成协议。同时证实相关企业经营天然气均属单位行为，部分单位经营数额未达到 50 万元。

在办案过程中，西充县人民检察院邀请县工商联、办案单位共同召开了案件公开审查会。经讨论，各方均认为，本案的焦点问题是燃气许可证的审批问题。对符合条件的，应当及时办理相关证件，对不符合条件的，应当通过收购等方式妥善解决。经西充县人民检察院建议，涉案 8 家企业就燃气经营范围进行了磋商，初步达成协议，解决了认可审批中的焦点问题。同时，西充县人民检察院建议审批部门县住建局应根据企业情况尽快完成审批工作。

3. 主要教训

本案中，检察机关依法保障民营企业正常生产经营，积极参与社会治理，取得了较好的政治效果、法律效果、社会效果。

（1）坚持平等保护原则，依法保护民营企业合法权利。本案涉及的 8 家民营企业虽均属小微企业，但多数均依法成立并长期经营。检察机关切实贯彻中央及最高人民检察院办理涉企案件的相关精神，严格执行适用非法经营罪中防止刑事打击扩大化的相关规定，坚决防止以“未经批准登记”代替“违反国家规定”的认定，保护民营企业正常经营，得到当地党委、政府的充分肯定。

（2）依法办案，严格落实罪刑法定等法律原则和制度。本案中，虽然根据《城镇燃气管理条例》的规定，国家对燃气经营实行许可证制度，但燃气不属于刑法规定的专营、专卖物品或者其他限制买卖的物品，无证经营燃气也不属于司法解释明确规定的非法经营行为。其次，根据最高人民法院有关批复，超范围和地域经营的情形，不宜按照非法经营罪处理，应由相关主管部门进行处理。同时，根据最高人民检察院、公安部《关于公安机关管辖的刑事案件立案追诉标准的规定（二）》“单位非法经营数额在50万元以上，或者违法所得数额在十万元以上的”才予立案追诉，本案部分企业经营数额未达到50万元，不能以非法经营罪追究刑事责任。综上，本案涉案8家企业的无证经营燃气行为不宜以非法经营罪论处。西充县人民检察院在与公安机关交换意见后，公安机关将相关案件撤回移送审查起诉。下一步，公安机关将作撤案处理，案件办理取得良好法律效果。

（3）坚持保护人民群众利益与保护涉案企业经营相结合，坚持解决遗留问题与司法办案相结合。一是保障了人民群众供气需求。检察机关受理该案后，要求涉案企业积极采取措施，不得中断居民供气，保障了15 000余户居民正常供气服务。二是保证了企业正常经营。在办案过程中，及时启动办理涉企案件经济社会影响评估机制，尽量降低司法办案对企业正常生产经营活动的影响。办案中对所有涉案人员均未采取强制措施，对涉案企业均未采取查封、扣押、冻结等措施，企业正常经营活动均未受到影响。三是牵头解决社会治理难题。涉案8家企业由于各种原因多年未能通过燃气经营许可而经营燃气，检察机关在办案过程中，积极引导涉案企业，监督相关职能部门积极履职，推动许可审批问题的解决。目前，各企业已就经营区域达成一致意见，将相关资料提交职能部门审查批准，积累多年的社会治理难题将得到根本解决，取得了最佳社会效果。

4. 责任追究

目前，西充县人民检察院与西充县公安局就案件处理达成一致意见：一是对非法经营额不足50万元的企业作撤案处理。二是对非法经营额超过50万元的企业在许可证通过审批后作撤案处理。公安机关已将移送的相关案件撤回。

二、山东某燃气公司涉嫌垄断被罚 681 万元

1. 事故情况

2014 年 9 月，山东省工商局经国家工商总局授权，对青岛某燃气有限公司涉嫌滥用市场支配地位实施附加不合理交易条件的垄断行为进行立案调查，于 2016 年 3 月 21 日对涉案当事人作出行政处罚决定，没收涉案当事人违法所得 52 308.49 元，并处罚款 6 818 533.79 元。国家工商总局于 5 月 17 日发布竞争执法第 2 号公告，公布此案。

山东省工商局依照《反垄断法》第十二条的规定界定本案相关市场为：青岛市城阳区行政管辖规划区域内（不包括白沙河以北、迎宾路以南、新郑路以西、天河路以南、中川路以西、兴阳路以南、安顺北路以东闭合区域的高新产业区区域和流亭机场区域）的管道燃气供应服务市场。该局依据《反垄断法》第十八条和《工商行政管理机关禁止滥用市场支配地位行为的规定》第十条的规定，认定当事人在青岛市城阳区行政管辖规划区域内（不包括白沙河以北、迎宾路以南、新郑路以西、天河路以南、中川路以西、兴阳路以南、安顺北路以东闭合区域的高新产业区区域和流亭机场区域）的管道燃气供应服务市场具有市场支配地位。

经查，目前当事人供气范围内的工商业户使用两类燃气表——智能 IC 卡表和普通燃气表。智能 IC 卡表用户采取预付费方式，用气之前需先在 IC 卡内充值，当 IC 卡内金额用完时自动停止供气；普通燃气表用户与当事人签订的供气协议约定采取后付费方式，当事人每月 25 日到工商业户处抄表计费，工商业户于当月月底前结清当月燃气费。

自 2010 年 4 月 16 日起，当事人通过与智能 IC 卡表用户签订《燃气供气协议》、向普通燃气表用户单方面下发《关于预收气费款的通

知》的方式，要求工商业户交纳被当事人称为预付气费款的一笔款项。《燃气供气协议》中，当事人要求工商业户在供气前按当事人测算的开口气量的50%交纳一个月的预付气费款，若工商业户不交纳该笔款项，则无法签订《燃气供气协议》，当事人即不予供气。智能IC卡表用户交纳预付气费款后，该笔款项一直由当事人无偿占用，并不能由智能IC卡表用户用于IC卡充值购气。对已经供气的普通燃气表用户，当事人于2013年8月单方面下发《关于预收气费款的通知》，要求工商业户在正常交纳燃气费之外交纳当事人规定金额的预付气费款，并在通知中附加“如逾期不交，我公司将不能保障贵单位稳定的燃气供应”等强制交易用语。

走访调查结果显示，当事人下发该通知并未与工商业户协商，工商业户迫于压力不得不交纳该笔预付气费款，且工商业户交纳的该笔预付气费款在日常购气中不能冲抵燃气费，工商业户每月底仍需按当事人抄表数据缴纳燃气费。直到工商业户不再用气时，当事人才会将上述预付气费款予以返还。

山东省工商局认为，当事人利用其在青岛市某区管道燃气供应服务领域的市场支配地位，无正当理由强行要求工商业户交纳预付气费款的行为，损害了工商业户的合法权益和社会公共利益，破坏了公平竞争的市场交易规则，其行为违反了《反垄断法》第十七条第（五）项和《工商行政管理机关禁止滥用市场支配地位行为的规定》第六条第（四）项的规定，构成了无正当理由在交易时附加不合理交易条件的滥用市场支配地位行为。

2015年3月18日，在山东省工商局的行政指导下，当事人向工商业户退还了其收取的预付气费款。鉴于当事人能主动消除违法行为的危害后果，山东省工商局根据《行政处罚法》第二十七条第（一）项和《山东省规范行政处罚裁量权办法》第十五条第（二）项的规定，决定依法对其从轻处罚。依据《反垄断法》第四十七条的规定，该局责令当事人停止违法行为，没收当事人违法所得，对当事人处以2013年度相关市场销售额3%的罚款。

2. 示范意义

当前，在我国从事公务服务的企业通常具有履行部分公共管理职责和从事具体经营活动的特点，直接涉及人民群众的切实利益，特别是公共企业或依法具有独占地位的市场主体滥用这种优势地位，不仅会损害到其他经营者的公平竞争利益，甚至还会破坏市场竞争机制，严重影响市场经济秩序。多年来，规制此类市场主体滥用市场支配地位行为始终是工商部门的一项重要职责。自2008年《反垄断法》施行后，各地工商部门陆续查办了一批供水、电信、烟草等垄断违法案件。此案的查办对今后工商部门加强监管此类市场主体具有示范意义。

本案证据全面，逻辑严谨，适用《反垄断法》对公用企业滥用市场支配地位行为予以查处，不仅树立了工商部门的执法权威，也最大限度地警示了违法当事人，示范意义主要包括以下3个方面：

一是明晰《反不正当竞争法》与《反垄断法》的法律适用问题。我国早在1993年颁布的《反不正当竞争法》中就有对公用和依法具有独占地位经营者限制竞争行为的规定，这是出于当时的市场经济环境和历史阶段设定的，能够满足一定时期的实际需求。但随着市场经济的发展和逐步成熟，当市场主体不再以“身份”而是以其在市场中的影响力或控制力限制、阻碍市场竞争时，就需要适用《反垄断法》来保证行政执法的科学性、一致性。

二是《反垄断法》所保护的是多重客体。根据《反垄断法》第一条的规定，市场公平竞争秩序、经济运行效率、消费者利益和社会公共利益都是《反垄断法》所要保护的对象。结合本案，当事人对消费者收取不合理费用的行为其实是一种纵向的剥削性滥用行为，破坏了公平竞争的市场秩序，理应受到《反垄断法》的规制。

三是对相关市场和市场支配地位严格加以界定。从理论上说，对“相关市场”和“市场支配地位”的认定是工商部门查办滥用市场支配地位垄断案件的难点和重点。实际中，无论是电信、烟草以及供水、供电、供气还是其他公用企业，最为显著的特点是其具有公共管理和生产经营的双重身份，在相关行业通过政策或法律被赋予特殊市场地位，这种由政策身份向市场身份延伸的现象目前仍较为普遍。本案中，山东省工商局严格依照法律以及相关标准对案件的“相关市场”“市场支配地位”加以分析认定，为此类案件中认定具有公共服务职能企业市场地位提供了清晰的思路。

附　录

燃气常用法律法规名录

一、法律（含司法解释等）

1. 中华人民共和国劳动法（2018 修正）
2. 中华人民共和国建筑法（2019 修正）
3. 中华人民共和国安全生产法（2021 修正）
4. 中华人民共和国特种设备安全法（2014）
5. 中华人民共和国消防法（2021 修正）
6. 中华人民共和国突发事件应对法（2007）

二、行政法规

7. 建设工程质量管理条例（2019 修正）
8. 安全生产许可证条例（2014 修正）
9. 建设工程安全生产管理条例（2004）
10. 特种设备安全监察条例（2009 修改）
11. 城镇燃气管理条例（2016 修正）
12. 生产安全事故报告和调查处理条例（2007）

三、部门规章

13. 燃气经营许可管理办法（2019 修正）
14. 燃气经营企业从业人员专业培训考核管理办法（2014）
15. 市政公用事业特许经营管理办法（2004）
16. 建筑业企业资质管理规定（2018 修正）
17. 建筑施工企业安全生产许可证管理规定（2015 修正）
18. 建筑工程施工许可管理办法（2021 修正）
19. 房屋建筑和市政基础设施工程竣工验收备案管理办法（2009 修正）
20. 城市地下管线工程档案管理办法（2019 修正）
21. 城市建设档案管理规定（2019 修正）
22. 市政公用设施抗灾设防管理规定（2015 修正）
23. 生产经营单位安全培训规定（2015 修正）
24. 关于特大安全事故行政责任追究的规定（2001 国务院令　第 302 号）
25. 特种作业人员安全技术培训考核管理规定（2015 修正）

四、相关政策性文件

26. 关于印发《燃气经营许可证》格式的通知（建城〔2011〕174 号）
27. 城市燃气管道老化评估工作指南（建办城函〔2022〕225 号）

五、现行燃气规范标准

28.《燃气工程项目规范》（GB 55009）
29.《城镇燃气规划规范》（GB/T 51098）
30.《城镇燃气设计规范》（GB 50028）
31.《压缩天然气供应站设计规范》（GB 51102）

32.《燃气冷热电联供工程技术规范》（GB 51131）
33.《液化石油气供应工程设计规范》（GB 51142）
34.《家用燃气燃烧器具安装及验收规程》（CJJ 12）
35.《城镇燃气输配工程施工及验收规范》（CJJ 33）
36.《城镇燃气设施运行、维护和抢修安全技术规程》（CJJ 51）
37.《聚乙烯燃气管道工程技术标准》（CJJ 63）
38.《城镇燃气室内工程施工与质量验收规范》（CJJ 94）
39.《城镇燃气埋地钢质管道腐蚀控制技术规程》（CJJ 95）
40.《燃气冷热电三联供工程技术规程》（CJJ 145）
41.《液化石油气钢瓶》（GB 5842）
42.《城镇燃气分类和基本特性》（GB/T 13611）
43.《城镇燃气加臭技术规程》（CJJ/T 148）
44.《城镇燃气经营企业安全生产标准化规范》（T/CGAS 002）
45.《企业安全生产标准化基本规范》（GB/T 33000）
46.《压力容器定期检验规则》（TSG R7001）
47.《生产经营单位生产安全事故应急预案编制导则》（GB/T 29639）
48.《危险化学品重大危险源辨识》（GB 18218）
49.《燃气服务导则》（GB/T 28885）

参考文献

［1］郧燕云.《中华人民共和国安全生产法》专家解读[M]. 北京：应急管理出版社，2021.

［2］国务院法制办农林城建资源环境法制司，住房和城乡建设部法规司、城市建设司. 城镇燃气管理条例释义 [M]. 北京：知识产权出版社，2011.

［3］詹淑慧，王民生. 燃气供应[M]. 北京：中国建筑工业出版社，2011.

［4］赵守日. 城镇燃气企业管理[M]. 北京：知识产权出版社，2016.

［5］李帆. 城镇燃气法律法规与经营企业管理[M]. 北京：中国建筑工业出版社，2017.

［6］李明，薛希法，田贯三，等. 燃气工程技术和安全管理[M]. 济南：山东科学技术出版社，2012.

［7］赵承雄，陈炬，艾建国. 城镇燃气专业知识[M]. 长沙：国防科技大学出版社，2015.

［8］田申. 城镇燃气法规理论与实践[M]. 重庆：重庆大学出版社，2012.

［9］李庆林，徐嚣. 城镇燃气管道安全运行与维护[M]. 北京：机械工业出版社，2013.

［10］石兴春，李吟天. 中国天然气工业发展研究[M]. 北京：石油工业出版社，2002.

［11］李刚. 燃气管网巡查[M]. 北京：中国建筑工业出版社，2013.
［12］江孝禔，修长征，李建勋. 城镇燃气与热能供应[M]. 北京：中国石化出版社，2006.
［13］白世武. 城市燃气实用手册[M]. 北京：石油工业出版社，2008.
［14］花景新，张增刚，马志远. 燃气管道供应[M]. 北京：化学工业出版社，2007.
［15］董秀成，张琼，张守华. 天然气储备体系建设和管理[M]. 北京：学苑出版社，2014.
［16］严铭卿. 燃气工程设计手册[M]. 北京：中国建筑工业出版社，2009.